«EN MÊME TEMPS»

DOMINIQUE FOLSCHEID

« EN MÊME TEMPS »

Quand Jean de La Fontaine raconte Emmanuel Macron

LES ÉDITIONS DU CERF

www.editionsducerf.fr
24, rue des Tanneries
75013 Paris

ISBN 978-2-204-16451-1

Prologue

On se demandera probablement pourquoi convoquer La Fontaine dans un ouvrage dont le personnage central est le président Emmanuel Macron. Aurait-on besoin de lui pour dépasser l'actualité immédiate et prendre de la hauteur ?

Étrange projet, donc, que d'associer La Fontaine à Macron tant l'asymétrie est parfaite. Car si Macron sait probablement tout de La Fontaine, ce dernier ne peut qu'ignorer tout de lui. Mais si l'on se réfère à l'usage ordinaire que nous faisons de La Fontaine, n'y trouvons-nous pas quelques bonnes raisons de le faire ? Ses fables ne sont-elles pas un formidable outil de dévoilement de ce qui fait notre humanité ? N'est-ce pas à elles que nous nous référons sitôt que nous cherchons à identifier le caractère de quelqu'un à celui de tel ou tel animal, ou à invoquer l'un ou l'autre de ses adages comme précepte d'action ou avertissement de sagesse pratique ?

C'est ainsi que La Fontaine est devenu l'un de ces meubles de famille occupant une place de choix dans tout esprit français quel que soit son âge. Comme l'est aussi Tintin, bien que ce dernier soit prescrit de sept à soixante-dix-sept ans, alors que pour La Fontaine il n'y a aucune limite. Devenu intemporel pour rester toujours mobilisable à n'importe quel moment, ce La Fontaine-là est néanmoins un La Fontaine que nous avons rendu paresseux. Alors qu'à l'époque où il les écrivait, ses fables s'inscrivaient dans la réalité vive de son temps, dans le cadre d'une actualité historique à laquelle il accordait la plus grande attention, mais qu'il cherchait lui-même à éclairer en s'inspirant des leçons du passé. Il se pourrait donc qu'en certaines circonstances, l'usage que nous faisons couramment de La Fontaine se transforme. Qu'au lieu de meuble à tout faire il reprenne du service actif en nous parlant d'outre-tombe.

La question « Pourquoi La Fontaine ? » prend alors un nouveau sens. Au lieu de leçons valables en tout temps, car indifférentes au temps, La Fontaine pourrait nous servir à éclairer une actualité en train de se faire, pour donner du sens à des événements relevant de la petite histoire comme de la grande.

D'ailleurs n'est-ce pas ce qui s'est passé quand la pandémie de Covid a fait son apparition ? Nous avons été nombreux à chercher dans *Les Animaux malades de la peste* de quoi mettre un peu de sens dans une situation qui n'en avait apparemment aucun. Et comme l'a vite compris Fabrice Luchini, qui s'en est fait le talentueux héraut, c'est aussi dans les fables de La Fontaine que nous avons trouvé de quoi égayer nos confinements.

Il se trouve cependant, à cette exception près, que La Fontaine n'a pas été exploité comme il aurait dû l'être. Certes pour une raison contingente puisqu'ayant vu le jour le 8 juillet 1621, la Fortune lui a joué le mauvais tour de faire tomber le 400e anniversaire de sa naissance en plein milieu de la pandémie. Avec pour conséquence la mise sous le boisseau des célébrations et festivités auxquelles il aurait eu droit en temps normal. À croire que cette peste qu'est la Covid avait voulu se venger de celui qui l'avait dépouillée de ses oripeaux pour dévoiler les ressorts archaïques qui meuvent les humains à leur insu.

Or à regarder les choses de plus près, cet accident de parcours a plutôt rajouté une couche d'incompréhension à cette maîtresse fable dont le titre était fait pour en abuser plus d'un. Peut-être une ruse du fabuliste pour capter l'attention du lecteur afin de le conduire par des voies détournées à comprendre que « la Peste », avec une majuscule, n'était pas la peste. Qu'elle n'avait finalement rien à voir avec la maladie du même nom, même si cette dernière pouvait jouer un rôle occasionnel dans la révélation de la crise qui travaillait une société dans ses profondeurs, au point d'ébranler l'ordre en place et de menacer le pouvoir de ceux qui le détiennent. De sorte que c'est à une tout autre « médecine » que celle des médecins que l'on aura recours pour tenter d'y mettre fin. Une « médecine » de nature sacrificielle qui ne sera pourtant efficace qu'en apparence, puisqu'au lieu de mettre fin au mal elle ne fera que le perpétuer.

Dès lors on peut affirmer sans risque que La Fontaine s'est ouvertement inscrit dans la lignée du Sophocle d'*Œdipe roi*, où la peste qui frappait la ville de Thèbes, à supposer même qu'elle ait existé, n'était que l'effet visible de ce qui se tramait de plus redoutable dans les profondeurs de notre humanité.

On se demandera cependant si l'époque à laquelle vivait et écrivait La Fontaine n'est pas trop éloignée de la nôtre, tellement moderne et même plus que moderne, pour nous offrir des références pertinentes. Et l'on pourrait en voir la preuve dans le fait que dans la cascade d'événements que nous venons de vivre depuis 2020, ce n'est pas le « Grand siècle » de Louis XIV mais la Révolution française et la Seconde Guerre mondiale qui nous ont fourni la plupart des munitions dont nous avons usé pour nourrir nos dissensions.

À l'évidence, La Fontaine ignorait tout cela. Mais cela nous empêche-t-il de nous référer à l'histoire pour comprendre ce qui se passe au présent ? Parce que l'histoire, ce sont les hommes qui la font. Des hommes sur lesquels La Fontaine en savait long et dont il pensait, comme Machiavel, que leurs passions jouent un rôle majeur dans les événements de l'histoire. Des passions qui découlent directement de leur caractère. Mais des passions portant en elles les stigmates que des épisodes similaires du passé ont laissés dans l'imaginaire des peuples. Or si la mémoire y joue son rôle, en dépit des reconstructions mémorielles dont elle fait l'objet, c'est l'inconscient collectif qui conserve le mieux les traumas du passé, prêts à se réactualiser quand surviendront des événements similaires à ceux qui les ont provoqués. D'où l'ambivalence qui est la nôtre, car nous avons à la fois l'impression que tout a changé au cours de l'histoire et que, finalement, tout est toujours pareil.

Serait-elle radoteuse, l'histoire ? Oui et non. Ce qu'a compris Hegel en soutenant que l'histoire était « finie ». Pour dire que les potentialités que recèle l'Histoire avec un grand « H » sont limitées et même bornées, lors même que les événements qui surviennent en son sein sont aussi contingents qu'imprévisibles.

Alors comment expliquer l'impression que l'histoire se répète puisque le temps qui la porte ne revient jamais sur ses pas ? Par interversion entre ce qui change et ce qui ne change pas. Comme cela se passe quand un train quitte la gare si doucement que le voyageur croit que c'est la gare qui s'est mise en mouvement. Ce n'est donc pas l'histoire qui se répète, ce sont les hommes qui la font, avec leurs passions et leurs réactions, toujours les mêmes. On pourrait ici parler d'illusion rétrospective de répétition, mais bien utile, cette illusion... Moyennant transposition, elle nous offre une chance de tirer la leçon de la manière dont nos semblables se sont comportés dans le passé. Avec leurs erreurs comme avec leurs solutions.

Dès lors c'est la dimension « apocalyptique », au sens littéral de « dévoilement », qui fait le principal intérêt des fables de La Fontaine, à commencer par celle qu'il a consacrée à « la Peste ». Fable qui vaut pour toutes ces « pestes » qui ont frappé l'humanité depuis la nuit des temps, pour prendre une ampleur démesurée au XXe siècle et y ajouter de nouvelles formes au XXIe, bien qu'elles ne fassent finalement que verser du vieux vin dans des outres neuves.

Car de quoi est-il fait, ce vieux vin ? Selon La Fontaine, de la domination que la Discorde exerce sur la nature et de l'irrésistible propension de l'homme à la démesure. De sorte que pour exercer sa profession de moraliste, il lui paraissait aussi édifiant que plaisant de peindre les hommes en animaux (que nous écrirons « Animaux », avec une majuscule, pour les distinguer des bêtes du même nom).

Pour quelle raison l'a-t-il fait ? Il l'a expliqué à l'un de ses dédicataires : parce que « Je me suis souvent dit, voyant de quelle sorte / L'homme agit et qu'il se comporte / En mille occasions comme les animaux », il me fallait « prouver ce que je dis [1] ».

Pour quel avantage ? Faire valoir la pérennité du caractère des hommes à travers le temps, indépendamment des bouleversements de l'histoire, puisqu'il est fixé par la nature chez les animaux qui leur servent de modèles.

Cette méthode n'a rien de neuf puisqu'elle remonte à l'Antiquité gréco-latine, où La Fontaine puisait à l'envi. Machiavel en usait de même en politique, et quand Chateaubriand recevait ses amis à dîner dans sa maison de la Vallée-aux-Loups, chaque invité devait afficher son caractère, représenté par un animal – lui était le Chat, son épouse la Chatte.

On se demandera pourtant si cette méthode, validée par des siècles d'emploi, peut être aussi efficace aujourd'hui qu'elle l'était à l'époque de La Fontaine. En son temps, en effet, qui connaissait physiquement les Grands de ce monde ? Qui en savait assez de leur apparence et de leur comportement pour assigner leur caractère à un animal quelconque, comme le font les scouts pour se choisir un totem ?

Pour le roi, seuls les quelques privilégiés qu'il tenait en laisse à sa cour assistaient à son lever, à son coucher et à ses passages sur le pot, cette chaise percée qui permettait à ses médecins de garantir sa bonne santé après en avoir flairé le résultat. D'autres pouvaient aussi le rencontrer lors d'une audience, d'une fête ou d'un passage aux armées. Mais il ne s'agissait là que de la personne publique du roi, de son corps royal, qui à la différence de son corps privé ne pouvait jouir d'aucune intimité, voué qu'il était à une extimité ritualisée. Si le roi s'offrait en spectacle, on était bien loin de ce que nous appelons aujourd'hui la « politique spectacle ».

Pour la quasi-totalité des habitants du pays, le roi et les personnages importants du royaume se réduisaient à leur nom, leurs portraits et ce qui se disait d'eux. Les seuls à les connaître dans leur intimité étaient leurs proches et leurs valets de chambre. Mais comme le faisait observer Hegel en citant Goethe, il n'y a pas de héros pour son valet de chambre. Non que l'homme en question ne soit pas un héros, mais parce que le valet de chambre n'est qu'un valet de chambre. Il saura tout de l'homme, mais uniquement de ce qu'il a en lui de plus petit et de plus commun.

Rien de semblable avec ce qui se passe aujourd'hui, où tout ce que les personnages publics nous livrent d'eux-mêmes est à portée de télécommande d'un téléviseur ou d'un clic de souris. Ce qui rend difficile la distinction entre les deux corps du roi, celui qui incarne la fonction et celui qui figure en maillot de bain sur une photo de paparazzi. Avec, à l'arrivée, la confusion des genres.

Or bien loin de nous couper les ailes pour les portraiturer en Animaux, les données factuelles dont nous disposons aujourd'hui nous facilitent grandement la tâche. Parce qu'à force de charrier un flot d'éléments hétéroclites, elles vont engendrer cette fiction à usage externe que nous appelons communément « image ». Laquelle se construit, s'entretient et se soigne à l'aide d'experts en la matière, parce qu'elle conditionne les chances d'un politicien d'être élu ou réélu, alors qu'elle peut échapper à tout contrôle à l'occasion d'une « petite phrase », d'un tweet, d'une vidéo sauvage ou d'un incident de parcours. Ce qui confirme la boutade de Jean-Pierre Chevènement, selon laquelle la seule chose qui compte vraiment pour un homme politique, c'est son image, qu'il aura « bonne » ou « mauvaise ».

Dans ces conditions, on comprend que l'art de la fable, qui requiert talent d'écrivain et dépense d'imagination, ait perdu une partie de son intérêt. Pendant un temps, nous lui avons substitué celui du numéro de marionnettes. D'où est né le « Bébête Show », émission de satire politique inspirée du Muppet Show, qui battait des records d'audience sur TF1 dans les années 1980. Avec un vrai moment de gloire médiatique à partir de 1988, quand le président Mitterrand, devenu Kermitterrand, était figuré en Grenouille, Jacques Chirac en Aigle, Georges Marchais en Cochon et Raymond Barre en Ours.

Si cette veine figurative a fait long feu, parce que la domination de l'image a fini par tuer l'imagination, cela nous offre l'occasion de mobiliser à nouveau le bestiaire fourni sur catalogue par Jean de La Fontaine. Puisqu'il existe déjà, il est fait pour nous dévoiler le rôle que jouent les caractères dans ce qui meut les humains, Ce qui vaut pour les événements les plus banals de l'existence, et éminemment en situation de crise majeure, en dépit de la discordance des temps de l'histoire.

À la question « pourquoi La Fontaine ? » on peut enfin en venir à « pourquoi Macron ? ». Si l'on suit La Fontaine, la réponse est simple : cherchez l'animal qui représente le mieux son caractère, aussi celui des personnages auxquels il a eu affaire, et vous comprendrez les heurs et malheurs qui furent les siens lors de cette série d'événements qui ont mis la France en crise lors de son premier mandat.

Or comment caractériser ce mandat, sinon qu'il ressemble par bien des aspects à une pièce de théâtre à l'antique, avec sa part de comédie et sa part de tragédie ? Il se caractérise en effet par les quatre guerres auxquelles s'est trouvé confronté Emmanuel Macron entre janvier 2020 et février 2022. Un laps de temps formant un champ clos au sein duquel il a dû mener sa guerre, écrasante, contre le virus de la Covid, celle contre l'islamisme radical qu'il repoussait à l'arrière-plan, celle qu'on le pressait de faire contre le réchauffement anormal du climat, pour finir par celle à laquelle il ne voulait pas croire, imposée par la Russie de Poutine.

Chemin faisant, et plus largement, c'est à un La Fontaine quelque peu différent de celui auquel nous sommes accoutumés que nous rendrons hommage. Un La Fontaine dont André Siegfried a dit qu'il était « le Machiavel français ».

Donc un politique. À condition d'ajouter qu'il a fait de la politique en moraliste.

1.

Lever de rideau

Avec *Les Animaux malades de la peste*, la fable qui trône en tête du deuxième recueil des fables publié par La Fontaine en 1678, nous tenons la pièce maîtresse du dispositif qui fait l'objet de ce livre [1]. Mais l'a-t-on correctement interprétée, et même lue jusqu'au bout quand elle nous est revenue en mémoire dès que la pandémie de Covid a fait son apparition ? Elle nous aurait pourtant aidés à comprendre ce qui s'est passé entre le 1er janvier 2020 et le 24 février 2022, lors des multiples guerres auxquelles s'était confronté le président Macron.

Au départ, pourtant, tout paraît simple. Pour planter le décor de sa fable, La Fontaine se contente de ces trois vers :

Un mal qui répand la terreur,
Mal que le Ciel en sa fureur
Inventa pour punir les crimes de la terre.

Pour nous, lecteurs modernes un peu pressés, qui avons pris le titre de cette fable pour argent comptant, comme si une étiquette certifiait à elle seule son contenu, La Fontaine entreprend de nous raconter ce qui se passe quand une épidémie de peste fait son apparition. Une maladie particulièrement redoutée en son temps en raison de son potentiel ravageur, que ses contemporains tenaient couramment pour une « maladie sanction » puisque sa cause était attribuée à une punition divine. Pour les savants férus d'astrologie, une épidémie de peste était plutôt due à la conjonction de Jupiter et de Saturne, jugée nocive, et les théologiens avaient aussi leur mot à dire. Mais pour nous, modernes, ces explications en forme de bouche-trou n'étaient que la conséquence de l'incapacité de la science et de la médecine de l'époque à en identifier rationnellement la cause et à remédier à ses effets.

À s'en tenir là, nous entrerons sans difficulté dans la fable mais buterons bien vite sur de telles ruptures de registre et de ton que nous risquons de n'y voir qu'un empilement d'épisodes disparates, sans lien entre eux. Or bien loin de nous avoir livré une seule clef de lecture, La Fontaine nous en a plutôt fourni un trousseau.

Nous devrions pourtant être alertés par l'étrange manière dont La Fontaine a mené son affaire. Ce n'est en effet qu'au quatrième vers qu'il évoque « la Peste » : « La Peste (puisqu'il faut l'appeler par son nom) »

Pourquoi ce retard à l'allumage ? Et pourquoi cette mise entre parenthèses de l'annonce de son « nom » ? On peut penser qu'en pareille situation, c'est dans la crainte et le tremblement que les responsables politiques d'un pays se trouvent acculés à devoir nommer le fléau qui vient de s'abattre sur lui. Comme si cette annonce, devenue inévitable, avait valeur autoréalisatrice. Ce qui explique pourquoi on la diffère aussi longtemps qu'il est possible.

C'est ce qui se passe dans *La peste* d'Albert Camus. Alors que la ville d'Oran ignore encore que l'épidémie est bien là, c'est le docteur Castel, fort de l'expérience qu'il a acquise en Chine, qui met les pieds dans le plat : « On n'a pas osé leur donner un nom, sur le moment. L'opinion publique, c'est sacré : pas d'affolement, surtout pas d'affolement[2]. » Il en va de même dans le roman de Jean

Giono, *Le hussard sur le toit.* Le vieux drapier que rencontre Angélo lui explique pourquoi les autorités ont éprouvé tant de répugnance à parler du choléra qui frappe la Provence : « C'est avec des mots qu'on fait peur. » Et d'ajouter que pour ne pas désespérer, « le mensonge est une vertu[3] ». Qu'avons-nous fait d'autre lors de la pandémie de coronavirus ? En décembre 2019, on ne parlait encore que d'un « épisode groupé de pneumonies » qui se produisait en Chine.

Mais est-ce uniquement pour ne pas effrayer ses Animaux que La Fontaine a retardé le nom du mal qui s'est abattu sur eux ? Ou pas plutôt pour embarquer ses lecteurs dans « un suspens savamment ménagé », comme l'écrit Marc Fumaroli à propos de cette fable ?

Or il y a au moins une raison de ne pas trop se fier au titre de la fable, car l'expression « être malade de » ouvre sur bien d'autres possibilités que la maladie. Pour signifier que nous sommes individuellement ou collectivement affectés par un événement ou une situation de particulière gravité. Encore plus s'il s'agit d'une « catastrophe », du grec *katastrophè*, qui signifie « renversement ». Un terme qui nous renvoie directement à la tragédie grecque. La « strophe » était l'une des trois parties que chantait le chœur en tournant de droite à gauche sur la scène, puis en sens inverse pour l'« antistrophe », la « catastrophe » désignant le moment le plus pathétique et le plus violent de la tragédie, par exemple un meurtre perpétré en scène, ou l'annonce de la mort d'un personnage important. Tout cela, comme l'a expliqué Aristote, pour produire par *mimésis* un double fictif de la vie réelle afin de provoquer une *catharsis* (épuration des passions) chez le spectateur.

Justement, cette fable de La Fontaine ne ressemble-t-elle pas à une tragédie à l'antique ? N'est-elle pas riche en dialogues, en péripéties et en rebondissements jusqu'à la

« catastrophe » finale ? Avec un La Fontaine tenant le rôle du chœur pour commenter l'action ? Mais pour la lire de cette manière, c'est paradoxalement notre science moderne qui risque de nous mettre des œillères en nous faisant spontanément penser à la maladie qu'est la peste au lieu de privilégier son sens générique.

Ce n'est en effet qu'à partir de 1894, date de la découverte de la bactérie *Yersinia pestis* par un disciple de Pasteur, Alexandre Yersin, qui lui a légué son nom, que la « peste » désigne une maladie bien précise. Ce qui n'était pas le cas à l'époque de La Fontaine, pas plus que cela ne l'était dans les temps anciens, où existait une prolifération d'emplois du mot « peste », toujours d'usage courant aujourd'hui.

De quoi « la Peste » est-elle le nom ?

En faisant intervenir le « nom » du mal qui les frappe, La Fontaine veut au moins nous dire que ses Animaux ne sont pas des bêtes. Une bête touchée par une épidémie pâtit de ses effets sans rien savoir d'elle. Tandis que chez les humains, il n'y a d'épidémie qu'une fois reconnue comme telle, ce qui requiert qu'elle soit *nommée*. Mais si les humains ne sont pas des bêtes, ils sont sujets à la bêtise. Privés des mots adéquats, ou interprétés de travers, ils en seront les victimes.

Gardons-nous donc d'aller trop vite en besogne pour savoir de quoi cette « Peste » est vraiment le « nom ». Pour l'heure, La Fontaine ne nous a livré qu'un mot, calqué sur le latin *pestis*, qui signifie d'abord « fléau », associé à l'idée de « maladie contagieuse » ou d'« épidémie ». En grec cela se disait *loimos*, qui accordait un sens plus général à « fléau ».

Ce qui en faisait un équivalent du sanskrit *amiva*, « ce qui détruit », ensuite seulement « maladie ». Quant à l'anglais *plague*, pour « peste », il puise directement au radical indo-européen *plag*, qui évoque « ce qui frappe ».

Pour en rester à la maladie, il faut aussi se rappeler que l'on utilisait le mot « peste » pour bien d'autres pathologies que la peste. Ainsi la « peste » d'Athènes, rendue si célèbre par Thucydide qu'elle en est devenue le paradigme, n'était probablement qu'une épidémie de typhus. Et bien d'autres maladies, variole, grippe, Ébola, etc., pouvaient aussi être classées parmi les « pestes ».

Il s'ensuit que ce qu'on entend par « maladie » reste flou, tandis que ce qui fait un fléau est clair : il faut qu'il y ait « contagion » – du latin *contagio*, composé de *cum*, « avec », et *tangere*, « toucher ». Mais le sens scientifique de « contagion » n'apparaîtra qu'en 1546, grâce au philosophe et médecin italien Jérôme Fracastor. Et il en allait de même quand on parlait d'« épidémie » pour désigner « ce qui survient au-dessus du peuple » (*démos*). Ce qui permettait d'incriminer l'air que l'on respire en commun (d'où ces « miasmes » réputés colporter le mal).

Comme la définition du « fléau » est bien plus englobante que celle de « maladie », l'emploi du mot « peste » pouvait être élargi d'autant. Ronsard pourra donc écrire que le « mal d'amour » est une « peste ». Les maux que décrit la Bible à propos de l'Égypte, avec la mort des troupeaux, les invasions de sauterelles et autres phénomènes destructeurs, seront tenus pour des « pestes ». Dans *Œdipe roi*, la tragédie de Sophocle, ce qu'il en est réellement de la « peste » qui frappe la ville de Thèbes reste incertain, et elle se réduit à ce qu'en dit le chœur. Mais très vite Sophocle met l'accent sur la « souillure » due à la double faute d'Œdipe, ce qui lui donne le sacré pour dominante.

Quand l'hérésie était considérée comme « une peste pire que la peste », à l'époque où les débats théologiques tenaient le haut du pavé, c'est parce qu'elle était réputée provoquer la mort des âmes – ce qui impliquait de traiter les hérétiques comme des pestiférés. Mais depuis que les idéologies ont remplacé les hérésies, les « pestes » ont proliféré et les inquisiteurs aussi.

Nous sommes donc habilités à continuer d'élargir le domaine des « pestes » pour rendre compte d'un fléau ravageur, collectif et hautement contaminant. Il en est de déjà vieilles, mais qui font toujours recette, comme le « système capitaliste ». Mais d'autres, mieux ciblées, sont venues occuper le terrain. Ce qui nous donne, en vrac, l'hyperinflation pour l'économie, l'islamisme radical pour l'islam, les black blocs pour les manifestations, la pédophilie et l'inceste qui ravagent l'âme et le psychisme des enfants, le « patriarcat » supposé opprimer les femmes depuis la nuit des temps, la *cancel culture* qui transforme en pestiférés ceux dont elle veut la mort sociale. Sont également devenus des « pestes » le réchauffement climatique, la diffusion excessive du CO_2, la pollution sous toutes ses formes. Au risque, pour les écologistes par trop fanatiques, de discréditer l'écologie en poussant quantité de gens à la considérer elle-même comme une « peste ».

Une personne pourra aussi être qualifiée de « peste ». Seront des « pestes » (« petites pestes » s'il s'agit d'enfants) tous ceux qui nous pompent l'air avec leur caractère insupportable. Chez Molière dans *L'Avare*, on apprendra que « La peste soit de l'avarice et des avaricieux ». Sándor Márai ira même jusqu'à traiter le célèbre séducteur qu'était Casanova de « peste et de choléra », parce qu'il pratique une forme d'amour qui tue l'amour en lui et chez celles qu'il séduit[4]. Et dans *La peste soit de l'Amérique*, Sholem

Aleiklem nous offrira un festival d'humour juif. Ont aussi fait leur apparition les « pesticides », qui désignent les substances chimiques servant à éradiquer les « pestes » qui menacent nos cultures. Avec retournement à suivre puisque ces mêmes substances sont devenues des « pestes » depuis que l'on a fait valoir leurs dangers.

Bref, la « peste » est une engeance qui n'en a jamais fini de faire des petits. Si on lui demandait son vrai nom, comme le Christ l'avait fait d'un démon qu'il voulait chasser, elle répondrait comme ce dernier : « mon nom est légion » (Marc 5, 9).

Dans ces conditions, ne ferions-nous pas mieux parler de la « peste » comme Lacan le faisait du père : en distinguant le « nom » du père et le « Nom-du-Père », dont il dit que « c'est l'Autre dans l'Autre[5] » ? Un moyen de résoudre l'épineuse question de l'unité et de la multiplicité indéfinie de fonctions que remplit le père. Distinction qui lui a été inspirée par l'épisode biblique du buisson-ardent, où Yahvé avait refusé de livrer son nom à Moïse. Car nommer revient toujours à s'octroyer un pouvoir sur ce qui est nommé et sur l'esprit des autres.

Alors pourquoi se priver de Lacan ? En distinguant le nom de la peste, qui désigne la maladie, et le « Nom-de-la-Peste », on ouvre toute grande la porte à la multiplicité indéfinie de fonctions que remplit ce « nom ». Ce qui suggère qu'en insistant sur le « nom » de « la Peste », La Fontaine a voulu nous cacher les « autres noms » inclus dans ce « nom » – des « noms de nom ». Comme nous le faisons quand nous passons du juron « nom de Dieu ! » à sa version édulcorée « nom de nom ! » pour éviter d'offenser le Ciel.

Il va donc nous falloir attendre un bon moment pour savoir en quoi consiste ce « mal » dont pâtissent les Animaux de la fable.

La terreur

De ce mal, en effet, La Fontaine s'est contenté d'affirmer qu'il « répand la terreur », ce qui revient à le définir par son effet. Quant à sa cause, il nous dit seulement que le Ciel l'« inventa ». Mais que faut-il entendre par « Ciel » ? Il ne le précise pas. Pas plus qu'il ne nous informe sur ces « crimes de la terre » qui auraient provoqué sa fureur.

Ce « Ciel » peut évidemment désigner Dieu, ou n'importe quelle divinité antique, du moment qu'on lui attribue une volonté punitive, assortie d'une puissance considérable. Ou bien cette entité dont les Gaulois redoutaient qu'elle leur tombe sur la tête, ce qui lui donne une dimension cosmique. Mais il pourrait aussi s'agir de la Némésis, la justice immanente venue sanctionner ces « crimes » dont nous ne savons encore rien. Et dans une situation analogue à celle où nous nous sommes trouvés pour cause de coronavirus, ce Ciel furieux pourrait n'être autre que la réaction violente de la nature, bousculée et violée par les activités humaines, comme l'ont immédiatement suggéré nos écologistes.

Mais sitôt précisé que cette « Peste » est « capable d'enrichir en un jour l'Achéron », tout s'éclaire : La Fontaine en fait une tueuse. Ou du moins « capable » de l'être. Or ce n'est pas sur un plan « réaliste » que s'exprime La Fontaine. Son discours, il l'a emballé dans une référence littéraire comme Christo l'a fait du Pont-Neuf. Car si l'Achéron est un fleuve bien réel, c'est sa fonction mythique, donc imaginaire, qui lui a valu sa célébrité. Parce que ce fleuve plongeait brutalement dans une faille de la terre avant de se jeter dans la mer Ionienne, il est devenu le symbole de la frontière entre le monde des vivants et celui des morts.

Mais au lieu d'enchaîner directement sur la mort qui frappe une bonne partie des pesteux, La Fontaine rompt brusquement avec sa référence à l'Achéron pour préciser que « la Peste » « faisait aux animaux la guerre ». Pour un auteur connaissant ses classiques, c'est un bel effet de brouillage. La référence aux quatre cavaliers de l'Apocalypse étant omniprésente en son temps, La Fontaine devait savoir que c'est le cheval vert, ou pâle, qui porte la peur, la maladie et la mort, tandis que c'est le cheval rouge, couleur de sang, qui apporte la guerre.

Dans *La peste* de Camus, le journaliste Rambert établira également un lien entre la peste et la guerre : « Une peste c'est comme une guerre[6] ». Proposition grosse de sa réciproque, selon laquelle la guerre elle-même est une « peste ». Lien qui a pu inspirer Emmanuel Macron quand le 16 mars 2020, en pleine crise de Covid, il a déclaré : « Nous sommes en guerre. »

Or entre la peste et la guerre, il y a une différence essentielle : la peste oppose les humains à un ennemi impersonnel, qu'il soit bacille ou virus, tandis que la guerre oppose les humains entre eux. Un changement de registre lourd de conséquences, parce qu'il nous éloigne grandement de la maladie qu'est la peste.

En associant deux des chevaux de l'Apocalypse, La Fontaine nous rappelle cependant qu'ils renvoient tous deux à la mort. Ou plus précisément à la Mort avec une majuscule, pour en faire une figure allégorique, quasiment personnifiée, de même niveau que cette « Peste » tout aussi majusculaire. De sorte que l'on peut en mourir sitôt qu'elle fait son apparition.

Va dans ce sens une anecdote rapportée par Daniel Defoe dans son *Journal de l'année de la peste*, publié en 1722. La Fontaine ne pouvait donc pas la connaître, mais il devait en tenir de similaires dans sa besace. Elle est située à Londres dans les années 1664-1665, alors que la peste ravageait la ville. Un jour, une femme en bonne santé qui passait dans la rue s'est trouvée embrassée de force par un inconnu. Ce dernier lui a ensuite déclaré qu'il avait la peste et qu'il trouvait injuste qu'elle ne soit pas également atteinte. La femme est alors tombée en pâmoison en entendant ces paroles, et elle est décédée quelques jours après[7].

Sans rien exclure sur ce point, La Fontaine continue cependant de nous promener. Que veut-il nous signifier par ce vers bien balancé : « Ils ne mouraient pas tous, mais tous étaient frappés » ? Mais frappés par quoi ? Par les effets de cette terreur comme effet du « mal » – donc des effets d'effet. D'où la réaction qui s'ensuit chez les Animaux :

> On n'en voyait point d'occupés
> À chercher le soutien d'une mourante vie

Ce magnifique oxymore qu'est « mourante vie », La Fontaine ne l'a pas inventé. Il l'a emprunté à la tragédie de Corneille, *Le Cid*, composée en 1637, connue de tous à l'époque. Dans cette pièce, il sert à décrire la situation tragique dans laquelle s'est retrouvé Rodrigue. Pour venger l'offense faite à son vieux père, Don Diègue, il vient de tuer son offenseur en duel. Or ce dernier, Don Gomès, n'est autre que le père de Chimène dont il est éperdument amoureux. Chimène, qui aime Rodrigue, se trouve alors contrainte de demander sa tête au roi pour venger son père. Pour Rodrigue, sa vie se trouve désormais menacée par une épée à double tranchant : l'un pour sa mort physique, l'autre pour la mort de son amour.

Chez Corneille tout finira bien, pas chez La Fontaine. La « mourante vie », c'est celle que provoque une situation coinçant notre existence dans un entre-deux qui n'est ni la mort, ni la vie vivante, oublieuse de la mort.

Nous avons au moins avancé sur la vraie cause de la terreur. Les morts ne pouvant pas être terrorisés puisqu'ils sont morts, seuls les vivants peuvent l'être. Pourquoi ? Parce qu'ils *pourraient* tous mourir. Une possibilité qui se fonde tout simplement sur la *mortalité*, qui est une détermination essentielle de notre condition humaine. La situation dans laquelle se trouvent les Animaux de la fable est donc celle-ci : ils découvrent ou redécouvrent qu'ils sont mortels.

Bien trop générale cependant, cette conclusion, tant il existe d'occasions diverses de mourir ! Mais toujours individuellement et au cas par cas. C'est seulement dans la situation créée par la « Peste » que « tous » sont « frappés ». Ce qui suggère qu'ils le sont sur le mode de l'*imitation* (*mimésis*) et de l'*indifférenciation.* La femme morte de terreur dans l'histoire de Daniel Defoe en était déjà la victime. Dans *Le hussard sur le toit*, Jean Giono est allé beaucoup plus loin en faisant soutenir par un vieux docteur que le choléra, pourtant bien réel, était d'abord une « épidémie de peur » : « si j'appelle choléra un brassard jaune et que je le fais porter à mille personnes, explique-t-il, les mille crèvent en quinze jours[8]. » D'où il conclut que le choléra « ne se transmet pas par contagion mais par prosélytisme[9] ». Ce qui nous conduit tout droit aux thèses de René Girard sur la violence mimétique, justifiant que l'on nomme « Peste » ce qui ne fait aucun cas des différences de sexe, d'âge, de richesse ou de statut qui structurent nos sociétés en cas de crise majeure. Tous dans le même sac !

Tous, vraiment ? Si l'on suit bien la fable de La Fontaine, on constate que ni le Lion ni aucun des membres de sa cour ou de son entourage ne souffrent du moindre symptôme de la peste. Tous en pleine forme ! Et pourtant ils font tous dans leur froc... Le seul mort parmi eux sera l'Âne, et ce n'est pas de la peste qu'il mourra. Pour faire de « la Peste » une maladie du même nom, il faudra repasser...

Une « Peste » politique

Tout serait donc plus simple si l'on admettait que La Fontaine nous a jusqu'ici menés en bateau en attirant notre attention sur la redoutable maladie qu'est la peste alors qu'il jouait du « Nom-de-la-Peste » pour brouiller les cartes. Autrement, sa fable sera incohérente et même incompréhensible si on la lit jusqu'au bout. Ce qui n'empêche pas de penser qu'une épidémie de peste a pu frapper le peuple des Animaux, en tuant une partie (puisqu'ils « ne mouraient pas tous ») tandis que la « peste » qui menace les puissants, à commencer par le roi Lion, est d'une tout autre nature. C'est une peste « politique » au sens le plus large de ce terme, qui a pour enjeu le maintien de l'ordre en place et du pouvoir de ceux qui le détiennent dans une situation de crise globale. Crise dans laquelle une épidémie de peste (ou une pandémie de Covid) pourra cependant jouer un rôle de révélateur et de déclencheur, au titre de cause occasionnelle. Mais sans plus. Exactement comme le montrait Sophocle dans *Œdipe roi*, où la peste est multidimensionnelle. Physique pour une part, mais surtout symbolique et morale, puisque sa vraie cause est la souillure de la cité par le parricide et l'inceste d'Œdipe.

Tout cela, Ambroise Paré l'avait déjà compris. Pour lui, en effet, le mot « peste » renvoyait à deux réalités bien différentes : d'un côté à la peste clinique, qui désigne la maladie, de l'autre à la peste sociale, qui est l'anarchie. Situation que l'on retrouve sous une version beaucoup plus complète, fort proche de nous par bien des aspects, dans le récit que nous a laissé Thucydide de la peste d'Athènes. Un récit réaliste, témoignant d'un épisode dramatique qui a marqué à jamais la cité d'Athènes et la mémoire des hommes, mais que l'on peut interpréter selon la grille de lecture fournie par René Girard.

Cette fois la guerre y joue pleinement son rôle. Thucydide en a pris acte en nous rapportant les propos des plus âgés des Athéniens, se souvenant d'un vers que l'on chantait autrefois : « Viendra la guerre dorienne et avec elle pestilence (*loimos*) viendra[10]. » Une controverse s'en était ensuivie, parlant d'un radotage de vieux, car au lieu de *loimos*, la peste, il fallait entendre *limos*, la famine. Or qu'il y ait ou pas erreur d'audition, car de l'oreille on devient dur avec l'âge, ce vers disait vrai : la cause première du mal qui accablait la cité était la rivalité mimétique qui existait entre Sparte et Athènes pour s'assurer l'hégémonie sur la Grèce. Une cause due à la perversion de la morale par la volonté de puissance. C'est donc l'impérialisme et l'arrogance d'Athènes qui avaient poussé contre elle la ligue du Péloponnèse, menée par Sparte. Repoussant au second plan l'explication matérielle, selon laquelle la guerre provoque des épidémies par le déplacement des troupes et les effets sanitaires du siège. Athènes avait en effet abandonné l'Attique par stratégie, suscitant un afflux de réfugiés dans ses murs. Entassés dans des baraquements, ceux-ci avaient rendu l'atmosphère irrespirable et la diffusion des « miasmes » avait contaminé l'ensemble de la population.

Qu'en a-t-il résulté ? La destruction progressive de l'ordre en place par un processus d'indifférenciation généralisée. Puisque tous mouraient également, quels qu'ils soient, on ne se préoccupait plus du jugement final de ses actes et de ses fautes. La punition que représentait la maladie était déjà là. Les riches mouraient comme les pauvres, mais ceux des pauvres qui survivaient s'emparaient des biens que les riches avaient laissés derrière eux. Les supplications présentées aux dieux s'étant révélées vaines, les gens leur tournaient le dos. Sachant que leurs corps et leurs biens étaient provisoires, les Athéniens, toutes classes confondues, ne cherchaient plus que jouissances et plaisirs. Comme l'écrit Thucydide : « Nul n'était retenu ni par la crainte des dieux, ni par les lois humaines[11]. »

À l'arrivée, cette indifférenciation qui avait gagné tous les registres de l'existence, sanitaires, moraux et religieux, ne pouvait engendrer que le chaos, plongeant la société entière dans une crise profonde. Et logiquement, les citoyens s'étaient mis en quête de rechercher les fauteurs de troubles. Pour la populace, c'étaient les réfugiés du Pirée, qui avaient empoisonné les puits. En 430, pour les puissants de la cité, tous rivaux, ce fut Périclès, accusé de despotisme. Un comble, car Périclès avait rassemblé le peuple pour décider démocratiquement de la guerre, et c'est dans les règles de la « dictature de guerre » qu'il avait reçu de lui les pleins pouvoirs pour la mener. Traîné en justice sous le fallacieux prétexte de gaspillage des deniers publics, Périclès avait été privé de son titre de stratège, déchu de ses droits civiques et condamné à une forte amende. Et ce n'est qu'un an plus tard, les Athéniens ayant compris leur sottise, qu'il fut rétabli dans ses fonctions de stratège, avant de mourir lui-même de la peste.

Cette dimension morale de l'affaire, Aristote y avait pensé en affirmant que les États étaient menacés de l'intérieur par ces « pestes » que sont l'injustice sociale et la guerre civile. Pour Machiavel, plus « politique », ils le sont par cette « peste » qu'est la sédition. Que favorisait évidemment l'apparition d'une épidémie, ce qui explique pourquoi les autorités prenaient des mesures qui étaient à la fois d'ordre sanitaire et d'ordre public. Michel Foucault en a déduit que certaines maladies étaient proprement *politiques*. C'était le cas de la peste, dont il a montré qu'elle avait inversé les relations que le pouvoir entretenait avec la lèpre. Face à cette dernière, sa réaction était négative, ce qui se manifestait par l'exclusion des lépreux de la cité. Tandis que face à la peste, c'était l'inverse : il fallait que le pouvoir quadrille, confine et contrôle la population. En prenant « la relève de la lèpre comme modèle de contrôle politique », la peste serait donc à la source de l'invention des « technologies positives du pouvoir [12] ».

Dans *La peste*, fiction publiée en 1947, Camus ne s'était pas privé de jouer lui aussi sur « le Nom-de-la-Peste » pour réduire la peste à un rôle subalterne. Il nous le fait savoir par Tarrou, un étranger à Oran, qui explique au docteur Rieux que la peste, la vraie, était déjà là depuis longtemps : « chacun la porte en soi, la peste, parce que personne, non, personne au monde n'en est indemne [13]. » Et à mesure que le récit avance, on se rend compte que la ville d'Oran est devenue un camp de concentration, gardé par des soldats en armes, tandis que le nombre des victimes est devenu tel qu'on en est venu à éliminer les cadavres dans un four crématoire.

Comme Camus l'a confirmé dans sa lettre à Roland Barthes du 11 janvier 1955, il voulait faire de la « peste » d'Oran une image de la résistance contre cette « peste brune » qu'était le nazisme. Une « peste » qui a disparu sous sa forme étatique et génocidaire avec la fin de l'Allemagne hitlérienne pour se transformer en « peste rhétorique », comme cela se passe aujourd'hui quand nous recourons au « point Godwin » pour nazifier une position ou une personne.

Une manière suggestive de confirmer la dimension politique de la « peste » nous est fournie par Ludmila Oulitskaïa. Le film est toujours le même, mais elle nous le présente rembobiné à l'envers. Au départ, il est question d'un épisode authentique qui s'est produit en 1939 en Union soviétique. Elle en avait fait le récit en 1988, mais elle n'a compris son importance qu'à l'occasion de l'épidémie de Covid qui frappait la Russie. Ce qui lui a permis de distinguer les « épidémies de terreur », qui sont des créations humaines, et les épidémies d'origine naturelle[14]. La preuve qu'une « peste » peut toujours en cacher une autre.

Que s'était-il passé en 1939 ? Un biologiste nommé Rudolph Mayer avait découvert qu'un bacille de peste particulièrement virulent s'était échappé de son laboratoire pour cause de distraction de sa part. Mais à cause de la Grande Terreur qui culminait à l'époque, la paranoïa du régime était telle que son discours de scientifique était inaudible. Impossible de faire comprendre aux autorités qu'il fallait prendre d'urgence des mesures draconiennes d'isolement et de confinement des personnes contaminées ! Au lieu de la maladie qu'était la peste, il s'agissait forcément d'un complot ourdi contre le Parti et Staline.

Ce n'est qu'à partir d'un certain nombre de morts que le dénommé « Personnage Haut Placé » (sans doute Beria) a enfin admis que ce n'était « que la peste ». Il a aussitôt mobilisé toutes les ressources du NKVD pour retrouver les cas contacts. Mais parmi ceux qui ont vu arriver devant leur porte l'un de ces fourgons, surnommés « corbeaux », qui servaient d'ordinaire aux arrestations, certains n'ont pas compris qu'ils faisaient office d'ambulances. Pour eux, la « peste » était la terreur d'État, avec promesse de Goulag. Se croyant menacé de « purge », un colonel du NKVD s'était même suicidé avant de savoir de quoi il retournait. Et une femme qui croyait que l'on allait arrêter son mari, un « ennemi du peuple », s'était précipitée au poste de police pour le dénoncer, en espérant que ses aveux lui vaudraient l'indulgence des autorités. Autant de victimes collatérales du régime, alors que c'est la seule fois que le NKVD avait sauvé la population d'un désastre.

Qu'en conclure ? Que Bruno Lemaire, qui est à Macron ce que Colbert était à Louis XIV, avait bien raison de déclarer qu'« une épidémie est une menace de désastre politique[15] ». Donc qu'à maladie politique, il fallait opposer une médecine politique.

2.

À confesse

Puisque « la Peste [...] faisait aux animaux la guerre », c'est naturellement au Lion, leur roi, qu'il revient de prendre les choses en mains :

> Le Lion tint conseil, et dit : Mes chers amis,
> Je crois que le Ciel a permis
> Pour nos péchés cette infortune :
> Que le plus coupable de nous
> Se sacrifie aux traits du céleste courroux ;
> Peut-être il obtiendra la guérison commune [1].

Un beau discours, qui ressemble fort à un plan de bataille. Le Lion y occupe la position de « celui qui dit », en maître absolu. Position qui était celle du roi Louis XIV depuis le 10 mars 1661 quand, à la mort de Mazarin, il s'était octroyé le « pouvoir absolu » par un coup de force exécuté au sommet. Un régime selon lequel le roi « gouverne par lui-même » puisqu'il concentre désormais entre ses mains les pouvoirs législatif, exécutif et judiciaire. Il n'aura plus jamais de Premier ministre, uniquement des secrétaires d'État.

Or voilà qu'au lieu de répondre par la guerre à la guerre que « la Peste » faisait aux Animaux, comme Macron le fera contre la Covid, ce Lion tout-puissant fait plus que profil bas. En adoptant le ton du prédicateur, empreint d'humilité, il nous fait plutôt penser au prêche du père Panneloup dans *La peste* de Camus. Moyennant cependant un sérieux glissement.

Au début de la fable, en effet, c'est du haut du Ciel que s'abat « la Peste » pour punir la terre de ses crimes. En bloc, sans faire le détail. Le Ciel évoque alors la figure de ce Jupiter qui parle des humains comme d'une engeance « qui m'importune et me lasse », au point qu'il se demande s'il ne ferait pas mieux de les foudroyer une bonne fois[2]. Or de ce Ciel jupitérien, il n'est plus question. Il a juste « permis » cette « infortune » qu'est « la Peste ». Et à ce qu'en dit le Lion, il faut maintenant prendre en compte le degré de culpabilité de chacun dans ces crimes. Ce qui nous renvoie aux relations que les Animaux, tous bien terrestres, entretiennent entre eux.

De la verticalité, nous sommes passés à l'horizontalité. Ce qui change tout. Qu'est-ce que le Lion peut bien avoir derrière la tête ? On sait qu'il ne connaît qu'une manière d'exercer le pouvoir : par la force. S'il ne peut pas en jouer, c'est qu'il a affaire à trop forte partie.

La Fontaine pensait-il déjà à la confrontation entre Louis XIV et Fouquet ? Comme tout le monde à l'époque, il se souvenait au moins de ce qui était arrivé au roi Charles Ier d'Angleterre. À force de se chamailler avec le Parlement, les Écossais et les nobles qu'il écrasait d'impôts, il avait déclenché une révolution en 1642. Accusé de haute trahison après avoir perdu sa dernière bataille, il avait été décapité en 1649. Dans la foulée, la monarchie avait été abolie et remplacée par une République dont Olivier Cromwell, un puritain fanatique, s'était érigé en Protecteur. Et encore, Charles Ier avait tout perdu sans avoir, comme le Lion, une épidémie de peste sur les bras. Une peste extérieure venant révéler et exacerber la peste intérieure qui mettait la société en crise.

D'une médecine l'autre

Pour nous fournir une image forte de ce Ciel vengeur, on disposait à l'époque du tableau de Nicolas Poussin, *La Peste d'Ashod*, ou *Les Philistins frappés de la peste*. Une œuvre peinte à Rome fin 1630, et qui avait fait l'objet de nombreuses copies avant d'être achetée pour 1 000 écus par le duc de Richelieu en 1660, puis rachetée par le roi Louis XIV en 1665 pour entrer dans ses collections et faire l'objet d'expositions. La preuve de l'importance qu'on lui accordait.

Ce tableau nous présente une ville dont la rue principale est jonchée de cadavres et de mourants de tous âges. Parmi lesquels circulent des gens vêtus à l'antique, dont les attitudes expriment un mélange de stupeur et de commisération. Une scène évoquant la guerre qui avait opposé les Philistins aux Hébreux (Samuel V, 1-5). Vaincus à la bataille d'Afek, ces derniers avaient perdu l'Arche d'alliance, désormais installée comme trophée par les Philistins dans le temple du dieu Dagôn à Ashod – un sacrilège immédiatement sanctionné par le Ciel. La peste s'était alors abattue sur les vainqueurs, sous la forme de tumeurs malignes, tandis que la statue du dieu Dagôn se trouvait miraculeusement mise en pièces.

Dans une société pétrie de christianisme, cette explication mystique de la maladie imposait le recours à une médecine elle aussi mystique. Puisque sanction il y avait, le seul moyen d'y remédier était d'en appeler à l'auteur du châtiment, ou à des puissances capables d'intercéder pour nous.

L'Église déclenchait donc aussitôt le dispositif prévu à cet effet : on disait des messes, organisait des processions, multipliait les prières et invoquait la protection de saint Roch, patron des pesteux, jusqu'à porter des médailles à son effigie (ce que signale Camus lors de la peste d'Oran, pourtant située au milieu du XXe siècle). On pouvait aussi invoquer un saint local, ou la Vierge Marie, ou encore saint Sébastien, unique rescapé connu de son martyre puisqu'il avait survécu aux flèches dont on l'avait bardé. Flèches qu'évoque discrètement La Fontaine en parlant des « traits » du « céleste courroux » (sachant qu'un des sens primitifs du mot « virus » est « flèche »). On pouvait également faire le vœu de bâtir une chapelle ou un calvaire si l'épidémie prenait fin, un riche seigneur ou des bourgeois aisés ayant promis de les financer. Ce qui nous a valu, entre autres, ce chef-d'œuvre qu'est le calvaire de Plougastel-Daoulas, érigé après l'épidémie de peste qui avait frappé la région à la fin du XVIe siècle.

Or de ce recours pratiquement obligé aux moyens de la religion, le Lion ne souffle mot. Ne disposait-il pas, comme Louis XIV, d'un confesseur attitré, et même d'un Bossuet de service, toujours prêt à le rappeler à l'ordre ? Pas plus qu'il ne convoque ses médecins, ce qu'il saura pourtant faire quand devenu « décrépit, goutteux, n'en pouvant plus », il réclamera d'eux qu'ils lui fournissent « un remède à la vieillesse [3] ». Une demande exorbitante puisque la vieillesse n'est pas une maladie, alors que la peste, elle, en est une.

Le fait est qu'aucun médecin n'interviendra dans cette fable. Pourtant, s'il en est un qui croit à l'existence d'une maladie nommée « peste », c'est La Fontaine. En bon lecteur de Lucrèce, il ne croit pas à l'interprétation mystique, religieuse ou magique des maladies. Et il ne nous a pas caché sa haute estime pour l'« hospitalier » qui s'efforce de soulager nos maux. C'est « une charité que je préfère aux autres », écrit-il, alors que les malades sont « chagrins, impatients, et se plaignent sans cesse[4] ».

En revanche, en ce qui concerne les médecins, il est sur la même ligne que Molière, son contemporain à un an près. Il l'avait d'ailleurs rencontré à la fête donnée au roi par Fouquet à Vaux-le-Vicomte le 17 août 1661, où Molière avait présenté *Les Fâcheux*. La fable de La Fontaine intitulée *Les Médecins* a donc tout du clin d'œil complice.

Elle nous présente deux médecins en train de se chamailler au chevet d'un malade atteint d'une maladie mortelle. L'un est le docteur Tant Pis, qui déclare qu'il n'y a rien à faire puisque le malade mourra de toute façon. Tandis que son confrère Tant Mieux soutient au contraire qu'il faut intervenir, mais il n'en fait rien. Le malade une fois mort, les médecins sont satisfaits de constater que leurs diagnostics, pourtant contradictoires, étaient tout deux justes :

> Ils triomphaient encore sur cette maladie.
> L'un disait : il est mort, je l'avais bien prévu.
> S'il m'eût cru, disait l'autre, il serait plein de vie[5].

Cette fable évoque irrésistiblement la pièce de Molière, *L'Amour médecin*, créée en 1665 à Versailles, puis à Paris[6]. On y voit deux médecins, Tomès et Des Fonandrès, se disputer à propos du traitement à administrer à Lucinde, qui fait semblant d'être malade. Outrés que la patiente ne veuille pas mourir « dans les règles de l'art », les médecins capitulent. « Si vous ne faites saigner tout à l'heure votre fille, c'est une personne morte », déclare Tomès en quittant les lieux. « Si vous la faites saigner, elle ne sera pas en vie dans un quart d'heure », prophétise Des Fonandrès, qui sort à son tour.

Nous ne savons pas ce que pensait vraiment La Fontaine de la médecine de son temps confrontée à la peste. En matière de santé publique, on en restait à l'idée que l'air transportait des « miasmes », et Hippocrate recommandait déjà de fuir les lieux infectés et de « respirer moins » en cas d'épidémie. On était également convaincu que le mal se transmettait ensuite de diverses manières. Les débats d'aujourd'hui sur la transmission de l'agent pathogène par voie « balistique » ou « aérienne » faisaient déjà rage depuis le XIVᵉ siècle, notamment à Raguse, l'actuelle Dubrovnik. Au XVIIᵉ siècle, on pratiquait donc l'« ariement », l'aération des lieux, en y ajoutant un parfum supposé détruire les miasmes en suspension. Quant à la quarantaine, assortie de mesures d'isolement et de désinfection, elle se pratiquait dès le XVᵉ siècle, encore à Raguse, dont les liens avec Venise ont permis la diffusion dans toute l'Europe.

Tout était dit dans le traité que le célèbre chirurgien Ambroise Paré avait consacré aux épidémies en 1568. Bien qu'il ne soit pas médecin, puisqu'il ignorait le latin (!), il avait été lui-même atteint par la peste à l'Hôtel-Dieu. Mais ayant survécu, il avait l'expérience du terrain. Il recommandait donc aux médecins de se revêtir de tissus protecteurs, de se parfumer de vapeurs aromatiques pour combattre le « venin » mortel diffusé par l'air « pestilentiel », et de ne jamais manger ou boire à proximité des malades. Pour les traiter, ils devaient recourir aux purges et aux saignées, aussi à la saumure d'anchois, réputée être un antidote contre les venins[7].

On retrouvera la plupart de ces pratiques en 1720, lors de la peste de Marseille. Assorties de procédures de désinfection des lieux à base de soufre et d'arsenic, et pour les mains de vinaigre dit « des quatre voleurs », élaboré à base de plantes. Sans faire remonter pour autant la cote des médecins. Dont l'évêque de Marseille, Mgr de Belsunce, loué pour l'aide qu'il avait apportée aux malades, aurait déclaré qu'il aurait fallu en donner de plus habiles et de moins peureux.

Donc escamotée à son tour, la médecine des médecins ! Mais si le Lion ne compte pas sur elle, ne devait-il pas, en tant que responsable de son peuple, lancer les mesures de protection qui s'imposaient ? Fruits d'une longue expérience, compilées depuis le Moyen Âge, elles avaient pris au XVIIe siècle la forme d'un plan préétabli. Les informations concernant l'avancée d'une épidémie à l'étranger provenaient des ambassades, des consulats et des émissaires pour être centralisées à Paris. Et c'est aussi de Paris, déjà, que Colbert envoyait ses instructions aux Lieutenants généraux, Intendants et Parlements de province, chargés d'appliquer sur place les restrictions de déplacement, les quarantaines, le bouclage des quartiers voire des villes infectés, en recourant à l'armée au besoin.

Puisque le Lion n'en a rien fait, c'est qu'il savait que le mal était d'une nature telle que ni la religion chrétienne, ni la médecine des médecins, ni les mesures prophylactiques n'avaient la moindre prise sur lui. Donc qu'il était inutile de s'y attarder. Et pourtant l'objectif à atteindre, ou du moins à espérer, est bien « la guérison commune ». Mais comment ?

Justice ou sacrifice ?

N'ayant soufflé mot de toutes les parades connues, le Lion a directement sauté du ton du prédicateur à celui de l'accusateur :

Que le plus coupable de nous
Se sacrifie aux traits du céleste courroux ;
Peut-être il obtiendra la guérison commune.

Cette fois, tout paraît clair. Pourtant il y a quelque chose qui cloche : pourquoi serait-ce au « plus coupable » de « se » sacrifier ? Logiquement, ne devrait-on pas plutôt attendre d'un coupable qu'il soit jugé et puni, et non qu'il « se » sacrifie ? Or de ce sacrifice, le Lion ne nous dit rien. Il se contente de nous renvoyer à l'histoire, qui « nous apprend qu'en de tels accidents / On fait de pareils dévouements ». Mais qu'entend-il exactement par « dévouements » ? Soit il nous renvoie à l'usage pronominal du verbe « dévouer », pour dire de quelqu'un qu'il « se » dévoue ; soit il prend ce même verbe dans son usage transitif, et « dévouer » veut alors dire « châtier ». Y aurait-il quelque contradiction dans le discours du Lion ? Et à quels exemples historiques de « dévouements » fait-il allusion ?

Une note charitable de l'édition des fables dans la Pléiade nous renvoie à l'origine latine de « dévouement » qui est *devotio*. Terme qui désigne un type particulier de sacrifice, en usage dans l'armée romaine quand, menacée d'une défaite, elle devait payer une offense commise à l'égard des dieux infernaux pour espérer la victoire. La même note nous renvoie également à Tite-Live, bien connu de La Fontaine, auquel on doit l'histoire des trois Cesius, restés célèbres pour avoir assumé la *devotio* de père en fils.

Le premier du nom était l'un des consuls engagés contre les Latins à la bataille de Veseris, en 340. L'armée romaine se trouvant en grande difficulté face à l'ennemi, le Pontife suprême avait organisé une cérémonie à laquelle participait Cesius. Les augures ayant parlé, ce dernier avait accepté de s'offrir lui-même en sacrifice pour regagner la faveur des dieux. Sautant alors sur son cheval, il s'était jeté tout seul au milieu des ennemis qui, saisis d'un effroi surnaturel, avaient pris la fuite. Criblé de traits Cesius était mort, mais l'armée romaine avait obtenu la victoire.

Commentant l'affaire, Tite-Live précise cependant que Cesius n'était pas obligé de se sacrifier lui-même puisqu'il aurait pu « à son gré, désigner tout autre citoyen, mais soldat d'une légion romaine[8] ». Une échappatoire à laquelle pensait peut-être le Lion, mais que refuseront tous les Cesius. En 296, cette fois contre les Gaulois, le fils du premier Cesius fera comme son père. Le troisième Cesius imitera les deux précédents, mais il survivra.

À l'évidence, cette bien belle histoire ne correspond pas au critère établi par le Lion pour désigner celui qui devra « se » sacrifier. En effet, aucun des Cesius évoqués par Tite-Live n'est coupable de quoi que ce soit. C'est parce qu'ils sont tous blancs comme neige que leur sacrifice aura une valeur salvatrice et qu'ils deviendront des héros.

Si ce n'est pas à la *devotio* des Romains, n'est-ce pas plutôt à la Bible que se réfère le Lion ? Notamment au conseil que Caïphe, le Souverain Sacrificateur, donnait aux Juifs lors du procès intenté à Jésus : qu'il est « avantageux qu'un seul homme meure pour tout le peuple » (Jean, 11, 50). Mais le Lion sait que Jésus est l'innocent par excellence, et que l'accusation de blasphème portée contre lui n'est qu'un prétexte pour l'éliminer.

Pensait-il plutôt à l'histoire du prophète Jonas ? Il s'était interposé entre la colère de Dieu et la ville de Ninive, gravement pécheresse : « Encore quarante jours, et Ninive sera détruite ! » Ayant compris l'avertissement, les gens de Ninive avaient cru en Dieu, s'étaient revêtus de sacs et avaient instauré un jeûne public. Le roi lui-même s'était dépouillé de son manteau, couvert d'un sac et s'était assis dans la cendre (Jonas, 3, 5-10). Mais même si le roi était le plus coupable de tous, il n'a fait que s'associer aux rites de la contrition publique, sans s'offrir lui-même en sacrifice.

Restait Œdipe, un vrai coupable celui-là, puisque cause unique de la peste qui ravageait Thèbes. Sauf qu'il n'avait aucune conscience de sa culpabilité. Pour avoir résolu l'énigme de la Sphinge, il croyait tout connaître de l'homme alors qu'il s'ignorait lui-même. Ignorance assimilable à une peste intérieure qui le rendait aveugle. Il a fallu que l'oracle de Delphes lui apprenne qu'il avait tué son père, le roi Laïos, ensuite commis un inceste en épousant sa propre mère. Œdipe avait alors compris qu'il ne mettrait fin à la peste qu'en débarrassant la ville de la souillure dont il était la cause. Il s'était donc châtié lui-même en se crevant les yeux.

Ce rapprochement est tentant, mais aucune des fables ne fait du Lion un nouvel Œdipe. Quand il n'était encore que Lionceau, le sultan Léopard n'avait rien fait pour l'éliminer avant que devenu grand, il soit capable de le tuer[9]. Et quand le roi Lion a pleuré la mort de la reine Lionne, il n'y a pas la moindre allusion au fait qu'elle serait en réalité sa mère, qu'il aurait épousée après avoir tué son mari[10].

Les aveux

À la différence d'Œdipe, le Lion n'avait pas besoin du devin Tirésias et encore moins de Freud pour apprendre les horreurs qu'il avait commises à son insu. Il les connaît mieux que personne. C'est donc droit dans ses bottes qu'il décharge publiquement ce qu'il a sur la conscience :

Pour moi, satisfaisant mes appétits gloutons,
J'ai dévoré force moutons.
Que m'avaient-ils fait ? Nulle offense ;
Même il m'est arrivé quelquefois de manger
Le Berger.

On pourrait penser que le Lion a fait sienne la recommandation d'Ambroise Paré en cas de peste provoquée par l'iniquité des hommes : d'abord confesser ses forfaits, puis implorer la miséricorde divine, car le plus grand médecin est Dieu. Mais le connaissant, on se demandera plutôt quel Moucheron a bien pu le piquer. Un Lion ça rugit, ça ne se confesse pas ! Un Lion, roi des Animaux, ça secoue sa crinière jaune, ça montre ses crocs, ça menace n'importe qui lui chercherait noise de l'écraser d'un coup de patte. Un Lion, ça se comporte comme Trump, lui aussi doté d'une crinière jaune et qui rugit par tweets.

Reste à savoir à quel Lion exactement nous avons ici affaire. Or les fables où figurent le Lion se répartissent selon deux registres différents, avec quelques mélanges. Tantôt La Fontaine décrit le Lion « au naturel », en tant que simple Lion, tantôt en tant que « roi Lion ». Ce qui nous renvoie à la tradition médiévale des « deux corps du roi », que Ernst Kantorowicz a rendue célèbre en 1957. Elle a inspiré l'adage « le roi est mort, vive le roi ! », apparu en janvier 1515 lors de l'enterrement de Louis XII. Pour signifier que ce qui disparaît n'est que le corps terrestre et mortel du monarque, tandis que demeure le corps politique et immortel du royaume. Tandis que tant qu'il est vivant, c'est de ses deux corps qu'il peut jouer.

Ce n'est donc pas pour rien que nous parlons des « grands fauves » de la politique à propos de ceux qui ont pu imposer leur pouvoir et le maintenir en dépit de tout. Nous signifions aussi par là qu'un « grand fauve » est d'abord un fauve tout court.

Ce Lion qui n'est pas roi, mais simple seigneur, La Fontaine nous l'a décrit dans la fable où il s'est trouvé chargé de partager équitablement un Cerf avec la Génisse, la Chèvre et la Brebis[11]. Une fois la proie mise en pièces, qu'a-t-il fait ? Il s'est emparé de la première part « en qualité de sire », de la deuxième par « droit du plus fort », de la troisième au motif qu'il était « le plus vaillant ». Quant à la quatrième, qu'il s'est également appropriée ? Le premier qui osera y toucher, annonce-t-il, « je l'étranglerai tout d'abord ».

Un vrai tableau de chasse, hautement symbolique, qui met en évidence l'ambivalence de la figure du Lion. Dans la plupart des civilisations, elle évoque la bravoure et le courage, sans faire oublier la férocité de la bête et la crainte qu'elle inspire. C'est en revêtant la peau du Lion de Némée, qui terrorisait la population, qu'Héraclès est devenu un héros. Au XIIe siècle, Richard, roi d'Angleterre, a été surnommé « Cœur de Lion » pour sa valeur. Au XXe, le commandant Massoud a été qualifié de « Lion du Panchir » pour sa résistance aux talibans. Mais le Lion peut également symboliser la spiritualité : il est devenu l'attribut de l'évangéliste saint Marc, et Venise en a fait son emblème.

On sait que Louis XIV prisait fort cette symbolique. Il a possédé un lion d'argent et les pieds des fauteuils de son palais se terminaient souvent par des pattes de lion. Mais pour La Fontaine, c'est un vrai défi. En peignant le Lion en roi, il fait du roi Louis XIV un Lion. Pour plaire à son public sans déplaire au monarque, il doit jouer serré, n'ayant pas la moindre envie de se trouver accusé du crime de lèse-majesté. Donc à lui de faire valoir que si Louis est roi de droit divin, le Lion de sa fable ne l'est que par droit léonin, qui ne fait que recouvrir d'une mince pellicule de légitimité toute la violence dont il est capable.

Or si l'on examine la teneur des forfaits dont le Lion vient de faire l'aveu, que découvre-t-on ? Qu'ils sont uniquement dus à ses « appétits gloutons ». C'est-à-dire à sa nature léonine, qui est ce qu'elle est et contre laquelle il ne peut rien. Sauf que ce Lion n'est pas qu'un lion ordinaire, il est le roi. Étrange roi qui dévore ses propres sujets, dont font partie les moutons ! Ce qui correspond à ce qui se dit en tout temps des puissants de ce monde : qu'ils « vivent sur la bête »... Mais il a fait encore mieux, ce Lion : en terminant sa confession, il avoue qu'il lui est « arrivé quelquefois de manger / Le Berger ».

Est-ce encore la gloutonnerie qui parle à sa place ? Le Berger, juste destiné à combler le petit creux qui lui restait à l'estomac ? Mais La Fontaine veille au grain. Par le décalage du mot « Berger » à la ligne suivante, où il se retrouve isolé, il nous dévoile le crime majeur du Lion : le crime d'indifférenciation, par transgression majeure de l'ordre naturel, qui distingue les hommes et les animaux.

Voilà notre Lion mangeur d'hommes... S'il s'agissait du fauve qu'est le lion, on parlerait d'accidents tragiques. Mais dans une fable où les Animaux ne sont que des cintres supportant des caractères humains, ce Lion n'est autre qu'un homme mangeur d'hommes. Et même un mangeur de Berger, la figure type du Pasteur d'hommes, dont Jésus-Christ disait qu'il est prêt à donner sa vie pour ses brebis.

Au lieu de Pasteur d'hommes, notre Lion n'est donc qu'un prédateur au pouvoir. Son royaume n'est pas un État de droit, mais un État pré-politique. Comme celui que décrit Hobbes, où l'homme est un loup pour l'homme.

3.

Le piège

Ayant avoué tous ses crimes, le Lion a au moins prouvé qu'il ne voulait pas commettre une faute de plus contre le Ciel, car « Vouloir tromper le Ciel, c'est folie à la Terre [1] ». Et après ? S'il voulait vraiment jouer le jeu jusqu'au bout avec le Ciel pour obtenir son pardon, il devrait passer des aveux au repentir. Et puisqu'il évoquait ces exemples de « dévouements » qui s'étaient déjà produits dans l'histoire, il pourrait suivre l'exemple d'Œdipe, unique responsable des maux qui accablaient Thèbes, en se crevant les yeux et en partant en exil. Ou plus modestement celui du comte d'Anjou Foulques Nerra, connu au XIe siècle pour sa violence et ses crimes, parti en pèlerinage à Jérusalem pour expier ses fautes. Rite qu'il avait accompli quatre fois, pour cause de récidives, et qu'il terminait en se faisant flageller, torse nu, devant le Saint-Sépulcre. Pas encore la voie chrétienne de l'amour, mais au moins son antichambre. Or ce n'est pas du tout dans cette voie que s'engage le Lion :

> Je me dévouerai donc, s'il le faut ; mais je pense
> Qu'il est bon que chacun s'accuse ainsi que moi
> Car on doit souhaiter selon toute justice
> Que le plus coupable périsse.

Mais là, c'est à nous, lecteurs, qu'il revient de marquer le temps d'arrêt qu'a escamoté La Fontaine, puisque dès le vers suivant c'est au Renard qu'il donne la parole pour retourner la situation. Un silence de la fable pour rendre compte du silence par lequel les Animaux ont accueilli les dernières déclarations du Lion. Un silence glacial, fait de terreur et de sidération.

Qu'ont-ils enfin compris ? Que le Lion avait entrepris de les rouler dans la farine. Qu'en présentant comme complémentaires deux options contradictoires en soi, il s'était donné les moyens de se dérober par la tangente. Son intention de « se » sacrifier était subordonnée à cette condition qui change tout : que les autres avouent d'abord leurs forfaits. De sacrifice volontaire il n'est plus question, c'est à la justice que reviendra le soin de juger et de punir les coupables. Or la justice c'est le Lion, monarque absolu, qui l'incarne.

Tous les grands et petits fauves de la cour se savent coincés. Ou bien ils tenteront de minorer leurs forfaits, et le Lion qui les connaît comme sa poche les mettra immédiatement en pièces. Ou bien ils se prêteront à ce concours des noirceurs, et celui qui s'avouera plus coupable que le Lion sera condamné et exécuté par ses soins. La mort ou la mort, tel est leur choix. Ou encore la révolte, s'ils parvenaient à s'unir.

On en passera donc par un concours de beauté, ou plutôt de noirceur. De quoi terroriser tous ses courtisans, qui comprennent qu'en se confessant le premier, pour donner l'exemple, le Lion leur tendait un piège. Il leur avait fait croire qu'il imitait Don Juan, dans la pièce que Molière avait fait jouer depuis 1665, quand il déclarait à Sganarelle « Va, va, c'est une affaire entre le ciel et moi et nous la démêlerons bien ensemble[2] ». Lui aussi un grand dévoreur de chairs fraîches, ce Don Juan qui s'était rendu coupable de tromperie, d'impiété et de meurtre. Que ce forcené des coups de foudre amoureux ait péri d'un coup de foudre divin à la fin de la pièce, c'était justice. Mais il n'avait pas cherché à refiler à d'autres la patate chaude de la culpabilité, comme venait de faire le Lion.

Alors quelle foudre redoutait-il vraiment, le Lion ? Pas celle qui lui tomberait du Ciel sur la tête, celle qui surgirait des profondeurs de son peuple contre ce tyran incapable de mettre fin au mal qui le frappait, ou plus directement des fauves de sa cour, qui profiteraient de la situation pour le déposer ou le tuer. La parade, il croyait l'avait trouvée en plaidant coupable en premier. Ce qui le transformait en paratonnerre, capable de dévier la course de la foudre vers ses courtisans, contraints de rivaliser entre eux pour savoir sur qui elle s'abattrait.

Une violence mimétique

Ce que La Fontaine ne nous a pas dit dans cette fable, il nous l'a exposé dans bien d'autres en nous livrant maints épisodes démontrant à quel point la cour du Lion, le lieu du pouvoir, vivait sous le régime de la rivalité mimétique. Une vraie « peste » celle-là, dont tous étaient frappés et certains en mouraient.

À commencer par ce qu'avait vécu le Lion quand, encore simple Lionceau mais orphelin de père, il était considéré comme un futur rival par le Léopard, le sultan du pays voisin. Mais ce dernier n'avait pas su choisir entre tuer le Lionceau, dont il avait pitié, ou cultiver son amitié pour qu'une fois devenu grand, il ne le dévore pas. Ce qui s'était produit pour le Léopard, faute d'avoir écouté son vizir le Renard qui, en bon machiavélien, soutenait que « Tels orphelins, Seigneur, ne me font point pitié[3] ».

Un épisode qui avait pu être inspiré à La Fontaine, alors âgé de vingt-huit ans, par les troubles violents de 1649 qui avaient contraint le jeune roi Louis, la reine Anne d'Autriche et Mazarin à fuir Paris pour se réfugier à Saint-Germain.

Devenu grand et fort, le Lion saura qu'il doit se montrer aussi prudent qu'impitoyable. Sachant qu'il pourrait être blessé d'un coup de corne par un maladroit, ou un rival mal intentionné, il chassera toutes les bêtes à cornes de son entourage[4]. (Le Lièvre, lui, décampera préventivement, de crainte que ses longues oreilles ne soient prises pour des cornes.)

Là encore, on peut penser aux épreuves vécues par Louis XIV pour consolider sa couronne. Il a dû affronter les frondes des nobles de 1648 à 1652, la fronde des Parlements, les révoltes épisodiques des paysans et les menées des protestants, qui en prenaient à leur aise depuis l'édit de Nantes – une épine que son grand-père Henri IV lui avait fourrée dans le pied, dont il se libérera en révoquant cet édit par celui de Fontainebleau. Comme le Lion, il a utilisé des mesures d'éloignement, aussi fait l'inverse en rendant les nobles captifs de la cour de Versailles, où il les tenait en laisse à grand renfort de faveurs comme de menaces de disgrâce.

Cette violence qui règne à la cour prend une forme extrême dans la fable où le Lion, tombé malade, demande à ses vassaux de venir le visiter dans son « antre » – un mot répété deux fois, pour nous rappeler qu'il s'agit de la tanière où gîte un fauve. Mais les Renards, méfiants, ont décliné l'invitation. Comme en plaisantait l'un d'eux : « Je vois fort bien comment l'on entre, / Et ne voit pas comment on en sort[5]. » Parce que le Lion, « grand fauve » de la politique, est d'abord un carnassier. Raison pour laquelle sa cour est un charnier qui répand une odeur pestilentielle. Mais le premier qui déclarera publiquement que la cour est un abattoir puant signera immédiatement son arrêt de mort. À moins de faire comme ce Renard qui, dans une circonstance similaire, avait prétexté qu'un rhume l'empêchait de sentir si l'odeur était bonne ou mauvaise. En pareil cas, conclut La Fontaine, « tâchez quelque fois de répondre en Normand[6] ».

Il peut cependant arriver que le Lion se perde lui-même par sa faute : s'il vient à tomber amoureux. Un Lion qui n'était pas roi, bien que « de haut parentage », s'était ainsi amouraché d'une Bergère au point de demander sa main à son Père[7]. Redoutant tout autant d'accepter pareil Gendre que de lui opposer un refus, ce dernier avait mis une condition à son acceptation : que le Lion se fasse d'abord rogner les griffes et limer les crocs. « Ma fille est délicate », plaidait-il, « vos baisers en seront moins rudes ». Le Lion s'étant exécuté, le Père avait aussitôt lâché ses Chiens sur lui, qui n'en avaient fait que quelques bouchées. *Exit*, le Gendre !

Une histoire bien réjouissante à nos yeux, qui caractérise une situation indéfiniment reproductible dans le temps. Qui ne se souvient d'Édouard VIII, roi d'Angleterre, tombé follement amoureux de Miss Simpson ? Contraint d'abdiquer et de s'exiler pour pouvoir l'épouser, il avait lui aussi sacrifié griffes et dents. Pour une femme dont il ignorait qu'elle avait un amant, simple vendeur de voitures Ford...

Ce n'est évidemment pas à lui que pouvait penser La Fontaine, mais à Henri VIII, également roi d'Angleterre, qui avait au contraire sorti crocs et griffes pour épouser à tout prix Anne Boleyn. Quitte à rompre avec le pape de Rome qui refusait d'annuler son mariage précédent, pour devenir pape de l'Église anglicane et boucler sa petite affaire.

Pour nos rois de France, c'était différent. Bossuet avait beau fulminer, Louis XIV se comportait en vrai chaud lapin, comme le fera également Louis XV. Ses maîtresses, très souvent rivales entre elles, étaient qualifiées de « favorites » pour que l'on sache bien qui était le maître. Et des très nombreux bâtards qu'il avait eus d'elles, un grand nombre a été légitimé (six pour la seule Montespan, dont il avait expédié le mari furieux en Gascogne). À la différence du Lion amoureux de la fable, qui s'était dépouillé de ses crocs et de ses griffes pour faire l'amour au lieu de la guerre, il les avait conservés pour faire les deux, en conquérant.

On peut tirer de ce passé la manière bien française de mêler tolérance, amusement et moquerie pour parler des amours ou des frasques de nos présidents. Pour La Fontaine, défenseur de l'ordre établi et respectueux de la légitimité du monarque, ces allusions si diverses au comportement du roi Louis valent reconnaissance de son humanité, car le corps terrestre du roi est le soutien physique de son corps politique. Ce qui vaut pour ses bons et ses mauvais côtés, qui sont aussi les marques de sa vulnérabilité. Qu'il a soulignée en parlant de ses débuts difficiles comme Lionceau, pour boucler la boucle dans *Le Lion devenu vieux*. Un moment crucial pour un pouvoir qui a besoin de la force du monarque pour se maintenir.

Or que se passera-t-il quand, accablé de vieillesse, le Lion ne pourra plus imposer sa loi en tant que « terreur des forêts » ? Fatalement, le jour viendra où ses sujets « Devenus forts par sa propre faiblesse » – admirable formule ! – passeront à l'attaque. Tous contre un ! Usant chacun des armes que leur a fournies la nature, tous prennent part au lynchage. Sachant sa cause perdue, le Lion « attend son destin, sans faire aucunes plaintes » sous les coups de cornes, de sabots ou de dents que lui portent les fauves de sa cour.

Mais quand vient le tour de l'Âne, le dernier dans la hiérarchie des Animaux, aussi le plus animé par l'esprit de vengeance en raison des humiliations subies pendant son existence, le Lion s'insurge : « Ah ! c'est trop, lui dit-il, je voulais bien mourir ; / Mais c'est mourir deux fois que souffrir tes atteintes [8]. »

Ce « coup de pied de l'Âne », devenu proverbial, est resté dans nos mémoires pour désigner l'infamie de celui qui achève un ennemi déjà à terre, incapable de se défendre. La revanche du faible contre le fort, aussi l'extinction de la rivalité par élimination du rival.

La cour : un haut lieu de rivalité mimétique

À l'époque de La Fontaine, seul le crime de lèse-majesté était à éviter. Le roi était sacré, mais le seul à l'être. Il n'y avait donc ni crime de lèse Premier ministre, ni crime de lèse courtisans. Ne pouvant pas prendre le monarque pour cible, on se revanchait avec férocité sur les Grands et autres personnages connus du royaume.

Boileau s'était illustré dans cet exercice avec ses *Satires*, et Molière avait réussi l'exploit, dans ses pièces, de se faire applaudir par ceux-là mêmes dont il se moquait. Mais ils n'étaient pas les seuls. Dans les années 1648 à 1654, on avait assisté à un déferlement d'écrits satiriques appelés « mazarinades », parce que le premier du genre, dû au poète Scarron, visait Mazarin. Qu'ils soient anonymes ou signés de pseudonymes, rédigés en prose ou en vers de mirliton, ils ne ménageaient personne, sans provoquer pour autant des poursuites judiciaires. Mazarin était moqué pour son accent italien, son appétit pour l'argent et pour ses mœurs. Tantôt on l'accusait d'être hermaphrodite, tantôt d'être l'amant de la reine Anne d'Autriche. Dans l'un de ces textes, Mazarin était même présenté en train de confesser tous ses crimes et l'on annonçait qu'il serait pendu.

Ces personnages « assassinés à coups de langue », comme cela se disait, ne tombaient pas sous des coups de poignards. Juste ceux de plumes trempées dans de l'encre et non du sang. Une pratique qui s'est perpétuée jusqu'à nos jours, avec des hauts et des bas. Sous la forme de ces entrefilets moqueurs qui ont fait la gloire du *Canard enchaîné* (avec dans les années 1960 une chronique à succès intitulée *La Cour*), plus généralement des caricatures de presse, maintenant mondialisées par internet, jusqu'à l'explosion que nous connaissons aujourd'hui par voie de tweets et autres réseaux sociaux.

Au XVIIe siècle, pointues déjà étaient ces plumes, comme celle de La Fontaine quand il nous dit des Grands que « la plupart sont masques de théâtre », ce qui leur vaut un prestige qui peut en imposer aux Ânes. Mais pas au Renard, qui les compare au Buste de pierre ou de plâtre d'un héros qu'il vient de remarquer dans un salon : « Belle tête, dit-il, mais de cervelle point[9]. » Sachant que La Fontaine faisait lui-même sa cour aux Grands pour s'assurer des protections, ces rosseries pourraient surprendre, mais c'était la loi du genre. Flattant le Dauphin, les ducs de Bourgogne, du Maine et de La Rochefoucauld dans ses fables, il confirme néanmoins l'avis du Renard : « Combien de grands Seigneurs sont Bustes en ce point ! » Et d'en rajouter une couche en les comparant au Léopard, qui plaît par sa peau mouchetée : « Ô ! Que de grands Seigneurs, au Léopard semblables, / N'ont que l'habit pour tout talent[10] ! » Avec des conséquences fort regrettables pour le peuple, tant il est vrai que « de tout temps / Les petits ont pâti des sottises des grands[11] ».

Ces critiques visant le paraître ne sauraient pourtant masquer le côté pervers du système qu'est la cour. Et sur ce point, La Fontaine n'y va pas de main morte : « Je définis la cour un pays où les gens, [...] Sont ce qu'il plaît au Prince, ou s'ils ne peuvent l'être / Tâchent au moins de le paraître [12]. »

D'où provient la perversion ? De la contrainte qui pèse sur les courtisans de se protéger de la violence du Lion par la flatterie, la menterie et la fourberie. Comme le démontre l'histoire du Cerf qui refusait de pleurer la mort de la reine Lionne, parce qu'elle avait étranglé sa femme et son fils. Comment avait-il échappé à la colère du Lion ? En lui racontant qu'il venait d'avoir la vision de la reine Lionne heureuse au paradis. Donc pas de pleurs ! Et La Fontaine de conclure : « Amusez les rois par des Songes, / Flattez-les, payez-les d'agréables mensonges, / [...] Ils goberont l'appât, vous serez leur ami [13]. »

Or non content de flatter le monarque pour rester en grâce à ses yeux et espérer ses faveurs, ce « peuple singe du maître » que forment les courtisans va lui-même entrer en rivalité mimétique. Parce que la violence de celui qui détient le pouvoir est de nature contagieuse. Ce qui s'est produit quand le Lion réclamait qu'on le guérisse de sa goutte et de sa vieillesse [14]. Le Renard, prudent, s'étant tenu « clos et coi », le Loup a voulu profiter de son absence pour éliminer ce rival dont il était jaloux. Mais à Renard, Renard et demi. Informé que le roi voulait le punir de sa désertion en le faisant enfumer dans sa tanière, il avait reparu à la cour pour expliquer au Lion, la bouche en cœur, qu'il était parti en pèlerinage pour s'acquitter du vœu qu'il formait pour la royale santé. Puis ajouté qu'un des savants qu'il avait rencontrés lui avait assuré que le roi guérirait s'il se revêtait de la peau « toute chaude et toute fumante » d'un Loup écorché vif. Ce qui fut fait. *Exit*, le Loup !

La Fontaine ne nous dit pas si le Lion avait guéri. Il s'est contenté d'un conseil : « Messieurs les courtisans, cessez de vous détruire [15]. »

À ce que l'on en sait, ce n'est pas pour avoir comparé Louis XIV à un fauve que La Fontaine n'a jamais été reçu à Versailles et que son élection à l'Académie française a été un moment retardée par le roi. Mais parce qu'il était resté fidèle à Fouquet, disgracié et emprisonné par le roi.

Pour le reste, La Fontaine savait que Louis-le-Grand était si imbu de sa propre gloire qu'il ne pouvait pas se sentir visé par ses critiques. Peut-être tiquait-il un peu quand évoquant Charles II, le roi d'Angleterre qui avait fondé la *Royal Society* pour assurer la promotion des sciences physiques, La Fontaine glissait que le roi de France, lui, aimait un peu trop la guerre. Et que la paix était souhaitable pour que les Français puissent se consacrer à leur tour « tout entiers aux beaux-arts [16] ».

En revanche, Louis XIV ne pouvait que se satisfaire de la comparaison avec le Lion qui, « pour bien gouverner, / Voulant apprendre la morale », s'était adressé au Singe – allusion à Mazarin, auquel l'éducation du jeune Louis avait été confiée. Avec pour recommandation de préférer « le zèle de l'État » à l'amour-propre, père de tous les défauts. Du coup, le roi était devenu capable d'échapper à la tentation d'imiter ces Ânes « qui, prenant tour à tour l'encensoir, / Se louaient tour à tour [17] ». Une méthode efficace, illustrée par le proverbe latin « *asinus asinum fricat* » (« l'âne frotte l'âne »), puisque tout flatteur sachant flatter oblige le flatté à lui rendre la pareille, ce qui les fait mousser tous les deux. Une tentation à laquelle cédaient les personnages importants du royaume, La Fontaine précisant en connaître beaucoup « Qui changeraient entre eux les simples Excellences, / S'ils osaient, en des Majestés ».

Une pique pour Louvois, qui refusait d'accorder le titre de « Monseigneur » aux ducs et se le réservait pour lui-même, sachant que Colbert et d'autres secrétaires d'État en faisaient autant.

Or sous la flatterie, c'est bien la rivalité mimétique qui mène la danse. Parce qu'il ne suffit pas de péter plus haut que son cul pour se satisfaire, il faut aussi l'emporter sur les autres, qui nous révèlent ce qui est désirable pour nous parce que désiré ou déjà obtenu par eux.

Ainsi le Renard, jaloux de la puissance prédatrice du Loup, a-t-il un beau jour désiré « Se faire Loup[18] ». Ce qu'il crut réussir en se revêtant d'une peau de Loup. Sans succès, puisqu'il s'est vite rendu compte que sa nature le poussait à préférer dévorer un Coq plutôt qu'un mouton.

Mais l'Âne, lui, était allé beaucoup plus loin quand il s'était revêtu d'une peau de Lion pour « être craint partout à la ronde ». Sauf qu'à cause d'« Un petit bout d'oreille échappé par malheur » de la peau, sa fourberie avait été aussitôt découverte et il s'était retrouvé attaché au moulin à farine pour le faire tourner[19]. Ne devient pas Héraclès qui veut !

À plus de trois siècles de distance, comment ne pas retrouver bien des traits de ce tableau dans celui que nous offre notre monarchie présidentielle, avec sa cour d'énarques et de hauts fonctionnaires ?

4.

Cherchez le bouc

La confession du Lion à peine terminée, le Renard prend aussitôt la parole :

> Sire, dit le Renard, vous êtes trop bon Roi ;
> Vos scrupules font voir trop de délicatesse ;
> Eh bien, manger moutons, canaille, sotte espèce,
> Est-ce un péché ? Non non. Vous leur fîtes Seigneur
> En les croquant beaucoup d'honneur.

Vraiment gonflé, ce Renard, qui ose prendre ainsi le contrepied du discours du Lion... Mais son Lion, il le connaît comme s'il l'avait fait. Il sait qu'en le brossant dans le sens du poil, il fera passer la pilule du démenti qu'il inflige à la royale confession. Ou alors c'est qu'il n'est plus ce « maître en fait de tromperie », capable de rouler dans la farine le Corbeau, le Loup et le Bouc [1].

Il a compris que le Lion avait compris que son trône était menacé, mais qu'il s'était sérieusement emmêlé les pinceaux en se désignant à la fois comme coupable à punir et objet de sacrifice à offrir. Quand son pouvoir ne tient que par la force, confesser publiquement ses crimes était une faute magistrale. S'imaginer la rattraper en refilant à d'autres la patate chaude en était une autre. Parce qu'en faisant de tous des coupables à son image, il venait de créer une situation de violence généralisée et indifférenciée. Tous contre tous !

Possible que le Lion ait voulu jouer au plus fin en nous présentant un numéro à la Tartuffe, ce personnage sulfureux que Molière avait mis en scène dans une pièce qui avait fait grand bruit. N'ont-ils pas tous deux pour point commun d'être mus par leurs « appétits gloutons » ? Dorine, la servante, ne dit-elle pas de Tartuffe qu'il mange « autant que six » et que lors de son dernier repas, il a été capable de dévorer « deux perdrix / Avec une moitié de gigot en hachis » ? Des appétits sans limites puisque ce même Tartuffe convoite non seulement les biens de son hôte Orgon, mais aussi Elvire, son épouse, à laquelle il s'est un jour risqué à faire du gringue.

Or une fois pris la main dans le sac, qu'a fait le traître ? Comme le Lion devant sa cour, il a passé des aveux complets devant Orgon : « Oui, mon frère, je suis un méchant, un coupable, / Un malheureux pécheur tout plein d'iniquités, / Le plus grand scélérat qui n'ait jamais été. [...] Et je vois que le Ciel, pour ma punition, / Me veut mortifier en cette occasion[2]... »

Le Ciel, encore lui ! Un mot-valise, fourré de ce qu'on veut bien lui faire dire selon les besoins de sa cause. En l'occurrence il n'était autre que le « démon de Tartuffe », qui avait poussé ce dernier à désigner Damis, le fils d'Orgon, témoin de sa tentative de subornation d'Elvire, comme unique fauteur des troubles qui ravageaient la maisonnée. Quant aux mortifications promises, on en reparlerait.

Le Renard, qui connaît son Molière, a compris que le Lion en était resté à la première version de la pièce, présentée en 1664 sous le titre *Tartuffe ou l'Hypocrite.* Elle avait plu au roi mais aussitôt déclenché une cabale menée par les dévots, au motif que Tartuffe en sortait triomphant. Comme le roi venait de taper sur les jansénistes et l'abbaye de Port-Royal, il ne pouvait pas s'offrir le luxe de se mettre, en plus, les dévots à dos. Interdite, la pièce avait reparu en 1667, complétée d'un acte où Tartuffe, devenu *L'Imposteur*, se trouvait pris *in extremis* dans les rets de la justice du roi, *deus ex machina* tombé du Ciel du théâtre.

Mais le Renard avait aussi en tête ce célèbre passage de Machiavel : « Le Prince, devant donc agir en bête, tâchera d'être tout à la fois renard et lion : car, s'il n'est que lion, il n'apercevra point les pièges ; s'il n'est que renard, il ne se défendra point contre les loups ; et il a également besoin d'être renard pour connaître les pièges, et lion pour épouvanter les loups[3]. » Or de cette situation, il avait un souvenir cuisant. Quand le Loup l'avait calomnié auprès du Lion pour lui faire la peau, c'est à ce dernier, retourné par un beau discours, qu'il devait la vie.

Ayant payé pour voir, le Renard sait donc que sans le Lion, il ne saura pas se garder du Loup. Et comme il tient à sa peau, il doit sauver le Lion.

Le retournement

Pour désamorcer la bombe qui menaçait d'exploser, il n'y avait qu'une solution : inverser la table des valeurs en faisant des crimes du Lion un honneur. Celui que l'on fait, comme on dit, à un bon repas. Car pour tout tyran qui se respecte, les moutons désignent son peuple, juste bon à être tondu et mangé. Du seul effet d'une rhétorique bien ficelée, voilà la situation retournée : le coupable est blanchi et ses victimes noircies. Restait le cas du Berger...

Et quant au Berger l'on peut dire
Qu'il était digne de tous les maux,
Étant de ces gens-là qui sur les animaux
Se font un chimérique empire.

Que le Lion dévore les moutons va de soi, mais le Berger ? Parce qu'il est le gardien et le protecteur des moutons, celui qui fait obstacle à la prédation du roi Lion, il faut qu'il soit noirci à son tour. Jugé « digne de tous les maux », voilà le Berger substitué au Lion comme le « plus coupable » de tous.

Pour nous, lecteurs modernes, qui entendons régulièrement clamer à grands cris que l'homme est le pire des fauteurs de troubles, parce qu'il prétend exercer sur toutes les espèces vivantes son « chimérique empire », que veut dire le Renard ? Seulement que l'homme est l'être le plus nuisible qui soit ? Ou, carrément, que sa prétention à se croire d'une essence supérieure à celle de tous les autres animaux est une illusion ? Pour l'heure La Fontaine ne nous en dit pas plus. Il laisse se déployer la dynamique de sa fable, entièrement consacrée à la résolution à la crise aiguë que vivent les Animaux. Et c'est bien ainsi que ces derniers l'entendent, comme le prouvent leurs réactions au discours du Renard :

Ainsi dit le Renard, et flatteurs d'applaudir.

Pourquoi applaudissent-ils ? Parce que grâce au Renard, le concours des noirceurs, destiné à identifier le « plus coupable » de tous, vient d'être retourné comme un gant. Flatteurs mimétiques auprès du Lion, ils le sont maintenant à l'égard du Renard. Puisque le seul vrai coupable est le Berger, ce n'est aucun d'entre eux. Le Lion ayant été blanchi, tous les fauves de sa cour l'ont été *ipso facto*. Le concours des noirceurs s'inverse alors en concours des blancheurs. Une mascarade, car on ne demandera plus au Tigre et à l'Ours d'avouer ce qu'ils ont de plus lourd sur la conscience. Les plus querelleurs, comme les Mâtins, le prendront même à la rigolade. À les entendre, ils étaient même « de petits saints ». Tous blancs comme neige, ou plus exactement « blanchis » par la parole du Renard, qui a perverti la morale. De quoi accroître encore la violence qui les étreint tous, car cela se fait au prix d'une dénégation de leur culpabilité. Une situation où la tension générale atteint son paroxysme.

Comment la décharger ? L'accusation portée contre le Berger traçait la voie : pour sortir de la violence mimétique du tous contre tous, il faut passer au tous contre un. Donc à la violence sacrificielle qui mettra fin à la violence par la violence.

Reste à désigner ce « un » qui permettra de sortir de l'indifférenciation.

L'Âne dans la peau du bouc

C'est ainsi que l'Âne, le plus bête de tous, est tombé à son tour dans le panneau de la contagion mimétique. Mais il n'a pas compris que la règle du jeu fixée par le Lion avait été inversée par le Renard. Il croit encore qu'il doit se présenter comme le moins coupable de tous pour échapper à la justice. Le dernier à passer à confesse, il s'est souvenu avoir un jour tondu l'herbe du champ des moines. Et d'insister, pour minorer son crime, l'imbécile : oh, pas de beaucoup, « de la largeur de ma langue »... Funeste brouterie !

Le tollé est immédiat : le fauteur de troubles, le voilà ! Le crime de l'Âne étant jugé « abominable » à l'unanimité, « on cria haro sur le Baudet ». Et c'est au Loup, érigé en procureur, de prendre le relais :

Un Loup quelque peu clerc prouva par sa harangue
Qu'il fallait dévouer ce maudit Animal
Ce pelé, ce galeux, d'où venait tout leur mal.

Qu'est-ce que le « haro » ? C'est une forme de justice expéditive pratiquée dans la Normandie médiévale, mais encore présente dans le vocabulaire juridique auquel se réfère La Fontaine. Il consiste à accuser quelqu'un de quelque chose pour convier tous les témoins présents à juger et condamner celui que l'on désigne comme fauteur de troubles.

C'est exactement ce qui s'est passé pour l'Âne. Sitôt avouée, son incartade dérisoire dans le pré des moines a été requalifiée en « crime abominable » pour déclencher le haro. Pourtant les formules utilisées par ses accusateurs révèlent que la dimension judiciaire n'est qu'un habillage destiné à masquer ce qui se joue en réalité : un sacrifice. Que le haro soit lancé sur « ce pelé, ce galeux » fait de l'Âne le porteur d'une « peste » qui se transmet par contact, ce qui le rend éminemment contagieux. Le tenir pour « maudit » achève de nous implanter dans le registre du sacré, à l'inverse des honneurs dont jouit l'Âne dans la symbolique chrétienne, où il est béni pour avoir, en compagnie du Bœuf, réchauffé l'enfant Jésus dans sa crèche. Puis pour avoir, comme Ânesse accompagnée de son Ânon, porté Jésus-Christ lors de son entrée triomphale à Jérusalem.

Qualifié de « Baudet » par La Fontaine, l'Âne redevient le portefaix qu'il a toujours été, désormais bon à porter une peau de bouc. Un portefaix qu'on laissait volontiers crever sous la charge, comme l'avait fait le Cheval, par mépris, en lui refusant son aide[4]. Une fois mort, on se contentera de dire de l'Âne qu'il pèse une tonne, mais qu'il pourra encore servir à faire du chorizo. Vivant, il est réputé têtu, désobéissant, travaillé de pulsions sexuelles. Et pour le prédisposer au sort de bouc, il est le seul herbivore de la cour au milieu d'une bande de carnassiers – signe d'une différence de nature raciale.

Mais le résultat est là. Grâce au Renard, la contradiction qui grevait le discours du Lion a été levée : au lieu que « le plus coupable se sacrifie », on a « que le moins coupable soit sacrifié ». De la *devotio*, où un innocent se sacrifie volontairement, on est passé au « dévouement » du fauteur de troubles.

Pour la justice divine, qui avait déjà jugé et puni les vrais coupables en leur envoyant « la Peste », c'est un camouflet. Mais un triomphe pour la justice injuste de ce monde, car parmi tous les « mangeurs » qui peuplent ce monde, deux sortes d'entre eux tiennent le haut du pavé : « Ceux-ci sont courtisans, ceux-là sont magistrats[5]. » Car ce sont eux, qu'ils vivent à la cour du roi ou siègent dans les cours de justice, qui sont les maîtres des jugements de valeur. D'où cette sentence d'une noirceur absolue qui conclut la fable : « Selon que vous serez puissant ou misérable, / Les jugements de Cour vous rendront blanc ou noir. »

Une double leçon en vérité, en deux vers.

La première nous confirme qu'un pouvoir fondé sur la force dépend d'abord de la puissance de feu de celui qui l'exerce. À l'image d'une scène culte du film de Sergio Leone, *Le Bon, la Brute et le Truand*, où Clint Eastwood, qui tient un pauvre type en joue, lui sert ce sermon édifiant : « Dans le monde, il y a deux sortes de gens : ceux qui ont un pistolet chargé, et ceux qui creusent. Toi tu creuses. » La seconde est que la force seule ne suffit pas à résoudre les crises qui travaillent dans ses profondeurs une société entière. Il faut encore que cette puissance qui « fait tout » fasse aussi la morale. Fonction assurée par les « jugements de Cour » qui, par la puissance performative du langage, sont capables de blanchir les coupables et de noircir les innocents.

La perversion de la morale : une « peste » de premier ordre, qui pourrait expliquer pourquoi les sociétés humaines sont sujettes à tant de « pestes ». Une perversion qui passe par le langage, comme l'Âne l'a éprouvé à son détriment. En effet, par où a-t-il péché ? Par sa langue, d'abord égarée dans le pré des moines, puis dans l'aveu qui déclenchera le haro. Ce qui fait de ce dernier un mélange entre le registre judiciaire et la pratique archaïque du sacrifice d'un « bouc émissaire ». Ce qui permet de résoudre la contradiction entre la demande de justice, qui a besoin d'un coupable à juger, et la demande de sacrifice, qui a besoin d'une victime. En éliminant son cadre religieux pour ne conserver que sa dimension archaïque, l'introduction du haro renouvelle donc une pratique en usage dans toutes les sociétés traditionnelles, attestée pour nous dès l'Antiquité.

Chez les Hébreux, le rite consistait à charger symboliquement un bouc de tous les péchés du peuple, puis à le chasser vers le désert à coups de pierres, ou à le jeter dans un précipice. Ceci par dérivation du mot *azazel* qui, selon le Lévitique, évoquait le ravin et la montagne, vers *ezozel*, qui signifie « en partance ». Ce qui a donné en français « bouc en partance », puis « bouc émissaire » (un usage attesté dans le dictionnaire de Furetière de 1690).

Les Grecs usaient quant à eux du *pharmakos*, à la fois « remède » et « poison ». Il pouvait être un animal (au temple de Delphes c'était un âne...), ou bien un être humain, un vagabond ou un infirme, exécuté par lapidation. Avec la charge supplémentaire que recèle le mot *tragos*, le bouc, dont a été tiré « tragédie », probablement par référence au rite de l'omophagie, pratiqué lors des cérémonies dionysiaques, où les ménades en folie dépeçaient un bouc vivant pour le dévorer.

Un bon exemple de ce glissement nous est fourni par *Les Bacchantes* d'Euripide, où il y a fusion entre ce rituel et la tragédie comme spectacle. C'est sous forme de fiction que nous assistons à la vengeance de Dionysos, de retour dans sa patrie de Thèbes, pour les offenses commises contre sa mère Sémélé. Rendues folles par le dieu, les femmes mettront en pièces le tyran Penthée, confondu avec une biche, à la fin de la cérémonie. Devenue un substitut du rite sacrificiel, la tragédie pourra ainsi remplir sa fonction cathartique sans tuer personne.

Il existe encore aujourd'hui d'autres versions non violentes du sacrifice, comme cela se passe en Martinique pendant le carnaval. Le bouc y prend la figure de Vaval, personnage fictif incarnant les maux dont la population a pâti durant l'année en cours, que l'on brûle en place publique à la fin du carnaval.

Dans tous les cas de figure nous retrouvons ce que René Girard a décrit de la fonction du bouc émissaire. Elle consiste essentiellement à évacuer la violence qui menace une société de l'intérieur en la rejetant sur une victime dont le sacrifice aura valeur réconciliatrice. Que la victime soit ou non le vrai fauteur de troubles n'a au fond aucune importance, puisque le processus produit ses effets en toute méconnaissance de cause. Mais pour couvrir l'opération d'un voile de légitimité, il faut que la victime soit tenue pour responsable.

Une justice sacrificielle

Avec le haro, il y a donc combinaison entre la dimension archaïque du rituel et la recherche, d'allure judiciaire, du ou des fauteurs de troubles. Ce qui explique pourquoi, en cas d'épidémie ou de « peste » quelconque, on jouait sur les deux tableaux. De même qu'à Athènes on traquait les « semeurs de peste », accusés d'empoisonner les fontaines ou de répandre des tissus infectés, on accusait les Juifs de propager la peste au temps de la peste noire. Faisant déjà l'objet de préjugés et d'accusations, les Juifs étaient prédestinés, plus que d'autres, à endosser ce rôle. En 1348, un certain nombre d'entre eux ayant été massacrés, le pape Clément VI avait dû publier une bulle déclarant que les Juifs étaient innocents.

Rien n'a vraiment changé sur ce point. Témoin de l'épidémie de choléra qui a frappé Paris à partir de 1832, Chateaubriand raconte que des marchands ont été accusés d'avoir empoisonné le vin, les liqueurs, les dragées et les comestibles, et que certains d'entre eux, victimes du haro collectif, ont été lynchés ou précipités dans la Seine. Phénomène que nous avons retrouvé, sur un mode mineur, lors de la pandémie de Covid.

À l'arrivée, nous obtenons donc un dispositif composite, que l'on peut qualifier de « justice sacrificielle » ou de « sacrifice judiciarisé », selon que l'une ou l'autre de ses composantes apparaît dominante.

Pour s'en tenir à la fable, on n'a pas manqué de faire le rapprochement avec l'affaire Fouquet, le surintendant des Finances dont La Fontaine était proche et auquel il est resté fidèle jusqu'au bout. Ce qui confirme au passage que la « Peste » dont il est ici question n'a rien à voir avec la maladie du même nom, mais tout avec la rivalité mimétique entre des personnages trônant au sommet du pouvoir.

En effet, il n'y a aucun effort à faire pour attribuer à Louis XIV le rôle du Lion, à Colbert celui du Renard, et à Fouquet celui de l'Âne. N'était-il pas le Baudet qui assumait la lourde charge de procurer à l'État et au roi l'argent dont ils avaient besoin ? Ce qu'il parvenait à faire en tondant de sa langue, qu'il avait persuasive, tous les prés qui pouvaient produire de l'impôt.

Quelles fautes avait-il commises ? On met en avant sa volonté d'éblouir le jeune roi lors des deux fêtes somptuaires données en son honneur, en 1661, dans son château de Vaux-le-Vicomte, alors que Versailles n'était encore qu'un modeste relais de chasse. Sachant la rivalité mimétique qui préexistait entre ces deux personnages, c'en était trop. Car Fouquet n'avait eu de cesse de manifester sa volonté de puissance. Il disposait d'une flotte pour commercer avec les Antilles, voulait concurrencer le port d'Amsterdam à partir de son fief de Belle-Île, et l'on disait qu'il installait des canons dans son île d'Yeu (contre qui, les Anglais ?). En plus Fouquet avait pris le parti des dévots, suspects d'avoir tenté d'empoisonner le roi, et il s'était élevé contre l'alliance de la France avec l'hérétique Angleterre.

Le crime de lèse-majesté était donc dans l'air et il était facile, pour Colbert et quelques autres, de suggérer au roi qu'il risquait de se faire surprendre un jour par cet exécutant sorti de presque rien et qui, parvenu à tout, avait forcément pris la grosse tête. Ajoutons le mécontentement général contre les impôts, assorti d'émeutes populaires, et Fouquet devenait le bouc émissaire idéal.

Pour boucler l'affaire, il fallait qu'il soit sacrifié dans les formes requises par le droit, en invoquant des malversations financières. Mais Fouquet ne pouvait pas se défendre en accusant Mazarin, qui avait frauduleusement fait fortune grâce à lui. Ni accuser Colbert, qui faisait de même dans une moindre mesure. Colbert avait donc créé une chambre de justice *ad hoc*, puis remplacé le président Lamoignon, jugé trop mou, par Séguin, qui haïssait Fouquet. Après un interminable procès, Fouquet avait été condamné à la confiscation de ses biens et au bannissement. Mécontent du jugement, le roi avait repris la main, qui était de fer, pour commuer la sentence en prison à vie. Enfermé à Pignerol, dans des conditions très dures, Fouquet y avait fini ses jours.

Cette issue avait laissé des traces. En 1663, sous couvert d'anonymat, La Fontaine avait publié une *Élégie aux Nymphes de Vaux* en hommage à Fouquet. Et en 1664, avait paru contre Colbert un pamphlet titré *L'innocence persécutée*. Le piquant de l'histoire est que La Fontaine aura finalement la peau (posthume) de Colbert : en 1684, il sera élu à l'Académie française sur le fauteuil que ce dernier avait libéré à son décès.

Ce n'est qu'un exemple, mais il suffit déjà à démontrer que la justice sacrificielle ou le sacrifice judiciaire, version perfectionnée du haro, sont riches d'avenir. L'histoire se chargera de nous en apporter la preuve.

5.

Macron en roi Lion ?

Si le « Bébête Show » existait toujours, et s'il puisait son inspiration dans le bestiaire de La Fontaine, à quel animal aurait-il pu se référer pour produire la marionnette de Macron ? Si l'on pense à la position qu'occupe en France un président de la Ve République depuis Charles de Gaulle, qui en a fait un « monarque républicain », de surcroît chef des armées, il devrait logiquement être figuré en Lion.

Alain Peyrefitte avait donc vu juste en faisant du coup de force de Louis XIV, qui l'avait transformé en roi absolu, une composante de notre « mal français », marqué par la centralité et la verticalité du pouvoir. Les relations entre le président et son Premier ministre, chef du gouvernement, n'en portent-ils pas encore la trace ? Selon l'article 20 de notre constitution, c'est le gouvernement qui « détermine et conduit la politique de la nation ». Mais quand on entendait Nicolas Sarkozy déclarer à propos de François Fillon, Premier ministre, « J'ordonne, il exécute », ne faisait-il pas parler le spectre du roi Louis ? Et si l'on pense à Jean Castex, sous la présidence Macron, la question ne se pose même plus.

On se souvient que cette même position, associée à sa personnalité électrique, avait valu à Nicolas Sarkozy le label d'hyperprésident, qui lui était resté collé à la peau comme le sparadrap du capitaine Haddock. Une époque de surpression présidentielle à laquelle avait succédé celle, dépressive et déprimante, de François Hollande.

S'affichant dès son élection en président « jupitérien », après sa chevauchée fantastique dans le pays pour séduire l'électeur, il est au moins certain qu'Emmanuel Macron avait « mangé du Lion ». Il s'était cependant bien gardé de « prendre la peau d'un Lion » comme l'avait fait l'Âne de La Fontaine, qui avait juste oublié que l'une de ses oreilles dépassait de la peau. Erreur commise par François Hollande qui avait revêtu cette peau lors de son débat avec Nicolas Sarkozy, qu'il avait cloué sur son siège avec son anaphore à tiroirs, troussée au « Moi président... ». Il avait gagné la présidentielle de 2012, mais ayant cru bon d'annoncer qu'il revêtirait une peau de « président normal », donc de pas président du tout, il avait dévoilé son oreille d'Âne à lui. Abreuvé de sobriquets tels que « Flanby » ou « capitaine de pédalo », bloqué dans ses entreprises par les « frondeurs » de son propre parti, il avait mal fini. Incapable de se présenter à nouveau, il avait été évincé par Macron, son propre ministre de l'Économie.

Pourtant si Macron occupe statutairement la position du Lion de la fable, il ne ressemble pas à celui que décrit La Fontaine, qui le présente comme un être rustique, tout d'une pièce dans ses comportements, y compris quand il fait brutalement volte-face. Pour conquérir le pouvoir, qu'il n'avait pas de naissance, Macron n'a pas sorti crocs et griffes. Il a plutôt opéré comme le Loup qui, pour s'approcher des brebis sans les faire fuir, avait pris « la peau du Renard [1] ». Ce qu'il a fait quand, encore vizir de Hollande, il se préparait à le rouler dans la farine pour devenir sultan à la place du sultan – un « traître », le cinglera Hollande.

Preuve étant faite que Macron avait de quoi tromper son monde, comment le caractériser ? Selon les circonstances, il peut jouer au Lion, au Renard ou au Loup, mais également au Singe, charmant son auditoire par ses tours d'esprit. Autant de facettes de sa personnalité, qu'il peut mobiliser selon les besoins.

Cette diversité fait que son côté Renard ne fonctionne pas comme chez Mitterrand, qui en était pourtant un d'envergure, si secret qu'il avait mérité le surnom de Sphinx. D'où son talent pour grenouiller dans le marigot des politiciens pour parvenir à ses fins. Dans le « Bébête Show », n'avait-il pas justement été représenté en Grenouille ? Mais pas pour se faire aussi grosse que le Bœuf, pour carrément se faire Dieu. Aussi pour imiter cette Grenouille qui avait persuadé un Rat trop gourmand de venir dans son antre pour s'y repaître tout son saoul : après l'avoir attaché à sa patte, elle l'avait entraîné dans les profondeurs de son marécage pour, une fois noyé, le déguster tranquillement[2].

Cette Grenouille avait été punie de sa fourberie par un Aigle justicier qui, fondant du ciel sur le duo, en avait fait son dîner. Tandis que l'opération de Mitterrand consistant à noyer le Parti communiste dans le programme commun de la gauche de 1981, en lui promettant quatre postes de ministres comme appât, avait parfaitement réussi. Le PCF ne s'en était jamais remis. Et Mitterrand avait tranquillement enchaîné deux mandats avant que l'Aigle Chirac occupe enfin sa place, laissée vacante.

Alors insaisissable, Macron ? Si l'on s'en tenait là, il serait un Caméléon. Or si l'on observe sa manière de fonctionner au pouvoir, il ressemble plutôt à un funambule qui marche sur un fil, où il s'équilibre en tenant un balancier lesté de deux positions opposées. D'où ce « en même temps » qui est devenu sa marque de fabrique.

« En même temps »

Dès lors la réponse à la question de savoir à quel animal on peut identifier Macron saute aux yeux : c'est la chauve-souris. À laquelle La Fontaine a consacré une fable pour faire de l'ambivalence de sa constitution l'atout qui lui a sauvé la vie.

Menacée successivement par deux Belettes qui voulaient la croquer, la Chauve-Souris a répliqué à la première qui la prenait pour une Souris : « Je suis Oiseau, voyez mes ailes ». Puis à l'autre Belette qui la prenait pour un Oiseau : « Je suis Souris : vivent les Rats[3] ! » Ni Oiseau ni Souris, mais les deux à la fois, la Chauve-Souris était immangeable.

Si l'on se référait aux *comics* à l'américaine, Sarkozy serait donc Superman et Macron Batman, « l'Homme chauve-souris ». Un être à deux visages, dandy le jour et justicier masqué la nuit. Mais on pourrait préférer puiser plus noblement dans la mythologie grecque, comme l'a fait Adrian Pabst, politologue à l'université du Kent, qui voit en Macron un Janus, le dieu romain doté de deux visages, l'un tourné vers l'avenir et l'autre vers le passé.

Ce caractère explique pourquoi Macron a fait plus fort que Mitterrand, qu'il tient cependant pour l'un de ses maîtres en politique. Quand ce dernier, en vieux Renard fatigué, s'était retrouvé coincé en 1988 entre les privatisations de Chirac, alors Premier ministre, et les nationalisations de la gauche, il avait trouvé l'échappatoire en décrétant qu'il n'y aurait « ni nationalisations, ni privatisations ».

Macron avait vite compris que ce « ni-ni » mitterrandien bloquait toute réforme, alors qu'il brûlait d'envie d'en faire de majeures (son livre-programme était même titré *Révolution*...). En le retournant en « et-et », il pourrait conjuguer les contraires au lieu de les exclure. Une autre manière de suivre le conseil du Cardinal de Retz, selon lequel on ne sort de l'ambiguïté qu'à son détriment. Au lieu du principe d'inertie qu'était le « ni-ni », le « et-et » devenait un principe d'action.

Électoralement parlant, ce principe s'est révélé d'une redoutable efficacité. Mais avant de mettre en œuvre le « et-et », Macron s'est servi du « ni-ni » pour échapper aux multiples Belettes qui voulaient lui faire la peau. À celles de droite qui ne voyaient que ses ailes de gauche, il a exhibé ses poils de Rat. À celles de gauche qui lui reprochaient d'être un Rat de droite, il a fait valoir ses ailes d'Oiseau. Une fois démontré qu'il n'était ni de droite ni de gauche, Macron pouvait soutenir qu'il était les deux « en même temps ». Conformément à la leçon proprement politique que La Fontaine avait tirée de sa fable, puisque la Chauve-Souris y représentait ceux qui ne voulaient ni rallier le camp du roi ni celui des frondeurs, et optaient pour les deux « en même temps » : « Le sage dit, selon les gens : / Vive le Roi, Vive la Ligue[4]. »

Cette tactique a permis au parti de Macron, encore simple mouvement baptisé « En Marche », d'occuper immédiatement la place d'un nouveau type de centre sur l'échiquier politique. Au lieu d'un centre situé entre la gauche et à droite, constamment menacé d'écrasement ou de récupération, il en a fait un centre avale-tout. Ni de gauche ni de droite, mais les deux à la fois.

On en a vu le résultat dès les élections législatives qui ont suivi celle de Macron à la présidence : les Belettes de gauche et de droite qui représentaient les partis politiques traditionnels se sont fait plumer de leur clientèle électorale. Les modérés de gauche et de droite se sont retrouvés chez Macron, les uns parce qu'il était Oiseau mais pas Rat, les autres parce qu'il était Rat mais pas Oiseau. Triomphe du « et-et » englobant le « ni-ni » !

Le choix du choix

On peut parier que La Fontaine aurait salué bien bas ce numéro de haute volée. Mais dans une autre fable, en forme d'apologue, le choix fait par sa Chauve-Souris de soutenir « en même temps » le roi et les frondeurs fait l'objet d'une critique féroce.

Il y est question d'un Passant qui, pris par le froid et la pluie, a trouvé refuge chez un Satyre en train de souper avec sa femme et ses enfants. Ce Satyre-là n'est pas l'équivalent masculin des ménades, mais un simple homme des bois, un Sauvage spontanément hospitalier et franc du collier. Or qu'a fait ce Passant du bol de potage qui lui avait été offert pour le réconforter ? Il a soufflé sur sa soupe pour la refroidir, tandis qu'il se réchauffait en même temps la main sur son bol. Scandalisé par ce comportement, le Satyre a aussitôt sommé le Passant de reprendre son chemin en hurlant : « Arrière ceux dont la bouche / Souffle le chaud et le froid[5] ! »

En bon français cela se nomme une « malédiction ». Plus proche d'un « Arrière, Satan ! » que de la formule condamnant ceux qui veulent avoir à la fois le beurre, l'argent du beurre et le sourire de la crémière. Une malédiction lancée contre ce Passant qui ne faisait que passer, et contre tous ceux dont la langue est bifide. Celle du Serpent, qui la tient de la nature, ou celle du Renard, qui la tient de sa fourberie.

Or sous le « chaud » et le « froid », de quoi La Fontaine veut-il nous parler ? De l'opposition du vrai et du faux dans nos discours, comme du bien et du mal en morale. Donc de l'obligation qui s'impose à nous de choisir entre les deux. Kierkegaard fera de même en caractérisant l'éthique par l'alternative : « ou bien, ou bien ». Le choix résolu entre les contraires, et non les contraires « en même temps ».

Position qui, dans son principe même, revient à tenir les contraires pour *indifférenciés*. Au risque évident de remplacer les choix éthiques par des options anéthiques ou anti-éthiques.

Il est vrai que pour nous, modernes, la politique doit être soigneusement distinguée de la morale, sous peine de despotisme. La politique est chargée de gouverner les gens tels qu'ils sont, et non comme la morale nous dit qu'ils devraient être. Mais cela ne supprime en aucun cas l'obligation pour les gouvernants de se conformer aux exigences de l'éthique du politique, dont l'impératif premier est de préserver leur peuple de la mort, quelle que soit la forme de cette dernière. Comme l'a montré Max Weber, c'est donc l'« éthique de responsabilité » qui devra les guider, et non cette « éthique de conviction » qui anime les héros et les saints. On pourra admirer leurs actes, on n'en tirera pas une politique.

Qu'on soit roi ou président, l'éthique de responsabilité impose de faire des choix. Or si les contraires reviennent au même, sur quoi les fonder ? Le risque n'est-il pas de faire comme Bartleby, ce personnage d'une nouvelle de Melville à qui son supérieur demandait de réaliser une tâche de copiste, et qui lui a répondu « je préférerais ne pas » (*I would prefer not*) ? Une formule énigmatique parce qu'elle ne signifie pas seulement le refus d'exécuter la tâche, mais bien le refus du choix. De fait Bartleby ne fera plus jamais rien, et la nouvelle se terminera avec sa mort.

On pourrait rapprocher Bartleby du roi Soliveau, cette pièce de bois inerte dont se moque La Fontaine dans *Les Grenouilles qui demandent un Roi*[6]. Ce qui pourrait valoir pour la présidence de François Hollande, mais pas pour celle d'Emmanuel Macron, pour qui le « en même temps » se veut principe d'action et non d'indécision.

Alors à quoi le comparer ? Plutôt à ce « Pasteur d'humains » dont La Fontaine a fait le personnage central d'une fable à tiroirs [7].

Elle commence comme une pastorale, avec un Berger nommé Tircis qui veut aider la belle Annette à pêcher les poissons qui refusent de mordre à sa ligne. Que fait-il ? Tel un nouvel Orphée, il entreprend de charmer les poissons de sa voix et de sa musette – des instruments capables, écrit La Fontaine, « de toucher les morts [8] ». Pourtant rien n'y fait. Tircis a beau promettre aux poissons qui se laisseront prendre qu'ils seront chouchoutés dans un vivier « plus clair que du cristal », son auditoire, « sourd aussi que muet », refuse toujours de mordre à l'hameçon d'Annette. La séduction ayant fait long feu, le Berger est passé à la manière forte : « Il tendit un long rets. Voilà les poissons pris. / Voilà les poissons mis aux pieds de la Bergère. »

Heureux dénouement de cette pastorale ? La Fontaine ne nous dit rien de la réaction d'Annette. Parce que sa fable est destinée aux « Pasteurs d'humains et non pas de brebis », auxquels il adresse cette injonction :

> Rois qui croyez gagner par raison les esprits
> D'une multitude étrangère,
> Ce n'est jamais par là que l'on en vient à bout ;
> Il y faut une autre manière :
> Servez-vous de vos rets, la puissance fait tout.

On ne saurait être plus clair : en politique étrangère la raison n'a aucun pouvoir.

L'allusion à la politique extérieure de Louis XIV, avide de poissons étrangers échappant encore à son emprise, est ici transparente. Par les traités de Nimègue des années 1678-1679, il en a fini avec la guerre de Hollande, et la plupart des

États européens engagés dans des conflits ont accepté, contraints et forcés, l'arbitrage de la France, reconnue comme puissance dominante. Louis XIV a reçu la part du Lion au prix d'échanges minimes, et il manœuvre discrètement pour augmenter ses chances de se faire élire empereur du Saint-Empire en soudoyant en douce quelques Princes-électeurs (raté ! ce sera Charles VI de Habsbourg).

Or Louis XIV n'agissait-il pas de même en politique intérieure ? Il pratiquait lui aussi cette puissance qui « fait tout ». Mais selon deux modalités différentes : par la flûte comme instrument de séduction et de persuasion, y compris par le mensonge fait aux poissons ; par le filet pour mettre, comme on dit, les récalcitrants « à la raison » – c'est-à-dire par la force. Conformément à l'incipit du *Loup et l'Agneau*, selon lequel « La raison du plus fort est toujours la meilleure[9] ».

Dans le système du « en même temps », cela nous donnerait un Macron capable de se dédoubler. Tantôt en joueur de flûte, tantôt en poseur de filet. Une dualité gérable tant que l'on en reste au discours, mais contrainte au coupé-décalé pour passer à l'action.

Le virus jupitérien

Les institutions de la Ve République ayant placé nos présidents dans la position du roi Lion, leur manière d'exercer le pouvoir dépendra cependant beaucoup de la personnalité de celui qui le détient. En éjectant littéralement François Hollande d'un trône qu'il espérait renouvelable, Macron avait bien senti qu'il exauçait le désir de la majorité de la population d'en faire autant. Mais révélé « en même temps » qu'il était lui-même porteur d'un virus que l'on peut qualifier de jupitérien.

À elle seule, la cérémonie de son intronisation (d'aucuns diront « son sacre »), le 7 mai 2017, livrait déjà quelques symptômes de ses atteintes. Puisque la mairie de Paris avait cru malin de refuser qu'elle se passe au Champ-de-Mars, elle s'était déroulée au Louvre, où le nouveau président s'était présenté en marcheur solitaire aux sons de l'« Ode à la joie » de Beethoven, l'hymne de l'Union européenne. L'hommage à François Mitterrand, qui avait voulu la pyramide de Peï au Louvre, était évident. Bien que ce dernier ait préféré déambuler, une rose à la main, dans la sinistre crypte du Panthéon, pour faire sa petite tournée des grands hommes de son choix. Mais en déclarant que « le monde nous regarde », Macron convoquait « en même temps » le Bonaparte de la conquête de l'Égypte, auteur de la célèbre adresse : « Soldats ! Songez que du haut de ces pyramides quarante siècles d'histoire vous contemplent. »

La pyramide de Mitterrand était certes un modèle réduit par rapport à celles de l'Égypte, et la marche pharaonique de Macron se contentait, comme cela s'est dit, d'évoquer « huit siècles d'histoire en trois minutes et demie ». Mais n'était-ce pas suffisant pour attribuer à Macron ce que le philosophe allemand Peter Sloterdijk qualifie de « caractère napoléonide » ? Car cette mise en scène réglée par un « en même temps » fusionnant droite et gauche était destinée à impulser un mouvement. Comme Napoléon l'avait fait en associant jacobinisme et nationalisme pour se forger un empire. Formule poussée à l'extrême par Mussolini et Hitler, qui avaient fondu ensemble nationalisme et socialisme, aujourd'hui par Xi Jinping pour le communisme et le nationalisme. Mais formule qui conduit nécessairement à l'incarnation du pouvoir suprême en la personne d'un leader jupitérien.

Nous n'en sommes évidemment pas là. Qualifier Macron de « centriste autoritaire », comme le fait Natacha Polony, suffit largement, bien que l'on puisse préférer « progressiste autoritaire », « libéral despotique » ou « autocrate libertaire ». Toujours des dualités. Au risque que ceux qui sont séduits par l'un des deux visages du président, mais rebutés par l'autre, finissent un jour par former un bloc d'hostilité contre l'intéressé pour des raisons diamétralement opposées.

Du Janus à deux faces, mais sans arrêt en mouvement et en transition, on en viendra finalement à un Macron caméléon. Thèse soutenue par Gérard Davet et Fabrice Lhomme dans *Le traître et le néant* (titre inspiré par deux amabilités dues à François Hollande), où Macron apparaît comme un opportuniste, s'adaptant à toutes les situations [10].

6.

D'une France l'autre

Pour que La Fontaine puisse nous éclairer, en moraliste, sur les guerres auxquelles s'est trouvé confronté le président Macron, il faut évidemment prendre en compte les bouleversements survenus dans notre histoire. Qui font que pour nombre d'entre nous, le mot « France » n'a plus qu'une valeur nominale, comme c'est le cas de la rose dans le roman d'Umberto Eco. Au point de couper historiquement la France en deux, celle de Clovis et de l'Ancien Régime, définitivement révolue, ayant été remplacée par celle qui est née de la Révolution.

Pour un La Fontaine qui mise sur la permanence du caractère des humains, cela revient à relever un défi connexe : celui de la permanence du caractère des Français en dépit de tant de changements. Ce qui implique de leur accorder une forme de « nature » spécifique, capable de les distinguer d'autres peuples.

Informé des leçons tirées d'un passé historique déjà long, La Fontaine ne restait pas pour autant muet sur les divers modes d'organisation des sociétés humaines et les régimes politiques qui vont avec, qu'ils aient réellement existé ou qu'ils soient restés à l'état de possibles.

Une société d'ordres

Qualifier de « société d'ordres » celle au sein de laquelle vivait La Fontaine ne doit donc pas nous tromper. Ce type de société ne nous renvoie pas seulement à l'idée restrictive (et rétrospective) d'Ancien Régime, mais d'abord à la manière dont la plupart des sociétés de par le monde ont fondé l'ordre qui doit régner ici-bas. Jusqu'à ce que l'idée juive de Création, reprise par le christianisme, change radicalement la donne en désacralisant une nature qui était auparavant régie par des puissances spirituelles. Au lieu de fonder l'ordre du monde sur celui du cosmos, réglé par le mouvement des astres, eux-mêmes divinisés, c'est à la volonté créatrice de Dieu que l'on se réfère. Et c'est cette version de l'ordre, qu'il croit juste, que La Fontaine évoque en une phrase : « Dieu fit bien ce qu'il fit, et je n'en sais pas plus [1]. »

Fondé sur la condition dont chacun hérite à sa naissance, c'est un ordre qui assigne à chacun sa place : « Le Berger et le Roi sont sous la même planète ; / L'un porte le sceptre et l'autre la houlette : Jupiter le voulait ainsi [2]. » Pour les mêmes raisons, c'est l'inégalité qui structure la société : « Jupin pour chaque état mit deux tables au monde. / L'adroit, le vigilant, et le fort sont assis / A la première ; et les petits / Mangent leur reste à la seconde [3]. » Mais cela n'empêche pas La Fontaine de nous rappeler que cette inégalité des conditions ne vaut que pour l'ordre d'ici-bas, et non aux yeux du Créateur. Ainsi, quand l'Éléphant et le Rhinocéros veulent s'affronter pour savoir lequel des deux doit avoir le pas sur l'autre, le Singe auquel ils demandent de leur servir d'arbitre les rabroue vertement. Pour le conseil des dieux, dit-il, leur défi n'a aucune importance : « Les petits et les grands sont égaux à leurs yeux [4]. »

Cet ordre inégalitaire au point de vue structurel se double cependant d'un autre au point de vue fonctionnel, car la société qu'il engendre est de nature organique. Ce que le premier ordre sépare, le second l'associe, car la société est assimilable à un corps vivant, régi par le principe de solidarité.

Dans *Les Membres et l'Estomac*, fable qui reprend l'apologue de Ménénius Agrippa destiné à convaincre la plèbe de Rome, révoltée, de ne pas se couper de la noblesse, La Fontaine insiste sur le fait que le roi n'a rien d'un «*Messer Gaster*», l'estomac qui se gave du travail des membres du corps. Préfigurant notre moderne «théorie du ruissellement», il affirme au contraire que c'est grâce à ses grandes richesses que le roi peut les déverser sur le peuple. Bref, que les membres fassent grève et tous crèveront, y compris le roi[5].

Dans une autre fable où il met en scène quatre voyageurs de conditions différentes qui ont fait naufrage sur les côtes d'Amérique, La Fontaine défend même la collaboration de classes. Démunis de tout, comment les rescapés vont-ils survivre ? Tandis que le Prince larmoie sur «le malheur des Grands», le Pâtre exhorte ses compagnons à travailler au bien commun. Le Marchand pourra enseigner l'arithmétique, le Prince la politique, le gentilhomme l'art du blason – de quoi crever de faim. Et c'est le Pâtre, ici figure du travailleur, qui leur sauvera la mise en vendant des fagots pris dans la forêt[6].

La vertu qui convient le mieux à cette société d'ordres, foncièrement inégalitaire, est bien la solidarité : «Il se faut entraider, / C'est la loi de nature[7].» Sitôt que le Loup vient menacer l'Âne, ce dernier a besoin du Cheval pour le défendre : «il se faut l'un l'autre secourir[8].» En conservant toutefois un minimum de distance, car si le Pot de fer vient à coller de trop près le Pot de terre pour l'aider à marcher, ce dernier se brisera en mille morceaux. D'où cet appel à la prudence : « Ne nous associons qu'avec nos égaux[9]. »

Et pourtant, bien que cet ordre soit juste, La Fontaine s'interroge : « D'où vient que personne en la vie / N'est satisfait de son état[10] ? » Mais pour s'en satisfaire c'est « la mer à boire » car « rien à l'homme ne suffit ». Il faudrait disposer au moins de quatre corps et de quatre vies aussi longues que celle de Mathusalem – 969 ans ! – pour mettre fin à « ce qu'un seul désire ». Le fauteur de troubles, le voilà : c'est le désir. Un désir d'essence mimétique, puisqu'il fait d'un autre sujet désirant un rival et un modèle.

C'est lui qui pousse le Renard à revêtir une peau de Loup pour « se faire Loup » devant les moutons. Lui qui mène l'Âne à sa perte pour s'être dissimulé sous une peau de Lion pour terroriser tout le monde. Lui qui s'est emparé de cette Tortue que sa marche trop lente empêchait de voyager. Elle avait donc accepté l'offre de deux Canards de la faire voler jusqu'en Amérique, accrochée par les dents au bâton qu'ils tenaient dans leur bec. Mais pour pouvoir, une fois en l'air, se proclamer « Reine des Tortues », elle devra ouvrir la mâchoire et elle ira s'écraser sur le sol[11].

Ce qui peut aussi arriver à ce Berger que le roi, reconnaissant les qualités dont il avait fait preuve dans la gestion de ses troupeaux, avait promu au rang de juge suprême : « Tu mérites, dit-il, d'être Pasteur de gens[12]. » Promotion qui lui vaudra une cabale montée par ses rivaux de la cour, qui l'accuseront de puiser dans la caisse. Le roi reconnaîtra son innocence, mais le Berger quittera le palais en avouant qu'il avait cédé à la tentation du pouvoir : « Qui n'a dans la tête / Un petit grain d'ambition ? »

Bref le désir peut tuer, ne serait-ce que par le ridicule dont font preuve tant de gens quand ils veulent s'élever au-dessus de leur condition : « Tout bourgeois veut bâtir comme les grands seigneurs », tout petit prince « avoir des ambassadeurs », et tout marquis « avoir des pages[13] ».

Peut-être La Fontaine pensait-il aussi au Monsieur Jourdain de Molière (la pièce était à l'affiche en 1670), qui pour s'être voulu à tout prix gentilhomme a fini Mamamouchi lors d'une cérémonie grotesque.

Les Grenouilles démocrates

Par rapport à la monarchie héréditaire, qu'il défend, les compliments que La Fontaine adresse à Charles II d'Angleterre suggèrent cependant qu'il préférerait pour la France un pouvoir royal modéré par un parlement plutôt que sa version absolutiste. Mais pas question de monarchie élective, comme le montre la fable où le roi Lion venant de décéder sans laisser d'héritier au trône, ses sujets ont lancé un concours de beauté pour lui trouver un successeur. Or qui réussira l'épreuve consistant à enfiler la couronne du défunt sur son crâne ? Le Singe ! Et c'est le Renard qui mettra fin à cette singerie en envoyant le frais couronné se faire prendre dans un piège, présenté comme la cache où le défunt roi cachait son trésor. Et tous d'en conclure « Qu'à peu de gens convient le diadème[14] ».

En revanche, la démocratie lui apparaît comme le pire des régimes, qui a droit à une exécution en bonne et due forme dans *Les Grenouilles qui demandent un Roi*[15]. Il se trouve qu'un beau jour, « se lassant / De l'état démocratique », les Grenouilles assemblées ont demandé à Jupiter qu'il leur donne un Roi. De leur lassitude, La Fontaine ne nous dit rien. Mais nous pouvons nous inspirer d'une autre fable, *La Tête et la Queue du Serpent*, pour comprendre que c'est une affaire de désir mimétique qui a mal tourné.

On y voit en effet la Queue, rivale du pouvoir de la Tête, réclamer de conduire désormais le Serpent en arguant qu'elles sont « toutes deux de même sang[16] ». Aveuglée par la jalousie, elle a juste oublié que même de condition égale, Tête et Queue n'étaient pas identiques. Jupiter ayant consenti à l'échange, la Queue prend donc la tête du Serpent. Mais comme elle est sourde et aveugle, elle mène le Serpent tout entier à sa perte.

Qu'en est-il des Grenouilles ? À la différence des deux extrémités du Serpent, ces « Reines des étangs » sont, par nature, à la fois égales et identiques. Mais si elles sont toutes Reines, cela veut dire aussi qu'aucune ne l'est. Elles forment donc un ensemble indifférencié qui les prédispose à la démocratie. Ce qui, tourné autrement, veut dire aussi que la démocratie n'est bonne que pour des Grenouilles, cette « gent fort sotte et fort peureuse » qui prend aussitôt la fuite à l'approche d'un Lièvre, l'animal le plus poltron qui soit[17].

Jupiter, qui les connaît comme sa poche, a beau leur faire savoir qu'elles feraient mieux de conserver ce régime, elles ne l'écoutent pas. Preuve que le désir mimétique existe aussi chez les Grenouilles, comme l'a déjà prouvé celle qui voulait se faire aussi grosse que le Bœuf. Et bien que toutes soient égales, cela n'empêchera pas certaines d'entre elles, dirait George Orwell, de se vouloir plus égales que les autres. Donc d'entrer en rivalité, au risque que leur démocratie vire à l'anarchie. Tandis qu'avec un roi à leur tête, l'ordre sera assuré.

Cédant à leurs revendications, Jupiter commence par leur envoyer un Roi doux et paisible – un « Soliveau », une pièce de bois inerte. D'abord effrayées, les Grenouilles se sont progressivement enhardies, au point de devenir familières « jusqu'à sauter sur l'épaule du Roi ». À nouveau lassées de l'égalité démocratique, les Grenouilles repartent à la charge. Mais cette fois, elles réclament à Jupiter « un Roi qui se remue ». Demande acceptée : cette fois ce sera une Grue, qui les gobera « à son plaisir ».

La sanction est dure, mais pour La Fontaine la leçon est claire : « Le peuple est juge récusable [18]. » Et c'est Jupiter en personne qui nous en donne la raison quand, fatigué des demandes contradictoires des Grenouilles, il finit par s'exclamer : « Eh quoi ! votre désir / À ses lois croit-il nous astreindre ? » La toute-puissance du désir, capable de s'imposer même au roi des dieux, telle est la tare de la démocratie.

À ce « peuple coassant », qui casse les oreilles à tout le voisinage, La Fontaine ne reconnaît finalement qu'un mérite : son refus de faire la fête aux noces de leur tyran. Parce que s'il vient à engendrer une demi-douzaine de tyranneaux aussi prédateurs que leur père, ce sera la fin de leur race [19]. Un éclair de lucidité qui nous renvoie à la réaction des Grenouilles démocrates d'Athènes accusant Périclès de despotisme. Grave erreur cette fois, dont elles se sont repenties en le rétablissant dans sa fonction de stratège.

L'histoire du temps joue pourtant son petit rôle dans cette affaire de Grenouilles. En 1672, La Fontaine avait écrit sur une feuille volante, signée de ses seules initiales, une fable calquée sur celle que le père Commire avait publiée, en latin, pour soutenir la guerre lancée par Louis XIV contre la « République aquatique » de Hollande. Comme lui, La Fontaine accusait cette dernière d'avoir trahi la bienveillante protection du roi Soleil [20]. Les Hollandais inonderont leurs polders pour bloquer l'avance de l'armée française, les bourgeois y perdront le pouvoir au profit de Guillaume III d'Orange, et Jean de Witt, chef des républicains, sera lynché par la populace orangiste en même temps que son frère.

Par ces fables, La Fontaine nous renvoie à la critique féroce de la démocratie à laquelle s'était livré Platon dans un célèbre passage de la *République*[21]. Il y montre comment le régime de liberté intégrale qu'est la démocratie fait que le désir ne souffre plus ni règles ni limites. Or si tous sont égaux et libres, tous remplis de désirs tenus pour équivalents, il en résulte inévitablement l'indifférenciation entre gouvernants et gouvernés, hommes libres et esclaves, jeunes et vieux, maîtres et élèves, finalement hommes et bêtes. Asservi à ses désirs, l'homme démocratique sera donc à la fois esclave et tyran de lui-même. D'où une logique qui fera passer ce régime de l'excès de liberté à celui de l'excès de servitude.

Entièrement asservi à ses désirs, l'homme démocratique cherchera finalement à se donner un maître, un tyran en lequel il verra à la fois un protecteur et un modèle. Parce qu'étant lui-même suprêmement désirant, ce dernier sera infiniment désirable. Mais une fois installé au pouvoir, il y révélera sa vraie nature. Celle de la Grue gobeuse de Grenouilles chez La Fontaine, version animalisée du tyran de Platon.

Que la France n'est pas l'Angleterre

La Fontaine ne pouvait pas prévoir qu'un siècle après sa fable des Grenouilles, la France vivrait une révolution qui abolirait la société d'ordres et la monarchie. Louis XIV avait définitivement mis fin à tout ce qui menaçait son pouvoir absolu, et après la révocation de l'édit de Nantes en 1685, qui éliminait les protestants, la question de la religion du pays ne se posait plus. En revanche, La Fontaine avait eu sous les yeux tout au long de sa vie ce qui se passait en Angleterre. Que l'on pourrait comparer à nos séries d'aujourd'hui, réparties en plusieurs saisons.

Il savait comment avait fini le roi Charles Ier en 1649 : décapité. Un vrai roi Lion celui-là, mais qu'aucun Renard n'assistait de ses conseils. Il savait aussi que la République, proclamée après cet épisode, avait vite fait long feu – une exception dans l'histoire de l'Angleterre, pour tout dire une anomalie. Dès 1660, la monarchie était rétablie avec Charles II, de retour de son exil en France.

Cette première révolution n'avait pourtant pas permis à l'Angleterre d'accoucher des institutions qui feront d'elle un modèle pour tous les libéraux du monde. Il lui en faudra une seconde, la « Glorieuse Révolution » de 1668-1669. Cette fois dirigée contre le roi Jacques II, converti au catholicisme et soupçonné par les protestants de vouloir se rapprocher du pape et de Louis XIV. Il sera renversé avec l'aide de Guillaume III d'Orange, qui avait plus qu'une dent contre le roi de France, avec le concours d'un contingent de huguenots français, tout aussi revanchards. *Exit* le roi Jacques II, malgré les troupes envoyées par Louis XIV pour soutenir ses partisans. Son trône sera occupé conjointement par Guillaume et Marie, son épouse (encore une étrangeté).

L'Angleterre aura désormais atteint son régime de croisière, où les droits du Parlement et les droits individuels sont garantis. Le monarque, homme ou femme, sera le chef de l'Église anglicane, et ses prérogatives réduites à ce que lui permet un régime constitutionnel strict, bien qu'il n'existe pas en Angleterre de constitution écrite. En tiendra lieu un ensemble de principes, de règles et de décisions jurisprudentielles. Ce qui fera de l'Angleterre un pays authentiquement démocratique, mais resté profondément traditionnel, avec de forts relents de société d'ordres.

Faute d'avoir accompli un travail similaire, étalé dans le temps, la France était condamnée à le faire sur le mode de la rupture brutale, d'emblée accompagnée d'un déferlement de violence. Cela s'est fait en deux temps. Le premier s'est joué en 1789, quand les États généraux, qui siégeaient par ordres (clergé, noblesse et tiers état) ont dû décider, au mois de juin, s'ils devaient continuer à voter par ordre, ce qui interdisait automatiquement au tiers état d'avoir la majorité, ou au contraire par tête. Le ralliement de députés du clergé et de la noblesse a permis au tiers état de l'emporter et le nouvel ensemble s'est proclamé Assemblée nationale constituante. Dès le 4 août 1789, elle a voté à l'unanimité l'abolition de tous les privilèges existants. Un sacrifice volontairement consenti par ceux qui y perdaient toutes leurs plumes.

On aurait peut-être pu s'en tenir là, car la « révolution bourgeoise » était accomplie. Mais les forces sous-jacentes qui travaillaient le pays en ont décidé autrement. Et s'il ne faut retenir qu'un épisode qui a marqué à jamais l'imaginaire politique des Français, c'est celui de la fin du roi Louis XVI, en 1792.

Louis XVI, on le sait, n'avait pas plus que Charles Ier d'Angleterre de vrai Renard pour conseiller. Or à la différence de Fouquet, simple ministre sacrifié par Louis XIV, un roi lie en sa personne le pouvoir et le sacré. Prenant pour référence le roi des Silluk, qui est symboliquement étouffé après avoir été intronisé, René Girard en a déduit que « C'est en qualité de victime réconciliatrice, comme toujours, que règne le roi [22] ». Sauf que dans le cas de Louis XVI, cette fonction réconciliatrice du roi a été éliminée au profit de la violence sacrificielle. Le qualificatif de « tyran », attribué à ce roi qui avait bien des défauts, mais rien d'un despote, le désignait comme unique fauteur de troubles. Et positivement parlant, l'élimination du royal bouc prenait la forme d'un sacrifice de fondation. Grâce auquel les révolutionnaires faisaient table rase de la société d'Ancien Régime pour en fonder une nouvelle. Une société libérée du virus du pouvoir dynastique, transmis physiquement par le roi à sa descendance.

La nouveauté, jugée scandaleuse par Kant, est que Louis XVI n'a pas été tué ou massacré, mais condamné « dans les formes » lors d'un procès qui n'était qu'une version du haro. Un haro contagieux puisque son avocat, Malesherbes, fut lui-même guillotiné, ainsi que sa fille et deux de ses petits-enfants. Comme le furent tous ceux jugés suspects d'être porteurs de la « peste » antirévolutionnaire. Ce qui imposait de la traquer chez ceux que leur état ou leur position rendaient suspects d'en être porteurs : les nobles, les prêtres réfractaires, les Girondins, et parfois n'importe qui. En les éliminant, on prévenait la contamination de la population. À ce titre, la Terreur était un hygiénisme d'État. Au prix de quelque 40 000 victimes, dont 17 000 officiellement jugées et condamnées.

Un délire purgatif qui allait logiquement contaminer les responsables de la Terreur. Tous contre Robespierre, à son tour qualifié de « tyran » ! Plus besoin de Tribunal révolutionnaire, le haro suffisait. Robespierre, Saint-Just et leurs partisans furent guillotinés sans procès. Au grand soulagement de tous ceux qui avaient commis les pires violences, comme à celui de la foule qui, lorsque tomba la tête de Robespierre, cria d'une seule voix : « Vive la République ! »

Un épisode typiquement sacrificiel qui a mis fin à la violence contagieuse de la Terreur.

Ce grand moment de la Révolution française a été consacré par l'histoire comme un modèle type. Dont la « Grande Terreur » qui a sévi en Union soviétique entre

1937 et 1938 fut une version d'une tout autre ampleur que celle qu'avait connue la France. Sous le règne de Staline, ce Lion paranoïaque qui faisait régner la terreur depuis son antre du Kremlin, elle a fait quelque 700 000 victimes, et autant de gens envoyés au Goulag, à grand renfort de « procès de Moscou » en guise de haro juridico-sacrificiel. Avec des retombées toujours vivaces en France, où un stalinisme jamais vraiment résorbé, comme un trotskisme de diverses obédiences, continuent de hanter les esprits et de modeler les comportements de bien des militants d'extrême gauche.

Démocrate, la France ?

Ce qui manquait à la critique que La Fontaine, après Platon, faisait de la démocratie, nous le devons à Alexis de Tocqueville. Rien n'est changé sur le fait que les Grenouilles démocrates sont dominées par deux passions : celle de la liberté et celle de l'égalité. Mais c'est à la difficulté de conjuguer ces deux passions, vouées à tirer à hue et à dia, que Tocqueville a accordé toute son importance. Ce qui explique pourquoi la démocratie à la française diverge profondément de la démocratie libérale des États-Unis d'Amérique. Parce qu'aux États-Unis la passion de la liberté écrase la passion de l'égalité, tandis qu'en France c'est l'inverse.

Par rapport aux sociétés d'ordre, la démocratie repose en effet sur l'abolition de la distinction des conditions, qui attribuait à chacun des droits et des devoirs différents. Raison pour laquelle, explique Tocqueville, chacun y trouvait sa place sans trop rechigner : « Il n'y a pas de si grande inégalité qui blesse les regards lorsque les conditions sont inégales[23]. » Tandis qu'en démocratie, où l'égalisation des conditions nous fait avancer vers l'uniformité, la plus petite dissemblance devient insupportable. D'où cette « haine immortelle, et de plus en plus allumée, qui anime les peuples démocratiques contre les moindres privilèges[24] ». Pour caricaturer, l'Américain qui voit passer dans la rue un SUV de luxe se dira qu'un jour il en possédera un aussi, tandis que le Français se demandera quand l'État interdira enfin les SUV de luxe.

Fondée sur le désir mimétique, la passion de l'égalité porte donc en elle une contradiction. Pour les peuples, écrit Tocqueville : « L'égalité produit, en effet, deux tendances : l'une mène à l'indépendance et peut les pousser tout à coup jusqu'à l'anarchie, l'autre les conduit par un chemin plus long, plus secret, mais plus sûr, vers la servitude[25] ». L'alternative qui était au cœur de la fable des Grenouilles. Et Tocqueville de confirmer : soumis à la passion de l'égalité, les démocrates « veulent l'égalité dans la liberté, et s'ils ne peuvent l'obtenir, ils la veulent encore dans l'esclavage[26] ».

C'est donc une forme inédite de tyrannie, qu'il ne sait pas nommer, faute de nom disponible, que Tocqueville voit pointer à l'horizon. Une tyrannie de type consumériste. Il la décrit ainsi : « Je vois une foule innombrable d'hommes semblables et égaux qui tournent sans repos sur eux-mêmes pour se procurer de petits et vulgaires plaisirs, dont ils emplissent leur âme. » Quant à la manière dont ils seront gouvernés, il ajoute ceci : « Au-dessus de ceux-là s'élève un pouvoir immense et tutélaire, qui se charge seul d'assurer leur jouissance et de veiller sur leur sort. Il est absolu, régulier, prévoyant et doux[27]. »

Cette forme inédite de tyrannie a pris pour nous, en France, la forme d'un État-providence devenu *Big Mother*. Un État Nounou qui materne les enfants que nous sommes devenus pour leur octroyer ses bienfaits. Pouvoir qu'il exerce par l'intermédiaire d'une administration maniaque et pointilleuse, qui nous impose d'en haut des normes uniformes censées garantir notre santé, notre bien-être et notre sécurité face à tous les aléas de l'existence. Ce qui a pu faire dire que la France avait réussi ce que le communisme avait raté en Union soviétique.

Sauf que la France est un pays compliqué, où jamais le neuf n'a vraiment remplacé l'ancien. D'où un imaginaire social et politique bourré de contradictions. La Révolution de 1789 était elle-même contradictoire, tiraillée entre son pôle bourgeois d'un côté, son pôle révolutionnaire de l'autre. La France d'après la Révolution a d'ailleurs accepté la restauration momentanée de la monarchie et les deux empires napoléoniens. Ils étaient très différents mais ils ont conservé leurs partisans et, pour le premier du nom, ses fanatiques.

Est-ce pour concilier tous ces éléments discordants que les Français ont laissé se reconstituer une forme d'aristocratie, imitant celle que la Révolution avait abolie ? Notre président est devenu un monarque républicain, nos énarques une noblesse d'État et des puissants de toutes sortes ont remplacé les Grands du royaume. Les syndicats qui ont remplacé les corporations n'ont eux-mêmes eu de cesse de conquérir des privilèges à défendre bec et ongles. Tout cela combiné a fait de la France un chaudron aussi bouillonnant et rempli de crapauds que celui des sorcières de Macbeth.

Qu'une « peste » quelconque, surgie de l'extérieur, vienne alors s'abattre sur notre pays, tout ce qui le travaillait de l'intérieur risque fort de cristalliser pour produire une crise aiguë.

7.

En guerre

Pour l'imaginaire politique des Français, surchargé d'histoire, que serait un Macron président ? Un bon Pasteur de son peuple, voire son Sauveur (d'où le thème récurrent de « l'homme providentiel »), ou parce que Lion, un président forcément soupçonné de despotisme au moins potentiel ? Devenu président, le général de Gaulle avait cumulé ces deux caractéristiques. L'inverse pour François Hollande.

Ayant remporté la présidentielle de 2017 sur le mode du « en même temps », il y avait de quoi hésiter. Élu par défaut contre le repoussoir incarné par Marine Le Pen, Macron l'avait aussi été pour son allant, sa jeunesse, ses promesses de remplacement du vieux monde politicien par un tout neuf. Il nous avait ensorcelés de sa flûte, bercés de beaux discours, mais pour porter remède à nos maux les mieux ancrés, il faudrait qu'il se remue.

Il avait certainement conscience que ses projets de transformer la France en « start-up nation » se heurteraient à bien des difficultés. N'avait-il pas déclaré, le 29 août 2018, à l'occasion d'une visite officielle au Danemark, que la France, au lieu de Danois, était peuplée de « Gaulois réfractaires au changement » ? En mettant l'accent sur la permanence du caractère des peuples, il parlait alors comme La Fontaine. Mais il avait peut-être oublié que si les

Français ne sont pas réformistes, c'est parce qu'ils sont à la fois conservateurs et révolutionnaires.

Une fois lancées à la hussarde des réformes destinées à relancer l'économie, un obstacle imprévu (mais prévisible) avait soudain entrepris de bloquer la machine macronienne dès le mois d'octobre 2018 : le mouvement des Gilets jaunes.

Autant de Grenouilles de basse extraction, surgies de partout, équipées de la tenue que l'on revêt pour rendre visible la situation d'insécurité dans laquelle on se trouve. Celle de l'automobiliste tombé en panne qui voit défiler sous son nez les bolides de la start-up nation et qui attend en vain la dépanneuse. Des Grenouilles des petites et moyennes villes comme des périphéries des grandes, auxquelles se mêlaient des Rats des champs, dressés contre les Rats des villes qu'ils nourrissaient mais qui les méprisaient. Tous bons démocrates cependant, mus par la passion de l'égalité qui tient aux tripes de la France populaire, mais convaincus que la France élitaire s'en moque comme de son premier col marin. Une France populaire tout aussi chatouilleuse que l'élitaire côté liberté, sinon plus, comme le prouvaient les causes occasionnelles du mouvement : la taxe dite écologique sur les carburants, mais pas que, et la limitation de vitesse à 80 km/h sur les routes secondaires. Pour des gens qui ne peuvent pas vivre sans voiture, des mesures qui ont fait déborder un vase qui n'était déjà que trop rempli.

Politiquement parlant, ce mouvement n'entrait pas dans nos clivages habituels. On pouvait penser aux jacqueries qui avaient émaillé le règne de Louis XIV, l'une des raisons de sacrifier Fouquet. Et par certains côtés, à la croisade des Pastoureaux de 1320, menée contre les puissants, qui avait ravagé une partie du royaume. Car à mesure que la violence gagnait les manifestations, les anars du black bloc et les anticapitalistes insurrectionnels d'extrême gauche s'étaient mis de la partie. Avec des hauts et des bas jusqu'à l'effilochage général en juin 2019.

Pour apaiser les esprits, Macron avait lancé un grand débat national. Et personnellement mouillé sa chemise en entreprenant dès le 15 janvier un tour de France en quatre-vingts jours, comme le Phileas Fogg de Jules Verne l'avait fait pour le monde. Il y reprenait son rôle de joueur de flûte, qui lui avait si bien réussi, pour charmer ces Grenouilles tout de jaune vêtues afin qu'elles rejoignent au plus vite leur marécage existentiel. Avec des mesures financières en guise de pansements (17 milliards d'euros, encore un « pognon de dingue » !). Sans changer grand-chose au fond.

Soulagé, Macron pourrait-il mener à bien la réforme phare de son quinquennat, celle des retraites ? Du régime en vigueur, réputé absurde et injuste, on passerait à un système à points. Assorti de la fin définitive de tous les privilèges, légitimes ou pas, accumulés depuis des décennies par les régimes spéciaux ou corporatistes... Macron avait-il oublié les grands mouvements de 1995 ? Était-il même né à l'époque ? Ignorait-il que toute réforme des retraites peut rendre fous une bonne partie des Français ? Celle qui rêverait d'une retraite obtenue dès la naissance, tandis qu'une mince élite, dont les politiciens, n'aspirait qu'à n'être jamais obligée de la prendre.

Ce projet révolutionnaire ayant été transformé en usine à gaz par les incapables chargés de le porter, Macron, à peine libéré des Gilets jaunes, se retrouvait avec une France partiellement bloquée sur les bras. Avec des grèves et des manifestations monstres. Il faut croire que quelque *deus ex machina* tenait à lui sauver la mise, puisque dès l'apparition de la pandémie de Covid, la situation allait se débloquer comme par miracle. Fin des luttes intestines, tous aux abris !

Sauvé par le gong dans un match perdu d'avance, Macron n'avait même pas perdu la face. Sauf qu'il s'était passé une chose à laquelle on n'avait guère prêté attention sur le moment : sur une pancarte exhibée lors d'une manifestation, figurait un Macron costumé en roi Louis XVI... Au lieu d'épingler ses penchants napoléonides, on l'identifiait à une figure sacrificielle.

Macron en Lion de guerre

Avec son « Nous sommes en guerre » du 16 mars 2020, alors que flambait la pandémie de Covid, Emmanuel Macron avait toutes les chances de redresser sa situation en changeant de champ de bataille. Dans ce même discours, il n'avait d'ailleurs pas fait que répéter cette formule à maintes reprises pour bien enfoncer le clou, mais annoncé que toutes les réformes en cours, à commencer par celle des retraites, étaient suspendues *sine die*. Un grand soupir de soulagement pour tous les Français, qu'ils soient hostiles à cette réforme ou excédés par les grèves. Cependant payé cash, car le président nous informait « en même temps » qu'il faudrait en venir au confinement général du pays (ordonnance renouvelable en fonction de la situation).

Ce faisant, Emmanuel Macron se rendait-il compte qu'il mettait les deux pieds dans un terrain soigneusement miné par Jean de La Fontaine ? Que son « nous sommes en guerre » nous renvoyait directement à cette « Peste [qui] faisait aux animaux la guerre » ? Pourtant ces deux formules n'étaient pas tournées de la même manière. Dans la fable c'est « la Peste » qui était le sujet, signe de sa prépotence, tandis que sous ce « Nous », contraint d'assumer cette guerre, se profilait le « Je » de Macron. Qui répliquait donc à cette guerre par la guerre, alors que le Lion avait tout fait pour s'y dérober.

En s'érigeant ainsi en chef de guerre, position normale sinon obligée pour un président français, chef des armées, Macron nous signifiait qu'il en prenait toute la responsabilité. Avait-il oublié ce qui était arrivé à Périclès, placé en pareille situation ? Oublié qu'une pandémie nous vaudrait le réveil de « pestes » déjà à l'œuvre dans notre pays, et l'apparition de « pestes » nouvelles ?

Peut-être en avait-il eu l'intuition quand, dans ce même discours, il avait évoqué un « ennemi invisible porté par nous tous ». Mais au lieu d'imaginer qu'il rejoignait ce qu'en avait dit Camus dans *La peste*, nous avions plutôt compris que cette formule valait appel à la mobilisation générale, et que ce ne serait pas une mince affaire. Comment affronter un ennemi aussi invisible que sournois, dont nous ne connaissions que la photo génétique, qui ne se livrait qu'au microscope et non à l'œil nu ? Impossible de voir sa gueule en face pour la lui casser ou lui tirer dessus... Ce n'est qu'en laboratoire qu'un virus peut être isolé dans une éprouvette pour être attaqué. Tandis que dans la vraie vie, il n'existe que sous la forme de personnes bien visibles. Celles qu'il a infectées ou qui sont capables de le diffuser. Ce qui fait apparaître deux modes bien différents de contamination : la biologique, aléatoire et minoritaire, et la mimétique, qui nous fait voir en tous une menace. Tous contre tous !

Dès lors l'ennemi n'était plus le virus, mais n'importe qui d'entre nous : l'*homovirus*. Et Macron en incarnait lui-même un, le plus éminent de tous. Au lieu d'union sacrée, cela nous valait promesse de division sacrée, source de violence.

Un autre point dont il semble que personne n'ait songé à souligner l'importance, mais qui pouvait peser lourd dans notre inconscient collectif, est la coïncidence entre la source du virus et l'animal qui représentait le mieux la personnalité de Macron : la chauve-souris.

Une connexion dénuée de sens pour nos esprits modernes. Mais comme nous ne sommes pas que des esprits modernes, l'imaginaire ancestral de la chauve-souris ne pouvait que produire ses effets. Il est vrai que nombre d'Asiatiques en mangeaient mais pour nous, en raison de sa dualité, la chauve-souris est un monstre. Un animal qui ne chasse que la nuit et dort le jour accroché à l'envers au plafond d'une caverne n'est pas seulement hors d'ordre, comme le cochon, il l'inverse symboliquement. Dans nos campagnes, les paysans clouaient les chauves-souris sur la porte de leur grange. À Rome la chauve-souris était tenue pour diabolique, et la chrétienté a suivi en équipant le diable de ses ailes. Et depuis le XVe siècle au moins, la mort avait pris la figure d'un squelette armé d'une faux, chevauchant un cheval noir, souvent pourvu d'ailes de chauve-souris, ce qui lui permettait de se déplacer dans les airs.

Si nous cherchons un lien entre la peste, la mort et la chauve-souris, ce n'est pas dans le tableau de Nicolas Poussin, la *Peste d'Ashod*, mais dans celui du peintre suisse Arnold Böcklin, intitulé *La Peste*, que nous le trouverons. Un tableau que La Fontaine n'a pas pu connaître, puisqu'il date de 1898, mais qui est si éloquent qu'il a servi d'illustration de couverture pour la version anglaise de *La peste* d'Albert Camus, dans l'édition d'Oxford World's Classics de 1947.

Comment ce tableau nous présente-t-il la peste ? Sous la forme d'un être humain décharné, hirsute, vêtu d'une tunique noire, affichant un rictus en guise de sourire. Il est armé d'une faux et chevauche une chauve-souris géante dont le cou, démesurément allongé, fait penser à la queue du pangolin – l'animal supposé assurer l'adaptation du virus de la chauve-souris à l'homme. Balayant le chemin comme un fouet, son cou abat les passants présents sur son passage, tandis qu'à l'arrière-plan, dans le sillage du monstre, un nuage de fumée avertit le spectateur que la destruction générale de la cité est en cours.

Comment ne pas voir dans ce tableau une illustration de ce qui pouvait se passer dans notre imaginaire ?

Le branle-bas de combat

On peut admettre que Macron s'est plutôt bien sorti de sa gestion de la pandémie (moins bien que les Allemands, mieux que les Anglais et les Américains), mais qu'il en a aussi fait beaucoup pour s'enfermer lui-même dans la seringue.

Au départ, son « Nous sommes en guerre » relevait de la métaphore puisque, de son propre aveu, l'ennemi à combattre n'avait rien d'un ennemi ordinaire. Or la fonction d'une métaphore consiste uniquement à « poser à côté ». Dès lors parler de « guerre au virus » ne pouvait signifier qu'une chose : faire de la politique par d'autres moyens que la guerre.

Macron a donc fait comme le roi Lion, qui « tint conseil, et dit ». Mais comme il ne disposait pas comme lui du pouvoir absolu, il lui fallait d'abord se créer un conseil à sa botte. Ce fut le « Conseil de défense sanitaire », variant inédit du Conseil de défense instauré en 2009 pour les questions de sécurité nationale et qui tiendrait comme lui des réunions classées en « secret-défense ». Était également créé un « Conseil scientifique Covid-19 », chargé d'éclairer le précédent, mais dont les avis, eux, seraient publics et consultables par tous.

À l'évidence, ce Conseil de défense était le meilleur moyen qu'avait trouvé Macron pour court-circuiter un Conseil des ministres qu'il devait tenir, à quelques exceptions près, pour un ramassis d'incompétents. Ce qui avait immédiatement provoqué un concert de protestations de la part de tous ses opposants, qui tenaient cette innovation pour constitutionnellement douteuse. Mais inaudible ce concert, car « à la guerre comme à la guerre ». Donc foin de futilités juridiques.

Mais puisque la métaphore guerrière s'était imposée à tous les esprits, il fallait qu'elle soit filée jusqu'au bout. Emballer les mesures à prendre dans les fleurs de la rhétorique militaire était d'ailleurs le meilleur moyen de les justifier et de donner du sens à l'action publique. Une pratique habituelle des médecins, qui recommandent à leurs patients cancéreux de « se battre ». De métaphores, nous avons donc été abreuvés jusqu'à plus soif sur tous les plateaux médiatiques.

Cela valait d'abord pour le « front ». Pour cause de submersion des services de réanimation au premier pic de la pandémie, on a commencé à parler de « médecine de guerre ». Au prix d'une regrettable confusion entre la sinistre idée de « tri » des patients et celle d'« arbitrage » médical, car il est bien des cas où la réanimation peut tuer plus sûrement que le virus. En revanche, tri il y avait bel et bien entre les patients Covid et les autres, exclus du front. Une « perte de chance », l'équivalent de ces « dégâts collatéraux » qui relèvent de la pudeur de la guerre.

Stratégiquement, ce qui primait était l'« endiguement » de l'ennemi pour l'empêcher de « circuler ». D'où les tactiques de « retardement » dues aux « barrages » mis en place (nos « gestes-barrières »), chargés par surcroît d'empêcher toute « sortie » de l'ennemi retranché dans des « poches » (les

« clusters »). Et l'on préparait déjà la « campagne » vaccinale pour passer de la guerre de tranchées, purement défensive, à la guerre de mouvement. Une campagne associant vaccination et mesures de confinement afin, selon les mots du président Macron, de prendre la pandémie « en tenaille ». L'objectif étant de pousser le virus dans ses derniers « retranchements » pour qu'il reste sur le carreau après avoir épuisé ses capacités de mutation.

Les descriptions de la manière dont opérait le virus s'inspiraient également de la guerre. Au lieu des « orages d'acier », décrits par Ernst Jünger, qui s'abattaient sur les combattants de 1914-1918, on parlait d'« orage cytokinique ». Une vraie foudre de Zeus, qui « mettait le feu » au système immunitaire de l'organisme (une explication assez vite abandonnée). On convoquait la « balistique » à propos des projections de postillons, comme si l'on avait affaire à une mitrailleuse, et d'« aérosolisation » du virus dans les lieux clos, ce qui faisait penser aux gaz de combat utilisés pendant la Grande Guerre. Quant à l'arme qui servait au virus pour « pénétrer nos défenses », c'était la protéine Spike (ou spicule), capable de forcer le blindage de nos cellules comme le ferait un missile pour un char d'assaut.

Cette rhétorique guerrière a si bien fonctionné qu'une bonne partie de l'opinion, viscéralement obsédée par notre passé franco-français, s'est imaginé revivre la Seconde Guerre mondiale : ce virus venu de l'étranger représentait l'« invasion », son implantation dans le pays l'« Occupation », les mesures prophylactiques la « Résistance », et l'espoir du déconfinement estival la « Libération »...

En tant que chef des armées, il revenait au président Macron de définir la stratégie, la tactique, et d'organiser les moyens d'action. Exactement comme le raconte

La Fontaine dans *Le Lion s'en allant en guerre*[1]. Comment a-t-il procédé, ce Lion ?

Une fois informé de la situation par ses espions, la Pie et l'Aigle, il a bouclé son Conseil de guerre. Puis il a envoyé des messagers à tous ses sujets pour qu'ils prennent leur part à l'entreprise, chacun selon ses capacités : « Le monarque prudent et sage / De ses moindres sujets sait tirer quelque usage, / Et connaît les divers talents. »

Les Animaux lourds, comme l'Éléphant et l'Ours, mèneront l'offensive. Sans exclure cependant la tactique de l'Écrevisse, pour aller droit au but en avançant à reculons[2]. Le Renard sera chargé de « secrètes pratiques » et le Singe d'« amuser l'ennemi par ses tours ». Mais que faire des Lièvres, « sujets à des terreurs paniques » ? Comme ils courent vite, ils serviront de messagers. Et de l'Âne ? Il « effraiera les gens, nous servant de trompette ».

Cela nous fera une armée de bric et de broc, mais cette union sacrée est politiquement et socialement nécessaire : « Il faut obliger tout le monde. » À l'exemple de ce jour où le Lion se trouvant pris dans un filet dont il ne pourra pas se libérer par la seule force de ses rugissements, c'est à un Rat qu'il avait précédemment épargné, et qui en rongera les mailles, qu'il devra son salut : « On a souvent besoin d'un plus petit que soi[3]. » Ainsi a fait Macron.

Ses informations, il les tenait de l'OMS, des pays étrangers, des agences gouvernementales de santé, des ARS et des préfets. Après avoir réuni son Conseil de défense, il a réparti ses troupes en trois lignes. La première était constituée par les services de réanimation des hôpitaux, du lourd, directement confrontés à l'ennemi par patients interposés. La deuxième était composée des transporteurs, livreurs et autres intermédiaires, la troisième des agriculteurs et producteurs de biens nécessaires à la survie de la population.

Son Renard à lui était Alexis Kohler, secrétaire général de l'Élysée. Ses Singes, ses porte-parole successifs. Et l'on doit reconnaître qu'ils ont appliqué avec succès la technique du *nudge*, littéralement « coup de coude » ou « coup de pouce », importée des États-Unis pour influencer nos comportements de manière indirecte. À l'exemple de ces pissotières pour hommes où l'on a placé une fausse mouche au milieu du réceptacle. Voulant viser la mouche, les hommes pissent toujours, mais pissent droit. Comme l'ont fait les trois lignes des troupes, dont les missions avaient pris la forme d'un devoir civique et moral pour ceux auxquels elles étaient attribuées.

Il avait aussi ses Lièvres, planqués derrière leurs ordinateurs, qui peuplaient les sites informatisés destinés à diffuser les messages officiels, mais qui se retrouveraient vite confrontés à la concurrence déloyale des auteurs de *fake news* et autres complotistes qui infestaient les blogs et les réseaux sociaux.

Quant à l'Âne, chargé d'effrayer les gens qui ne respectaient pas les mesures prophylactiques imposées, c'est Jérôme Salomon, directeur de la Santé, qui avait écopé de sa charge. Mais pas seulement pour publier le « bulletin » que doit diffuser quotidiennement toute armée en guerre. Pour se faire tous les soirs le sinistre greffier de litanies chiffrées sur le nombre de personnes infectées, hospitalisées et décédées. Heureusement pour nous, c'est la police et non l'armée qui contrôlait le respect des mesures imposées aux civils. Mieux valait payer une amende qu'être fusillé dos au mur.

Restait à Macron à prendre au sérieux l'avertissement par lequel La Fontaine terminait ses conseils aux princes : faire preuve de retenue en cas de victoire, car « Tout vainqueur insolent à sa perte travaille[4] ». Comme cela s'était passé pour le vainqueur du combat auquel s'étaient livrés deux Coqs qui convoitaient la même Poule. Entendant ce Coq chanter sa victoire, perché sur un toit, un Vautour avait fondu sur lui pour en faire son dîner[5].

8.

Régression

Si l'on jette un regard en arrière, on peut mesurer à quel point la situation avait profondément changé. Après avoir appris la décision du gouvernement chinois de confiner la province de Hubei à partir du 22 janvier 2020, dont fait partie la ville de Wuhan, rendue célèbre du même coup, nous avions cru à une affaire sino-chinoise que le pouvoir en place allait régler vite fait bien fait. Ce qu'espérait la Chine, dont la communication se réduisait à une opération d'enfumage grand format pour nous en persuader.

En apprenant que l'agent infectieux était un coronavirus, certains ont préféré en rire en évoquant la bière Corona, chère à Jacques Chirac et emblématique des Mexicains. Lesquels avaient mal vécu ce rapprochement incongru, tandis qu'un certain nombre de gens avaient immédiatement renoncé à en boire. D'autres s'étaient plutôt référés à la bande dessinée, antérieure à la pandémie, dans laquelle Astérix et Obélix, équipés d'un char de course *made in Gaule*, remportaient la course transitalique contre le vilain Coronavirus, le champion des Romains [1]. Un champion porteur d'un masque et qui multipliait les coups tordus pour gagner. Avaient moins ri ceux qui se souvenaient de *Contagion*, film de Steven Soderbergh daté de 2010. Tout y était : l'origine chinoise du virus, la confusion avec les symptômes de la grippe, la révélation que le virus MEV-1, issu du cochon contaminé par la chauve-souris, était terriblement agressif. D'où les mesures de distanciation sociale, les masques chirurgicaux, la mise en quarantaine des malades, la fuite des citadins hors des villes.

À s'en tenir aux images provenant de Wuhan, tout se passait comme si la réalité n'était qu'un remake de ce film. Elles nous présentaient les mêmes scaphandriers blancs qui arrosaient les rues de désinfectant, les mêmes scientifiques qui recherchaient le « patient zéro » ou qui fouillaient les entrailles génétiques du virus, tandis que fleurissaient les mêmes *fake news* et théories complotistes. Et les questions que nous nous posions étaient les mêmes que dans le film : le virus était-il un échappé de laboratoire ? Une arme manipulée par des terroristes ? Une fiction créée de toutes pièces par une collusion entre l'OMS et l'industrie pharmaceutique ?

« Ce n'était qu'un virus »

Après quelques errements, nous avons appris que la cause de cette agitation n'était qu'un virus. Ce qui nous renvoyait au récit de Ludmila Oulitskaïa, quand les autorités ne voulaient pas croire que ce qui menaçait politiquement le régime n'était « que la peste ». Aveuglement symétrique au nôtre, car en croyant que ce n'était « que la Covid », nous n'avons pas compris la dimension politique de l'affaire, due à bien d'autres sortes de « virus » que le Sars-Cov-2.

Il faut reconnaître que le mot « virus » ne se prêtait pas aussi bien que celui de « peste », chargé d'histoire et de littérature, pour évoquer des maux qui n'avaient rien à voir avec la maladie du même nom. En latin, « *virus* » désignait au départ le suc de certaines plantes, aussi le sperme ou le venin de certains animaux, généralement pour évoquer un poison. Son équivalent grec était *ios*, qui signifie « flèche » et « venin ». Ce qui permet, par référence au serpent, de parler de « langue de vipère » pour évoquer ce qui sort de venimeux de la bouche des humains. Mais un autre sens de *ios* est « rouille », terme utilisé dans la Bible pour caractériser une forme de « peste » de nature morale.

Nous en sommes longtemps restés là puisqu'il a fallu attendre la toute fin du XIXe siècle pour que Martinus Beijerinck, exploitant les observations du botaniste Dimitri Ivanovski, identifie le virus de la mosaïque du tabac. Suivront celui de la rage et de certaines maladies vénériennes. Grâce à la biologie moléculaire, nous comprendrons la différence entre une bactérie et un virus : la première est un être vivant, le second un microorganisme qui n'est pas encore vivant mais aspire à le devenir. Pour ce faire, il reconditionnera les cellules vivantes de son hôte, ce qui lui permettra de se répliquer.

Cela ne veut pas dire que les virus sont forcément nocifs. On sait qu'ils sont partout, qu'ils jouent un rôle majeur dans la vie en général, que quantité d'animaux leur servent de réservoir sans tomber malades pour autant, et que parmi les pathologies d'origine virale certaines sont bénignes, comme le rhume, d'autres plus ou moins graves (les grippes, la varicelle, certaines hépatites, etc.).

Curieusement, c'est par le détour dans un tout autre domaine, celui de l'informatique, que le mot « virus » a pris une dimension inédite, étrangère au registre biologique. Il désigne en effet un logiciel malveillant introduit par effraction dans nos ordinateurs, où il va se répliquer pour parasiter son fonctionnement. Mais ce sens, apparu par transfert au sein de nos représentations, nous le devons à ce que la science nous a appris du virus à travers deux notions essentielles : d'abord celle de *réplication*, secondairement celle de *parasitisme*. Ce qui a grandement enrichi l'idée de contagion, fournie par la peste.

Il y a donc analogie entre le mode de diffusion du virus dans un organisme et celui des messages qui font le *buzz* sur Twitter ou Facebook. Pour culminer avec ce que l'on appelle un « mème », qui se reproduit à l'identique sur les réseaux sociaux. Un bon moyen d'entretenir le parasitage de la vérité, voire de la réalité elle-même, par réplication à l'infini de *fake news* et de théories complotistes. Grâce à l'intervention d'algorithmes, c'est aussi un moyen de cibler des consommateurs en tous genres, comme de les enfermer dans un tunnel informationnel ou idéologique.

C'est donc avec horreur que nous avons appris que le virus de la Covid pouvait parasiter nos cellules et nous apporter la mort, et pas seulement provoquer des bugs. Comme si le monde aseptisé produit par la révolution numérique pouvait se mélanger avec celui de la vie, au point que la réalité elle-même pouvait devenir « virale », comme l'a suggéré le philosophe américain Michael Harder.

À l'arrivée, nous nous sommes trouvés pris en étau entre deux formes bien distinctes de contagion. La première, strictement biologique, concerne la manière dont le virus se transmet entre nous pour nous infecter. La seconde, qui n'a rien à voir avec la biologie, assure la contagiosité de quantité d'autres « virus » que ceux qui provoquent des maladies, mais qui sont tout aussi capables de nous pourrir la vie. Cette fois la contagion se fait par *imitation*, cette *mimésis* mise à l'honneur par Aristote, pour qui « l'homme est le plus mimétique de tous les vivants ». C'est grâce à elle que le petit d'homme assimile les us et coutumes de son milieu et de son temps. Elle qui explique pourquoi la mode en vigueur, qu'elle soit vestimentaire, alimentaire ou autre, nous formate à ce point. Elle qui engendre les phénomènes de contagion collective que l'on constate dans les manifestations, les émeutes et les révolutions, comme l'a montré le sociologue Gabriel Tarde. Phénomènes dont la puissance s'est trouvée démultipliée depuis l'apparition des réseaux sociaux, nés de la révolution informatique.

Qu'en conclure ? Que le « virus », au sens générique de ce terme, remplit une fonction similaire à celle de la « peste » pour rendre compte des effets de la *mimésis* en matière de comportements collectifs. Ce qui autorise à lui appliquer la même règle, en distinguant le nom « virus » du « Nom-du-Virus » pour justifier son emploi dans des domaines qui n'ont rien à voir avec les pathologies dont se préoccupe la médecine. Ce qui ouvre toute grande la porte à quantité de « virus » d'origine humaine, capables de plonger nos sociétés dans une crise à laquelle il faudra pourtant porter remède. Par d'autres moyens que ceux de la médecine.

La défaite

Quand la photo génétique du coronavirus a fait son apparition théâtrale dans les médias, nous avons compris qu'il devait son nom à sa forme en couronne. Nous étions à moitié soulagés, ce coronavirus n'était qu'un virus. Mais tout nouveau tout beau, ce virus ! Sa couronne tirant sur l'orangé faisait irrésistiblement penser à un ornement royal, dont les petites pointes qui en hérissaient régulièrement le pourtour évoquaient un sertissage de pierres précieuses.

Ce virus-là n'était donc pas un virus ordinaire. C'était au moins un virus royal, peut-être le roi des virus. Le nom que lui avait donné la science, « Sars-CoV-2 », n'en faisait pourtant que l'héritier de second rang du Sars-CoV-1, responsable de l'épidémie de Sras du début des années 2000, qui avait fait très peu de victimes. Une bonne raison de parler de « grippette » au début de la pandémie. À laquelle s'ajoutait l'épisode de 2009-2010, quand l'annonce par l'OMS de la survenue d'une pandémie de virus H1N1 avait suffi à provoquer une peur panique. Pour cette fois, notre gouvernement avait commandé à temps les doses de vaccin et inventé les « vaccinodromes » pour les administrer en masse. Sauf que l'épidémie avait fait pschitt ! Seulement 323 morts en France, une paille...

Roselyne Bachelot, ministre de la Santé à l'époque, s'était retrouvée avec ses vaccins sur les bras et les mollets mordillés par les quolibets. Mais cette affaire avait laissé des traces. Quand on a entendu crier au loup et que le loup ne vient pas, on devient incrédule. La théorie de la grippette a donc perduré un certain temps avant qu'on se rende compte que ce virus numéro deux était d'une tout autre stature que son prédécesseur, comme cela arrive également chez les rois. Et aussi compris que ce savoir fourni par la génétique, comme cela s'était déjà passé pour le VIH-sida, n'engendrait pas automatiquement un pouvoir. Contrairement à la célèbre équation de Francis Bacon, fondateur de l'idéologie du progrès au XVIIe siècle, selon laquelle « savoir c'est pouvoir ».

Pour notre médecine moderne, qui vivait depuis belle lurette des progrès de la science et qui nous avait habitués à faire toujours plus et mieux sans jamais régresser, c'était une défaite en rase campagne. Mais puisqu'elle ne pouvait pas rester muette, il ne fallait pas s'étonner qu'elle nous ait offert tant d'épisodes « moliéresques », où une foule de docteurs Tant Pis et de docteurs Tant Mieux, « alarmistes » ou « rassuristes », se disputaient chaque jour dans les médias. Mais tant que la science et la médecine moulineraient dans le vide, les virus de l'arrogance et de la rivalité mal placées ne pouvaient que prendre le dessus, en particulier chez les experts autoproclamés.

Un sommet dans le genre a été atteint quand un certain Didier Raoult a fait son apparition au tout devant de la scène. Inscrit au départ parmi les membres du Conseil scientifique Covid-19, avant de virer aux abonnés absents, il était le directeur de l'IHU, un Institut de province situé de surcroît à Marseille, et non à Paris. Ce qui lui valait d'occuper la position du misérable par rapport aux autorités académiques comme à celles de l'Inserm. Mais il était paré de ses compétences en virologie, et ses coups de gueule et ses incartades lui avaient si vite valu sa puissance de feu médiatique qu'il s'était mis à dos la plupart de ses confrères. D'autant que ces derniers n'avaient pas le moindre remède à proposer, tandis que lui en avait un. Ce qui en faisait un docteur Tant Mieux puisqu'il estimait que l'on ne risquait rien à tenter un traitement par hydroxychloroquine et antibiotiques, tandis que d'autres, de type Tant Pis, jugeaient préférable de ne rien faire.

Du jour au lendemain, Raoult était devenu un avatar du druide Panoramix. Il n'en avait pas la moustache, mais au moins la chevelure (sa mère était bretonne). Les Marseillais faisaient la queue devant son établissement pour sa potion magique, et quelques grands de ce monde, dont Donald Trump, ne juraient plus que par lui.

Didier Raoult en sauveur, c'était une pilule impossible à avaler pour ceux qui n'y croyaient pas. Que n'a-t-on entendu dire de lui ? Un gourou de la « médecine populiste » (*sic*), un charlatan doublé d'un empoisonneur... Mais pour Macron, mieux valait éviter d'insulter l'avenir au cas où Raoult aurait raison contre tout le monde. D'où la visite express qu'il lui rendra à Marseille le 9 avril 2020, où il le gratifiera d'un « il faut rendre justice à Didier Raoult qui est un grand scientifique ». Un « en même temps » parfaitement réussi pour tenir deux œufs à la fois dans le même panier.

Pour retrouver un moment historique similaire au nôtre, nous disposions du témoignage de Chateaubriand sur l'épidémie de choléra qui avait frappé Paris en 1832. Un reportage digne de BFM-TV : « ...le choléra nous est arrivé dans un siècle de philanthropie, d'incrédulité, de journaux, d'administration matérielle. Ce fléau sans imagination n'a rencontré ni vieux cloîtres, ni religieux, ni caveaux, ni tombes gothiques ; comme la terreur en 1793, il s'est promené d'un air moqueur à la clarté du jour, dans un monde tout neuf, accompagné de son bulletin, qui racontait les remèdes que l'on employait contre lui, le nombre de victimes qu'il avait faites, où il en était, l'espoir qu'on avait de le voir encore finir, les précautions que l'on devait prendre pour se mettre à l'abri, ce qu'il fallait manger, comment il était bon de se vêtir[2]. »

À croire qu'il existait à l'époque des doubles de Messieurs Salomon, Philippe, Véran et Castex... Qui prétendaient gérer rationnellement cette grave crise sanitaire alors que face au choléra, la science du temps était ignorante et la médecine impuissante. Ce n'est en effet qu'en 1854, avec Filippo Pacini, puis en 1884 avec Robert Koch, que la bactérie du choléra sera identifiée. Et il faudra encore bien des tâtonnements et des échecs pour qu'apparaissent des traitements efficaces, à base de sels de réhydratation.

Ce qui a frappé Chateaubriand est le repli des autorités vers des mesures administratives. En ajoutant aussitôt, pour parler crûment, qu'une bonne partie de la population s'en foutait éperdument. Comme les théâtres et les bars restaient ouverts, on voyait des buveurs qui trinquaient « à ta santé, Morbus ! », avant de tomber morts sous la table. Et tandis que les enfants « jouaient au choléra, qu'ils appelaient le *Nicolas Morbus* et le *scélérat Morbus* », les fourgons de l'armée charriaient les cadavres et les corbillards, bondés, refusaient d'embarquer de nouveaux cercueils.

Mais ce que Chateaubriand ne nous disait pas est que la partie la plus religieuse de la population s'en tenait aux explications théologiques et aux remèdes mystiques. Dont la nouveauté représentée par la « médaille miraculeuse », ainsi nommée parce qu'elle devait son origine à la vision de la Vierge qu'avait eue Catherine Labouré en 1830. Face au choléra, cette médaille connaîtra en 1832 une diffusion massive par les religieuses des Filles de la Charité.

Ce qu'on appelle « la question sociale » n'avait pas disparu pour autant. Les riches avaient fui les villes et si l'on a compté des morts parmi les gens importants, ce sont les « classes dangereuses », parfois révoltées et réprimées, qui avaient le plus souffert (pas loin de 20 000 victimes au total).

« En arrière, toute ! »

En mars 2020, nous n'en étions plus au temps heureux de la « grippette », quand « virus » rimait encore avec « minus ». Puisque le virus nous avait vraiment déclaré la guerre, nous allions la lui faire, la guerre ! Mais comme la guerre était une affaire trop sérieuse pour être laissée aux virologues, il fallait en revenir aux mesures de santé publique qui s'imposaient depuis des siècles en cas d'épidémie. Des mesures administratives.

Sitôt constatée la propagation rapide du virus dans le monde entier, et pour nous dans la Lombardie voisine, les grandes manœuvres étaient lancées. Dans son allocution du

12 mars 2020, le président Macron avait tout résumé en deux formules. La première en forme d'impératif catégorique : il faut « sauver des vies » ; la seconde pour nous délivrer le ticket de caisse : « quoi qu'il en coûte. »

Un « en même temps » parfaitement réussi. Car même si l'on a pu reprocher ultérieurement à Macron d'avoir jeté un « pognon de dingue » par les fenêtres, comme ne l'ont pas fait les pays voisins, on peut estimer qu'il a évité à la France d'exploser.

Avec « sauver des vies », il prenait à son compte l'impératif premier de l'éthique du politique, qui est de préserver de la mort le peuple dont il a la charge. Mais sachant que les mesures à prendre seraient dures à supporter, il lui fallait en même temps nous dorer la pilule en ne regardant pas à la dépense. Ce qui lui éviterait du même coup, pensait-il, d'être soupçonné de profiter d'une opération de sauvetage sanitaire pour conforter son pouvoir, comme le faisait Xi Jinping en Chine.

Une pandémie étant par définition une guerre totale où le front est partout et nulle part, la « mobilisation » devait être à la fois individuelle et générale. Et c'est de Paris, comme autrefois Colbert, que le Premier ministre Édouard Philippe, le 14 mars 2020, décidait le confinement général du pays. Comme le faisaient autrefois les Intendants, qui prenaient des arrêtés, les préfets étaient chargés de l'exécution sur le terrain. Mais il fallait toujours compter sur les lourdeurs de l'administration, les réticences des notables, les tensions provoquées par les restrictions imposées aux déplacements et à la liberté du commerce. Comme autrefois, on imposait des quarantaines, et l'état d'urgence sanitaire, que la police était chargée de faire respecter, valait bien l'état de siège surveillé par l'armée.

Pour nous, venaient au premier plan les enjeux primaires de survie, comme la nourriture et le papier toilette, en éliminant tout ce que nous tenions pour nécessaire à l'existence (convivialité, déplacements, voyages, livres, spectacles, etc.). Le tout assorti de mesures aussi draconiennes, ou ridicules, que l'interdiction de se promener à l'air libre pendant plus d'une heure et à plus d'un kilomètre de son domicile. En plus, à condition de pouvoir exhiber une autorisation officielle de promenade, signée sur l'honneur. Mais on restait libre de promener son chien. Une liberté de chien.

Nous avons au moins échappé à la purgation et à la saignée. Mais pour le reste, la continuité était frappante. Les « croix de marché » où l'on déposait la nourriture pour les malades, qui payaient en jetant des pièces dans un récipient rempli de vinaigre, ne préfiguraient-elles pas notre « *click and collect* », qui évitait de contaminer les vendeurs ? Le vinaigre « des quatre voleurs » n'était-il pas l'ancêtre de notre gel hydroalcoolique ? Avec l'aération régulière des lieux, n'avons-nous pas renoué avec l'« ariement » ? Même les tenues dont nos médecins et soignants étaient harnachés renvoyaient à celles des médecins d'autrefois. Couverts jusqu'aux pieds de longues tuniques de lin, bardés de tabliers de cuir, ces derniers portaient des cagoules à bec de canard évoquant irrésistiblement nos masques FFP2.

Que démontraient toutes ces mesures, sinon notre impuissance face au virus ? Tout se passait donc comme si nous avions assisté à une régression vertigineuse au temps de La Fontaine, où l'on ignorait tout des microbes, des bacilles et des virus. On ne savait ni les distinguer, ni traiter efficacement leurs effets. Il est vrai que nous savons aujourd'hui guérir les pesteux, mais nos antibiotiques, seule vraie arme de destruction massive des bactéries, ne peuvent rien contre les virus. Nous pouvons aussi miser sur les vaccins, mais ils relèvent de la prévention. Et si nos antiviraux ou antirétroviraux, qui bloquent plutôt qu'ils n'éliminent, sont efficaces dans certains cas, dont le sida, il leur reste encore bien des progrès à faire.

Face au Sars-Cov-2, contre lequel nous n'avions pratiquement aucun traitement à opposer, il était vain de faire la différence entre pandémie de peste ou de coronavirus. Leurs sources sont animales (le rat et la puce pour la peste bubonique, la chauve-souris pour ce coronavirus) et leurs modes de propagation entre les humains sont comparables. Il ne fallait donc pas s'étonner que les parades mises en place, vite qualifiées de « médiévales », soient redevenues d'actualité. Covidés ou pestiférés, même combat !

Cette régression se manifestait également par le recours à des interprétations et des solutions tenues pour étrangères à la rationalité de la science, mais qui jouissaient de l'autorité de la tradition. Au nom du principe selon lequel un mal surgi de la nature a nécessairement son remède dans la nature.

D'où, chez les Occidentaux, le succès des régimes de prévention à base de jus de fruits ou d'huiles essentielles. Tandis que dans bien des pays où les remèdes traditionnels étaient les mieux ancrés, comme au Gabon, en Guyane ou à Madagascar, on voyait apparaître des « vaccins » et des potions miracles, parfois présentés en fanfare par les autorités officielles.

Mais plus spectaculaire encore était le recours à la religion. Et il est vrai que dans bien des pays, y compris en Occident, le père Panneloup avait repris du service. Le progrès technoscientifique et médical ayant montré ses limites, mieux valait se confier à Dieu. Ce qui ne valait pas seulement pour les Antillais, qui avaient par ailleurs bien des raisons de se méfier de l'État jacobin, mais également pour les catholiques de l'hexagone, où des prières spéciales étaient proposées aux fidèles. Tandis que chez les évangéliques et autres mouvements dérivés du protestantisme, très actifs en Amérique du Nord et du Sud, ou dans les « Églises éveillées » d'Afrique, on était déjà accoutumé aux pratiques de « guérison divine ». Jusqu'à gagner le sommet de l'État, comme cela se passera en Tanzanie, où le président Magafuli en personne avait imposé deux jours de prières publiques pour débarrasser le pays du virus, avant d'en mourir lui-même.

Ce n'est qu'à la fin juin 2021 qu'Emmanuel Macron en tirera publiquement la leçon philosophique : en déclarant dans la revue *Zadig* que cette pandémie de Covid nous faisait revivre « des temps au fond très moyenâgeux : les grandes jacqueries, les grandes épidémies, les grandes peurs... »

9.

Au désespoir des chiffres

En évoquant le Moyen Âge, les terreurs et les comportements archaïques qui vont avec, le président Macron poussait peut-être un peu loin le bouchon. Mais comme la suite des événements lui donnera raison, il faut croire que l'équipement fourni par la modernité, qui aurait dû changer notre vision des choses, s'est révélé impuissant à empêcher notre régression à des comportements archaïques.

Or à écouter les historiens, il se trouve que les méfaits de la peste au XVIIe siècle en Europe étaient sans commune mesure avec ceux des grandes pestes de l'Antiquité ou de la peste noire médiévale. Des estimations rétrospectives puisqu'à l'exception de Londres, où des bureaux comptabilisaient les morts de la peste, les tables de mortalité n'ont commencé à apparaître qu'au XVIIIe siècle. Avec quelque trois millions de morts au total, peut-être une petite moitié pour la France, ces chiffres sont donc considérés comme négligeables. Le manque d'hygiène, les famines et les guerres en faisaient bien davantage, qui ne donnaient lieu à aucun décompte.

Il faut donc croire que les épidémies de peste qui s'étaient abattues sur la France au temps de La Fontaine ne conservaient leur pouvoir terrifiant qu'à titre de piqûres de rappel des grandes épidémies du passé. Ce qui veut dire aussi que les chiffres ne jouaient qu'un rôle minime, sinon nul, dans la mémoire que les peuples conservaient de la peste. Tandis que nous, modernes, avons besoin de chiffres. Pour nous, ce qui n'est pas chiffrable n'existe pas – du moins, pas « objectivement ». En nous référant à des épidémies ou pandémies connues et chiffrées, qu'aurions-nous pu ou dû en conclure ?

Les épisodes de Sras et de Mers n'avaient fait que très peu de victimes, et celui de l'épidémie de H1N1 encore moins. Pour trouver beaucoup de morts il fallait se référer au VIH-sida – entre 25 et 35 millions dans le monde depuis 1981. Sauf qu'il ne s'agissait pas d'une pandémie puisque son mode de contamination, par voie sexuelle, sanguine ou autre ne le rendait pas « contagieux ». Quant au virus Ébola, il tue si vite qu'il s'éteint avant d'avoir pu se diffuser, et jusqu'à nouvel ordre il n'était que rarement sorti d'Afrique.

Restaient les grippes. Mais si certaines d'entre elles s'étaient révélées plus dangereuses que d'autres, nous étions habitués à la grippe et des vaccins existaient. L'exception était la grippe dite « espagnole » de 1918-1920, qui avait fait entre 40 et 50 millions de victimes, voire 100, pour une population mondiale de 1,5 milliard d'habitants. En France, qui en comptait près de 40 millions, cette grippe avait fait 240 000 morts – soit 423 000 pour sa population actuelle.

Par rapport aux grippes saisonnières, celle-ci faisait figure d'épouvantail. Pourtant, si nous nous référons à l'épidémie de peste des années 1629-1632, qui avait fait un gros million de morts dans une France alors peuplée d'une vingtaine de millions d'habitants, ce qui correspond à plus de trois millions de victimes pour celle d'aujourd'hui, nous obtenons un chiffre qui, à nos yeux de modernes, fait état d'un désastre sanitaire de première grandeur. Par rapport auquel le bilan de la grippe espagnole fait figure de piqûre d'épingle.

Mais cette conclusion en cachait une autre : que nous n'avions pas la même relation aux chiffres, au nombre de morts et à la mort elle-même qu'au temps de La Fontaine.

« Tous frappés ! »

Alors qu'au seul nom de « la Peste » les Animaux étaient frappés de terreur, qu'avions-nous d'équivalent à nous mettre sous la dent ? Un acronyme combinant la dénomination scientifique du virus, Sars-CoV-2, avec le mot « *disease* », qui veut dire « maladie » en anglais, pour donner « Covid-19 ». Un nom que l'Académie française nous a sommés de mettre au féminin puisque « maladie » l'est aussi en français. Une prescription logique mais qui n'a été que mollement suivie, le masculin ayant fait plus que de la résistance.

Ayant la langue bien pendue, nous n'avons pas manqué d'en décliner des dérivés : « maladie covidaire » pour spécifier le mal, « covidiste » pour qui est obsédé par le virus, « covidé » pour qui l'a attrapé, comme le « pestiféré » l'est par la peste. Et pandémie oblige, nous avons même créé un nouveau peuple, ignorant les différences entre les nations, les cultures, les ethnies, les âges ou les sexes. Un peuple enfin mondialisé : celui des « Covidiens ».

En revanche, du seul fait d'avoir fondé le mot « Covid » sur *disease*, qui désigne une maladie objective, nous avons oublié que l'anglais utilisait aussi *sickness*, pour évoquer la maladie au point de vue du sujet, et *illness* pour la maladie telle que la vivait une société. Du coup, nous sommes restés bloqués sur l'idée que cette « peste » provoquée par le virus

Sars-CoV-2 n'était qu'une maladie comme tant d'autres. Alors qu'il fallait intégrer le virus dans le « Nom-du-Virus » pour y dénicher ces autres virus et facteurs de « pestes » qui allaient nous plonger dans la crise. Politique, celle-là.

Il est vrai que pour notre mémoire collective, il était inconnu au bataillon, ce coronavirus. Nous aurions pu nous dire que l'inconnu peut être un facteur de terreur plus efficace que le connu. Tous les terroristes du monde misent dessus. Pour terroriser toute une population, il faut et il suffit que tout un chacun se sache menacé par la bombe dont nul ne sait où et quand elle explosera. Mais ceci ne vaut que si nous savons de quels effets ravageurs est capable une bombe ! Ignorant ceux dont ce coronavirus était capable, la situation que nous avions sous les yeux n'avait rien de commun avec ce qu'offrait aux lecteurs de La Fontaine le tableau de Nicolas Poussin. Chez nous, pas un cadavre au coin de la rue ! La possibilité qu'il y en ait en Afrique comme les images de bûchers funéraires qui se multipliaient en Inde pouvaient contribuer à nourrir notre inquiétude en alimentant notre imagination de représentations archaïques. Mais cela ne faisait pas le poids par rapport aux projections établies par les épidémiologistes.

Là nous avions du sérieux. Car chiffrées, ces projections ! En particulier celles du Britannique Neil Ferguson, qui nous promettaient 550 000 morts en Grande-Bretagne, 1,2 million aux États-Unis et 500 000 en France si on laissait courir le virus. Pour notre pays, un chiffre proche de celui des 423 000 victimes de la grippe espagnole pour sa population actuelle, la seule grippe qui avait laissé des traces terrifiantes dans nos mémoires.

La terreur que le nom « Sars-CoV-2 » était incapable de provoquer à lui seul, nous la devions donc aux projections des épidémiologues, auxquelles le décompte quotidien des malades et des morts semblaient donner quelque crédit.

Les chiffres, quelle vérité ?

Nous étions convaincus, avec raison, que sans la mathématisation du réel, inaugurée par Galilée, notre monde moderne n'aurait pas vu le jour. Et que sans l'appareillage complexe qui permet au pilote d'un Boeing ou d'un Airbus de se situer dans l'espace et dans le temps, aucun avion n'arriverait à bon port. Sauf que la gestion d'une pandémie par des politiques n'a pas grand-chose à voir avec le pilotage d'un avion de ligne, même s'ils croient à la toute-puissance des indicateurs chiffrés pour guider l'action publique.

Quand Jérôme Salomon a été remplacé le 22 octobre 2020 par l'application TousAntiCovid, le chiffrage est devenu proprement orgiaque. Tout un chacun avait sur son smartphone, à portée de clic, le décompte maniaque des nouveaux cas positifs, des hospitalisés, des patients en réanimation, des personnes décédées. Les affamés de chiffres pouvaient se régaler de taux d'incidence et de positivité, « calculés sur sept jours glissants » (*sic*). Quand les vaccins ont fait leur apparition, nous avons su le nombre de personnes vaccinées, avec première dose, puis double dose.

Et après ?

Pour rester lucides au lieu de céder à des émotions contradictoires, il aurait fallu commencer par distinguer trois niveaux de vérité : l'*exact*, qui est la vérité des calculs chiffrés, le *vrai,* qui nous livre la vérité des faits, enfin la *vérité vraie*, qui concerne uniquement ce qui leur donne du sens, un sens humain.

Or nous avions déjà bien du mal à passer de l'exact au vrai. Au début de la pandémie, le taux de mortalité du virus, de l'ordre de 0,05 % pour la France, réjouissait évidemment les « rassuristes ». Une « grippette » vous dis-je ! Certains ont même cru pouvoir en déduire que l'on avait 99,95 % de chances de ne pas mourir du virus. Un calcul parfaitement exact, mais faux. Parce qu'il faisait abstraction de la différence entre les personnes contaminées et celles qui ne l'étaient pas.

En passant au taux de létalité, qui ne concernait que les malades, on obtenait à nouveau un chiffre dérisoire, de l'ordre de 1 à 3 % selon les pays. Du moins si l'on en restait à la moyenne générale. Or comme le dit la blague, la tête dans le four et les pieds dans la glace, en moyenne tout va bien. Tandis que dans la vie réelle, tout ira mal pour les patients à partir de 75 ans, chez qui le taux de létalité grimpe en flèche (20 % et plus chez les octogénaires et les patients les plus à risque). Et dans les clusters qu'étaient devenus certains Ehpad, on a connu des hécatombes.

Mais même armés de constats exacts et factuellement vrais, nous restions encore loin de la « vérité vraie ». Pour la raison que c'est ce qui échappe aux chiffres qui est pour nous, existentiellement parlant, le plus important. D'où la distorsion entre la version abstraite qu'ils nous fournissent du réel, elle-même réduite à ce qui est quantifiable, et la réalité telle que nous la vivons.

En cas d'épidémie, les chiffres fournis par la raison épidémiologique sont des thermomètres qui ne correspondent à aucun malade. Rien de plus normal car étant dépourvus de chair, les chiffres n'ont pas de cœur. Mais comme ils n'ont pas de tête non plus, c'est à ceux qui les produisent, les utilisent ou les instrumentalisent de leur en fournir une. Ils peuvent donc jouer dessus pour orienter l'opinion publique dans le sens qu'ils souhaitent. Ce qui se fera d'autant plus facilement que la culture de la plupart des gens en matière de statistiques étant quasiment nulle, c'est à travers leur appareil réceptif, dominé par les émotions, qu'ils recevront les messages. Pour aboutir à quoi ? À invoquer des chiffres pour cautionner opinions et croyances. Et c'est notre idiosyncrasie personnelle, qui fait de nous, quoi qu'il arrive, des « optimistes » ou des « pessimistes » qui aura le dernier mot.

On comprend alors pourquoi certains hauts responsables de divers pays du monde, dotés d'un ego surdimensionné qui leur faisait croire à leur toute-puissance, sont restés incrédules aux discours alarmistes. Tels les présidents Trump et Bolsonaro, également Boris Johnson, Premier ministre britannique, avant que ce dernier change d'avis après avoir lui-même frôlé la mort.

Que tout soit affaire d'optique pour appréhender le réel, La Fontaine en était convaincu. Pour ceux « Qui n'ont jamais rien vu qu'avec un microscope. / Tout est géant chez eux », écrit-il[1]. Il parlait alors des monstres réputés peupler l'Afrique, mais pensons plutôt à ceux qui ont vu des acariens au microscope et en viendront à redouter de se mettre au lit. Même chose chez ceux qui verront le virus sur tous les objets pouvant lui servir de support, et qui passeront leur temps à s'asperger de gel hydroalcoolique et à se laver les mains.

Situation inverse pour ceux qui se confient à des instruments techniques pour voir plus loin que le bout de leur nez. Ce qui est arrivé à Charles d'Angleterre auquel les astronomes de sa cour voulaient faire observer la lune. Or qu'a vu le roi à travers la lunette ? Une Souris sur la lune[2] ! Erreur vite corrigée, puisque le petit animal s'était simplement glissé entre les verres de l'instrument. Mais une bonne leçon à généraliser, tant il existe de Souris d'ordre méthodologique ou cognitif capables de venir se nicher dans nos dispositifs de mesure et nos évaluations. Au lieu de voir loin, nous en resterons à ce qui se présente au bout de notre nez.

Or dans la vraie vie, n'est-ce pas cela qui prime ? Cela vaut pour les comparaisons que nous établissons entre les morts de nos proches et ceux du passé. Camus nous l'a rappelé dans *La peste* : « Et puisqu'un homme mort n'a de poids que si on l'a vu mort, cent millions de cadavres semés à travers l'histoire ne sont qu'une fumée de l'imagination[3]. » La preuve que notre approche des chiffres selon le temps rend ces derniers aussi élastiques que l'étaient les « montres molles » peintes par Salvador Dali.

Il en va de même quand nous nous situons dans l'espace. Pour nous, dix morts de la Covid dans l'Ehpad de notre quartier, c'est une tragédie, tandis que 100 000 en Inde, ce n'est qu'une information. Sitôt connu, le chiffre des morts à Bergame, dans la Lombardie voisine, bien que très inférieur à celui que l'on attendrait d'une vague de peste pulmonaire, a suffi à plonger les Français dans l'angoisse. Même effet chez ces jeunes qui, comme tous leurs semblables, se vivaient immortels par nature et statistiquement invulnérables à la Covid. Que l'un de leurs potes attrape le virus lors d'une teuf clandestine et se trouve accablé de « Covid long », contraint d'en passer par la rééducation pour réapprendre à respirer, à marcher, son seul cas contaminera toute la bande. La preuve que dans l'existence, les petits chiffres écrasent forcément les gros. Et qu'à la limite, le chiffre « 1 » suffit.

On voit par là que même l'accord de l'exact et du vrai, au présent, ne parvient pas à nous livrer la « vérité vraie ».

Les impasses de la prédiction

Coincés entre les discours « alarmistes » et les « rassuristes », nous attendions des modèles prédictifs qu'ils nous servent d'arbitre et de juge de paix. Parce que nous sommes ainsi faits que depuis la nuit des temps, nous ne pouvons pas vivre benoîtement notre présent sans nous projeter en quelque façon vers l'avenir.

En cas de pandémie, les projections des épidémiologues sont faites pour ça : combler ce trou béant de l'avenir en convertissant l'incertitude en probabilités, capables de nous servir de guides pour agir. Mais même si elles sont établies selon les règles de l'art, quelle pertinence auront ces projections pour les individus que nous sommes ? Auront-elles plus de valeur que celles que l'on fait pour les cours du pétrole, qui ont tout faux la plupart du temps, alors que la matière est infiniment moins complexe ?

La Fontaine n'a pas de mots assez durs pour critiquer ces gens qui « veulent au compas, / Tracer le cours de notre vie[4] ! ». Le compas, l'instrument qui nous permet de reporter des points sur une carte marine pour tracer la route d'un navire. Mais la même méthode vaut-elle pour dévoiler notre destinée ?

La Fontaine, qui tenait en haute estime la rationalité scientifique, nous a démontré qu'il n'en était rien dans *L'astrologue qui se laisse tomber dans un puits*. Une fable fondée sur une anecdote célèbre, selon laquelle Thalès de Milet, philosophe présocratique, était soudain tombé dans un puits parce qu'il marchait en levant le nez vers les étoiles. Moqué par une servante qui passait par là, Thalès avait préparé sa revanche. Capable de faire des prévisions météorologiques grâce à ses compétences en astronomie, il avait prévu une année exceptionnelle pour la récolte des olives et loué à l'avance tous les pressoirs à huile disponibles. La récolte ayant eu lieu, les moqueurs n'avaient eu d'autre choix que de payer à Thalès le prix exorbitant qu'il leur réclamait pour accéder aux pressoirs.

Mais au lieu d'exploiter cette anecdote en faveur de Thalès, qui défendait la rationalité de certaines prévisions, La Fontaine a fait le contraire en le qualifiant d'« astrologue », en se gardant toutefois de citer son nom. Pourquoi ? Parce qu'il voulait que sa fable puisse « servir de leçon à la plupart des hommes », qui « se plaisent d'entendre dire / Qu'au Livre du Destin les mortels peuvent lire[5] ».

Cela n'empêchait pas l'astrologie d'avoir pignon sur rue et même sur cour en son temps, puisque l'on avait fait l'horoscope de Louis XIV à sa naissance. Et l'on ne s'est pas arrêté depuis. On sait qu'un certain Maurice Vasset fera l'horoscope du général de Gaulle en 1944 (sans suites connues), et qu'Élisabeth Tessier sera l'astrologue attitrée du président François Mitterrand. Sans exclure d'autres modes de prédiction si l'on se rappelle que Madame Fraya, chiromancienne, lira les lignes de la main de Jaurès, Briand, Clémenceau et Poincaré.

Histoire ancienne ? Pas du tout ! En plein Covid, a circulé l'information selon laquelle un bouleversement majeur de notre vie sur la Terre se produirait le 21 décembre 2022. Une date obtenue par combinaison d'astrologie informatisée et de référence à la fin des 5125 années du cycle le plus long du calendrier maya. D'autres préféraient la théorie du *Timeware zero* de Terence McKenna, inspirée d'une ancienne méthode de divination chinoise (et des substances psychédéliques dont il se gavait), remoulinée par de savants calculs sur la nature fractale du temps. À l'arrivée, fin de la pandémie ou fin du monde ? À chacun de se forger sa croyance.

Plus banalement, on pouvait être certain que dans bien des pays, et pas seulement en Afrique, les arts divinatoires traditionnels, omniprésents, étaient plus que jamais mobilisés. En France même, n'a-t-on pas entendu l'un des visiteurs de l'Élysée, évoquant l'accès d'Emmanuel Macron à la présidence tournante de l'Union européenne le 1er janvier 2022, alors qu'il serait « en même temps » candidat à un second mandat, prédire que « Les planètes s'aligneront, comme en 2017 » ?

Sachant à quel point les projections chiffrées nous sont devenus nécessaires dans presque tous les domaines, nous pourrions reprocher à La Fontaine d'être en retard sur son temps. On sait, par la correspondance qu'échangeaient Pascal et Pierre de Fermat en 1654, que l'on tenait déjà les moyens de jeter sur le hasard le filet du calcul des probabilités. Mais il ne s'agissait alors que du calcul des chances dans les jeux d'argent. D'où l'on pouvait tirer que le casino, à terme, gagnera toujours plus que les joueurs, sans pouvoir garantir cependant à un joueur individuel qu'il gagnera ou perdra à coup sûr.

Un bon exemple de ce décalage nous a été fourni par l'affaire du vaccin AstraZeneca, quand sa diffusion avait été momentanément suspendue pour avoir provoqué quelques cas de thromboses dans certains pays. Un vaccin statistiquement gagnant selon la balance bénéfices-risques. Pourtant nombre de candidats à la vaccination se sont alors sentis personnellement menacés. Par le vaccin plutôt que par le virus... La puissance mimétique de la rumeur a fait le reste, puisque tout un chacun pouvait s'entendre dire, par une personne qui le tenait d'une autre, que dans telle ville de France, l'AstraZeneca avait fait une dizaine de victimes. Ce vaccin ne s'en est jamais remis.

Pour La Fontaine, cela ne pouvait signifier qu'une chose : qu'il y a une différence radicale entre le *destin* et la *destinée*, qui est personnelle. Or pour La Fontaine, le « Livre du Destin » n'existe pas et il ne peut pas exister. Soit il nous parle du hasard, comme le pensaient les Anciens. « Or du hasard il n'est point de science », car s'il en existait une, le hasard ne serait plus le hasard[6].

Soit il nous parle de la Providence, comme le pensent les chrétiens, qui croient que Dieu gouverne le monde. Mais ils devraient savoir que la manière dont opère la Providence est indéchiffrable : « De celui qui fait tout, et rien qu'avec dessein, / Qui les sait, que lui seul ? Comment lire en son sein[7] ? »

Reste à expliquer notre fascination pour les prédictions. S'il s'agit d'astrologie, est-ce « Pour exercer l'esprit / De ceux qui de la sphère et du globe ont écrit ? », se demande La Fontaine[8]. Dans ce cas, elle n'est qu'un jeu de l'esprit pour les astronomes. Mais si ce n'est pas un jeu, serait-ce « Pour nous faire éviter des maux inévitables[9] » ? Une dangereuse illusion, tant il est vrai que l'« On rencontre sa destinée / Souvent par des chemins qu'on prend pour l'éviter[10] ». Ce qui est arrivé à Laïos, qui avait fait exposer son fils Œdipe pour échapper à la prédiction selon laquelle ce dernier le tuerait – ce qu'il fera par accident.

Et même si peindre notre avenir en noir vaut avertissement des maux qui nous attendent, que se passera-t-il ? Nous serons condamnés à vivre ces maux « devant qu'ils soient venus[11] ». Avec pour seul résultat de nous dégoûter des biens de la vie dont nous jouissons encore aujourd'hui.

La Fontaine ne pouvait pas prévoir que la métaphore du « Livre du Destin », bien loin de s'effacer à mesure que nos savoirs progressaient, allait faire des petits. La génétique ne prétend-elle pas nous dévoiler le « Grand livre de l'homme » et même le « Grand livre de la vie » ? Comme le font tous ces producteurs de « Petits livres » de l'économie, de la finance, de l'assurance ou de la médecine, tous probabilistes, chargés d'éviter à ceux qui en usent d'agir en aveugles dans un tunnel obscur semé d'incertitudes. Et maintenant c'est à l'IA, l'intelligence artificielle, qui est tout sauf intelligente, de prendre le relais pour en écrire elle-même, des livres.

Autant d'innovations de première importance, mais changent-elles quoi que ce soit à ce qui fait notre destinée ? À suivre La Fontaine, elle n'est que ce qui résulte de ce mélange inextricable de composantes qu'il appelle « la Fortune », du nom de *Fortuna*, la déesse qui présidait à nos destinées chez les Romains. Dont les principaux attributs sont le gouvernail, parce que la Fortune dirige le frêle esquif que nous sommes, la roue, signe de son inconstance, enfin la corne d'abondance, remplie des faveurs qui peuvent nous tomber du ciel. Une référence mythologique confirmant que progrès technoscientifique ou pas, c'est à travers le prisme d'un imaginaire archaïque que nous envisageons toujours notre destinée.

Donc la Fortune et rien d'autre : « Il n'arrive rien dans le monde / Qu'il ne faille qu'elle en réponde [12]. » Malheureusement pour nous, elle opère à l'aveugle, sans tenir compte des efforts que nous déployons pour nous la rendre favorable : « Qui ne court après la Fortune ? [...] Mais que vous sert votre mérite ? / La Fortune a-t-elle des yeux [13] ? » Ce qui n'empêche pas que nous conservons notre liberté d'action, comme le démontre la fable du charretier embourbé [14].

Après avoir vainement supplié Hercule, le plus fort des héros, d'intervenir à sa place, notre homme finit par obéir à ses consignes. Combinant le pic et la pelle pour dégager la roue de la boue, et usant du fouet pour exciter son cheval à l'effort, il parvient à dégager sa charrette comme un grand.

D'où ce proverbe, inspiré de la Bible et d'Ésope : « Aide-toi, le Ciel t'aidera. »

L'« effet bikini »

Quelle aide attendions-nous finalement des modèles prédictifs ? Pour nos gouvernants ils servaient de balises, mais contraints par les impératifs de la démocratie sanitaire de respecter le sacro-saint droit à l'information de tous les citoyens, ils n'avaient pas d'autre choix que de jouer la transparence. D'où la publication à jet continu de messages certifiés par des hommes de science pour légitimer les mesures imposées à la population. En coupant en même temps l'herbe (ou l'ivraie) sous le pied aux rumeurs, *fake news* et autres délires complotistes.

Mais que valaient réellement les modèles censés éclairer nos responsables pour les décisions à prendre ?

Ce n'est qu'au printemps 2021, quand tout se passera comme si le virus voulait faire un pied de nez à tous les modélisateurs, que l'on commencera vraiment à douter. Pendant que le virus mettait le feu à l'Inde, voilà qu'il jouait à cache-cache au Portugal, faisant s'effondrer d'un coup la courbe des malades hospitalisés sans que l'on sache pourquoi. Tandis qu'en Angleterre, l'explosion des contaminations annoncée par les projections faisait long feu. Et il faudra encore attendre la fin de l'été pour que de bons spécialistes de la modélisation se posent publiquement les questions qui fâchent – avec humour du côté des Britanniques.

Selon Graham Medley, mieux valait reconnaître « qu'aucun modélisateur n'a d'explication valable à ce qui s'est passé ». Et Raghib Ali, de l'université de Cambridge, de renchérir sur le ton de la blague en déclarant que le modèle mis en cause revenait à dire : « Si ça empire, cela ira vraiment très mal. Dans le cas contraire, ce ne sera pas le cas. » Ce qui confirmait la maxime du statisticien George Bos, selon laquelle « tous les modèles sont faux, mais certains sont utiles ».

Faux, ils ne pouvaient que l'être puisque l'évolution d'une pandémie est faite d'une matière si hétérogène, et en même temps si molle, qu'elle en devient insaisissable. Mais utiles étaient ceux qui apportaient leur contribution à cette « heuristique de la peur », nourrie d'« imagination anticipative », qui est la méthode rationnelle préconisée par Hans Jonas pour faire face à la menace d'un mal suprême – la mort sous toutes ses formes. Ce qui nous conduisait tout droit à la mobilisation du principe de précaution, principe censé nous préserver de risques majeurs en situation d'incertitude.

Ce principe avait été correctement appliqué lors de la crise de la « vache folle » à partir des années 1980. L'interdiction de consommer viande et abats de bovins atteints d'ESB (l'encéphalite spongiforme bovine), tant qu'on n'aurait pas prouvé scientifiquement qu'ils n'étaient pas nocifs, était aussi sage que rationnelle. Mais face au virus, il ne s'agissait plus seulement de se priver de consommer un seul type d'aliment suspect. Ne pouvant plus être distillé en « précautions » bien ciblées, ce principe ne pouvait que prendre la forme d'un dispositif d'éradication massive des risques que comportaient tous les contacts interhumains. Donc retour aux mesures de précaution et de prévention justement qualifiées de « médiévales ».

Pour les plus méfiants d'entre nous, c'est ce recours forcené à la transparence qui posait problème. Sachant qu'elle est comme l'impôt, dont l'excès tue l'impôt, que pouvait-elle bien nous cacher, cette transparence ? N'étions-nous pas victimes de l'« effet bikini » ? Bien connu des statisticiens, il revient à avouer que les statistiques sont comme le maillot de bain du même nom, qui nous montre à peu près tout mais nous cache l'essentiel. Un maillot empruntant le nom de l'atoll du Pacifique où avait eu lieu la première explosion nucléaire. Donc une bombe potentielle, ce maillot... Surtout s'il n'était pas seulement destiné à préserver la pudeur d'une bombe anatomique.

Du coup, ne fallait-il pas voir un peu plus loin que le bout de notre nez ? Sous couvert d'état d'alerte sanitaire, dérogatoire quoique légal, le pouvoir en place ne cherchait-il pas à renforcer son emprise ? Comme le faisait Xi Jinping en Chine où, sous prétexte de lutte acharnée contre la propagation du virus, il multipliait les mesures de « contrôle social » de la population.

Une preuve de plus qu'une « peste » peut toujours en cacher une autre.

10.

Dépression

Puisque les modèles projectifs avaient remplacé « la Peste » par équivalence fonctionnelle, il était fatal que les conséquences soient les mêmes. Sauf que La Fontaine n'avait pas eu besoin de chiffres ni de modèles pour plonger les Animaux de sa fable dans cette forme de sinistrose qu'il qualifiait de « mourante vie ».

Avait-il lu la fable de La Fontaine ? En tout cas l'économiste Angus Deaton avait repris cette expression à sa manière en parlant de « morts de désespoir » (*Deaths of Despair*) pour évoquer le sort de ces Américains dont la situation sociale, économique et ethnique s'était fortement aggravée avec la pandémie de Covid.

Nous retrouvions également la description que faisait Élisabeth Kübler-Ross de deux des stades par lesquels passaient les malades en fin de vie. La différence étant que ces derniers, certes mourants mais encore bien vivants, mouraient à coup sûr. Tandis que pour les Animaux de la fable, ni malades ni mourants, c'est uniquement leur vie qui l'était, « mourante ».

Retrouver ces stades chez La Fontaine, qui les ignorait, n'était pourtant pas le fruit du hasard. C'est la logique à l'œuvre dans son dispositif qui impliquait qu'on en retrouve l'équivalent à divers moments de son déploiement : ainsi le marchandage chez le Lion, le déni chez le Renard, l'acceptation chez l'Âne, la révolte et la colère pour les fauves de la cour. Et il en ira de même pour nous, dans un ordre différent.

Une sinistrose multifactorielle

Il nous faut néanmoins lire entre les lignes de la fable, qui courait au plus vite, pour passer de la terreur à la dépression. Entre les deux, l'apparition du nom de « la Peste » valait annonce d'une catastrophe. Or une annonce de catastrophe n'est pas elle-même une catastrophe. Elle reste cantonnée dans le registre du discours pour toucher des êtres de langage. Cela suffit à susciter une « épidémie de peur », comme le disait Giono à l'annonce du choléra en Provence, mais avant elle crée un choc. Celui que nous rendons par l'image du Ciel qui nous tombe sur la tête, ou celle de la foudre de Jupiter qui s'abat sur nous. Un choc si violent qu'il provoque la *sidération* – du latin *sideratio*, qui désigne l'influence néfaste des astres sur les êtres humains et les végétaux qu'ils cultivent, sans les rendre malades ou les tuer pour autant. Les « sidérés » se trouvent alors plongés dans un état catatonique qui les prive de leur énergie vitale, les laissant sans voix, sans désirs, incapables de réagir face à une situation qui leur apparaît dépourvue de sens.

Des épisodes de sidération à l'échelle mondiale, nous en avions déjà connu auparavant. Comme ceux qu'avaient provoqué la catastrophe de Tchernobyl en 1986, puis les attentats du 11-Septembre 2001 contre les tours jumelles de New York. La même sidération pour deux catastrophes très différentes et qui n'avaient rien de commun avec une pandémie. Mais dans tous les cas la sidération nous pétrifiait sur place tandis qu'une onde de terreur faisait le tour de la planète. Sans qu'aucun des sidérés n'ait été personnellement touché.

L'effet de choc devait évidemment beaucoup au spectacle livré par la télévision. Une centrale nucléaire en feu, avec le grouillement des « liquidateurs » exposés aux radiations pour colmater les brèches, c'était du jamais vu. Et ce n'était encore rien par rapport à l'attentat perpétré contre les tours, dont le scalp successif par les deux avions de ligne nous avait été offert en direct. Comment ne pas être saisi d'horreur en imaginant le sort de leurs passagers, cloués à leur siège, et en suivant la chute de ces malheureux qui, prisonniers des tours, se jetaient dans le vide pour échapper aux flammes ?

Il fallait pourtant convoquer d'autres facteurs, antérieurement bien en place, pour ne pas réduire la sidération à un simple effet de choc. Pour Tchernobyl, en Union soviétique à l'époque, c'était la crainte que nous nourrissons généralement à l'égard du nucléaire, ravivée dans une moindre mesure par la catastrophe survenue à la centrale de Fukushima. Pas seulement à cause de la bombe, promesse d'Hiroshima planétaire, mais aussi celle, raisonnable ou pas, que nous éprouvons à l'endroit des centrales civiles. Quant aux tours jumelles, l'attentat terroriste qui avait fait d'un coup le plus de victimes au monde (3 800 environ), c'était l'islamisme djihadiste lancé à l'assaut de l'Occident mécréant qui se manifestait à travers eux. Un coup de sabre islamique décapitant un emblème de l'Amérique, qui en laissait présager bien d'autres un peu partout dans le monde.

Par rapport à ces catastrophes, la grande différence était que le virus de la Covid ne se donnait pas en spectacle de la même manière. Il fallait associer les projections les plus pessimistes aux reportages télévisés sur les conséquences des mesures draconiennes adoptées, à commencer par ceux qui nous venaient de Chine. Ce qui suffisait à provoquer le réveil de ces terreurs ancestrales évoquées tardivement par le président Macron, mais pas la sidération.

Quelle en était la cause ? La mise à l'arrêt de la majeure partie de l'activité du monde. Dans laquelle le virus n'était pour rien puisqu'elle était le fruit d'une décision politique, prise par la plupart des dirigeants des pays concernés.

L'effet a été immédiat : sidération générale. Cet arrêt de la vie du monde était un événement inouï, sans exemple connu dans l'histoire, sans aucune commune mesure avec la « Grande Dépression » de 1929-1930, expression déjà utilisée à l'époque. En plus, au lieu de s'étaler dans le temps, cet événement nous tombait dessus d'un bloc. La sidération était alors le meilleur moyen d'y faire face : en nous figeant sur place, nous bloquions magiquement l'énormité de l'événement à la hauteur de ce que nous pouvions supporter. Pour éviter l'overdose.

Avant d'être la nôtre, la dépression était donc celle du monde, lui aussi plongé dans un état catatonique. Elle ressemblait fort à un collapsus, un effondrement intérieur comme celui que nous promettaient les écologistes les plus pessimistes quand le réchauffement général du climat aurait atteint son point d'incandescence. Sauf que ce collapsus-là, s'il avait lieu, ne se produirait que dans un avenir incertain, tandis que celui auquel nous assistions se réalisait sous nos yeux, éveillant en nous des fantasmes de fin du monde. Mais pas seulement. Autrement on ne pourrait pas expliquer le succès du discours sur « le monde d'après » qui a tenu un bon moment le devant de la scène.

On pouvait se croire revenus à Mai 68, avec le slogan « Cours, camarade, le vieux monde est derrière toi ! ». Une ambiance comparable à celle qui préside aux révolutions.

Comme si la Covid allait diviser l'histoire du monde en un avant et un après-Covid, comme il y avait eu un avant et un après Jésus-Christ, ou pour les transhumanistes un avant et un après Dolly, la célèbre brebis clonée. La principale fédération de parents d'élèves y était aussi allée de son couplet : « L'école de l'après-Covid ne ressemblera pas à celle que nous connaissons. » Le coup de pied de l'Âne sur ce monde d'avant, dont la Covid allait faire table rase, tant il méritait le haro. Position qui ressemblait à un sursaut désespéré de l'idéologie du progrès, mise à mal par les collapsologues de l'écologie, pour nous promettre un avenir radieux. Exactement ce que fera Emmanuel Macron quand nous serons vraiment au fond du trou. Il reprendra sa flûte pour nous bercer des délices qui nous attendraient à l'issue de nos confinements.

Michel Houellebecq, à l'affût, ne ratera pas cette occasion d'administrer une douche froide à tous ces prophètes de bonheur, qui avaient fait du « monde d'après » une baudruche gonflée au gaz hilarant. En mai 2020, le ton pincé sous la langue molle, il déclarait sur France Inter que ce prétendu monde d'après « sera le même, en pire ».

Les confinés

C'est le confinement qui a assuré la transition de la sidération initiale à la dépression. Rien de plus normal si l'on se réfère à la mécanique des fluides, selon laquelle il n'y a pas de pression d'un côté sans dépression de l'autre. Ce qui a pu transformer certains d'entre nous en paralytiques de l'existence, comme l'ont avoué après coup ces écrivains soudain devenus incapables d'écrire la moindre ligne, ou ces gens qui sont restés cloîtrés chez eux tout au long de la pandémie.

Diverses formes de « mourantes vies », mais encore des vies. Car comme le chiendent, seule la mort peut en venir à bout.

La Fontaine n'a pas évoqué l'épreuve du confinement dans sa fable. Mais en son temps il allait de soi, et c'est dans une autre fable, *L'Ours et l'Amateur des jardins*, que nous trouvons de quoi combler ce manque apparent.

Elle faisait partie de ces fables que Fabrice Luchini nous avait offertes sur les réseaux sociaux pour alléger cette épreuve si dure à vivre. Il s'arrêtait longuement sur cet Ours « à demi léché » (expression dont il se pourléchait les babines avec gourmandise) qui s'était trouvé « confiné par le sort dans un bois solitaire [1] ». Pour rompre son isolement, La Fontaine lui avait offert de la compagnie, convaincu qu'il était « qu'un ami véritable est une douce chose [2] ». Ce sera un vieux jardinier écolo, un « prêtre de Flore » qui s'ennuyait dans son coin parce que les plantes étant « gens muets », il ne trouvait pas à qui parler. Un carnassier et un végétarien, ce n'était pas évident, mais ils feront bon ménage. Sauf que cet Ours « en la journée ne disait pas deux mots », ce qui en faisait un « ignorant ami ». Autant dire une brute. Et un beau jour, croyant bien faire, l'Ours eut la funeste idée d'écraser avec un pavé la mouche qui s'était posée sur le nez du jardinier. Le crâne du vieux n'y avait pas résisté. On ignore ce qu'est devenue la mouche. Et Luchini, triomphant, nous avait alors balancé la leçon de la fable, condensée dans cette formule choc : « la raison d'ordinaire / N'habite pas longtemps chez les gens séquestrés. »

Or n'étions-nous pas devenus, nous aussi, des Ours « à demi léchés » ? Parce que les mesures qui nous éloignaient des autres, tenus pour des menaces, nous privaient de la sociabilité, le milieu vital d'une existence proprement humaine. Ce qui nous plongeait dans la situation du poisson rouge que l'on maintiendrait dans son aquarium après en avoir vidé l'eau. Celle de la proximité, de la convivialité, de l'amitié et même de l'amour.

Avec son pavé de l'Ours, La Fontaine nous suggérait autre chose. Ces mesures restrictives n'étaient-elles autant de pavés destinés à écraser une mouche ? Mais peut-on écraser un virus comme on le fait d'une mouche, peut-être imaginaire ? Si c'était pour nous éviter des maux évitables, il fallait l'accepter. Dans le cas contraire, à quoi bon ? Et nous avons commencé à douter.

Pour tout dire la « peste » n'était plus la Covid, le confinement avait pris sa place. Une « peste » dont les miasmes se diffusaient par contagion mimétique dans une atmosphère anxiogène. Impossible alors de ne pas penser à la célèbre réplique d'Arletty dans le film de Marcel Carné, *Hôtel du Nord* (1938) : « Atmosphère, atmosphère, est-ce que j'ai une gueule d'atmosphère ? » Une gueule que nous devions aux masques qu'il nous fallait porter en public comme autant de lignes Maginot individuelles. On comprend alors que chaque confiné masqué, sous pression de ces mesures qui lui « pompaient l'air », puisse s'écrier, comme dans le film : « J'veux changer d'air ! » D'où le mouvement de fuite des citadins qui le pouvaient vers la campagne, comme cela se passait autrefois à chaque épidémie de peste.

Mais l'échange entre Arletty et Jouvet, que l'on doit à Henri Jeanson, allait plus loin. À la plainte de Jouvet : « Ma vie n'est pas une existence », Arletty répliquait : « Eh bien, si tu crois que mon existence est une vie... » Or une vie qui n'est plus une existence, c'était précisément cette survie biologique placée sous carcan sanitaire. Cette « vie nue » dont parlait Giorgio Agamben à propos des camps de concentration nazis, comme nous l'ont rappelé plusieurs commentateurs. Une autre version de cette « *mourante vie* » qui représentait la figure exactement inverse de celle que chantait Georges Moustaki, au bon vieux temps des *Sixties*, clamant qu'il voulait « vivre à en mourir ». Comme y aspiraient tant de nos jeunes, prêts à courir tous les risques pour continuer à faire la fête.

C'est en commençant par le dernier stade de Kübler-Ross, la résignation, que La Fontaine décrivait cette situation dans sa fable. De ses Animaux, « On n'en voyait point d'occupés / À chercher le soutien d'une mourante vie [3] ». Comme cela se passait pour nos vieux, confinés dans des établissements déjà tenus pour des mouroirs. Pour eux la « peste » n'était pas la maladie, mais ce protocole Covid qui les isolait et les privait de visites. Alors à quoi bon se nourrir ? Rien ne pouvait soutenir ceux qui se laissaient glisser tout doucement vers la mort.

Les plus valides n'étaient guère mieux lotis : « Nul mets n'excitait leur envie. » Même les plus carnassiers d'entre eux, puisque « Ni Loups ni Renards n'épiaient / La douce et l'innocente proie ». Un comble pour des prédateurs, métamorphosés en tristes végétariens. Au lieu de « croquer la vie à belles dents », ils confirmaient la perte de leur désir de vivre. Alors qu'en bon épicurien, La Fontaine nous voulait « bien buvants, bien mangeants [4] ».

Il faut croire que le virus l'avait compris puisqu'en abolissant le goût et l'odorat chez de nombreux covidés, il les privait d'une jouissance de base de l'existence. Pour les autres, le manque d'appétence pouvait les pousser à grignoter et à s'alcooliser pour combattre l'angoisse, au risque d'aggraver leur éventuel surpoids, une menace en cas de Covid grave. Les drogués ont aussi pu augmenter leur dose, un coupe-faim d'ordre existentiel. Et pour les plus misérables c'était le crack, la drogue pas chère qui rend accroc et fou.

Sur un mode mineur, on sait que cette inappétence a poussé bien des gens à négliger leur habillement, qu'aux États-Unis les femmes avaient abandonné le jean *slim* pour le jean large, que les ventes de cosmétiques étaient en chute libre, que certains ne portaient plus de slip, et que l'hygiène buccale en avait pris un coup – comme si cela devait compenser l'hygiénisme maniaque de ceux qui vivaient de lavage des mains et d'aspersions de gel hydroalcoolique.

Et nos amours, dans tout cela ? Elles n'allaient pas fort : « Les Tourterelles se fuyaient : / Plus d'amour, partant plus de joie. » Pour cause de ce manque d'appétence dû à la dépression, bien sûr. Auquel s'ajoutaient pour nous les « gestes barrières » et autres mesures de « distanciation sociale » qui nous privaient de toute relation avec le corps des autres (des plaisantins se sont demandé comment les prostituées pouvaient continuer leur activité en les respectant). C'était la fin des poignées de mains, des bises, des embrassades, et pour le sens de la vue, qui est une autre forme du toucher, l'obstacle du masque, cette espèce de burqa sanitaire qui transformait n'importe qui en silhouette fantomatique privée de visage.

Comment les contradictions qui étaient déjà le lot de nos relations affectives et amoureuses n'en sortiraient-elles pas aggravées ? La Fontaine tenant Tourterelles et Pigeons pour une seule et même espèce, il nous les a détaillées dans *Les Deux Pigeons* [5].

De cette fable bien connue, nous avons surtout retenu que ces Pigeons « s'aimaient d'amour tendre ». Moins la tension qui menaçait leur couple, car si Pigeon 1 se satisfaisait de sa situation de confinement au nid, où il faisait bonne chair et roucoulait de plaisir avec Pigeon 2, ce dernier avait l'âme voyageuse et il avait fini par étouffer au foyer conjugal.

Pour La Fontaine, qui a vendu la mèche dans un conte, ce Pigeon-là est un frère. Il a beau vivre avec la beauté la plus exquise, elle « Rassasie et soûle à la fin[6] ». Que lui faut-il donc ? Une nouvelle maîtresse : « Diversité c'est ma devise. » Elle aura beau être « un tantet bise », moins blanche de peau que la précédente, c'est à elle qu'il donnera ce cœur qu'il refuse à l'autre : « pourquoi cela ? / C'est qu'elle est neuve... »

Ainsi fera Pigeon 2, parti à l'aventure dans le vaste monde. Mais à force d'y laisser des plumes, c'est « demi-morte et demi-boiteuse » que « la Volatile » fera retour au bercail. Comme l'a fait Ulysse retrouvant sa Pénélope chérie dans sa bonne île d'Ithaque après des années d'errance, semées de rencontres enflammées avec les sulfureuses beautés d'une Circé ou d'une Calypso.

Quel remède La Fontaine nous proposait-il pour échapper à cette contradiction qui fait la malédiction de l'amour ? Unir les deux aspirations contraires :

> Amants, heureux amants, voulez-vous voyager ?
> Que ce soit aux rives prochaines ;
> Soyez-vous l'un à l'autre un monde toujours beau,
> Toujours divers, toujours nouveau[7].

Une belle envolée pour un bel idéal, mais qui a souvent été mis à mal par nos confinements successifs. Avec leur bon côté aussi, car pour les couples et les familles, le nid était d'abord un havre de sécurité où toutes les relations physiques étaient permises. Grâce au télétravail, nombre d'employés ont eu le plaisir de voir enfin leurs Pigeonneaux, de cuisiner et bricoler chez eux. Mais il fallait aussi compter avec la dégradation de la proximité physique en promiscuité. Pour un Pigeon de type 2, il y avait de quoi le rendre fou. Ayant les ailes coupées, il risquait de perdre un jour les pédales, comme l'Ours de la fable. Les « marronniers » qui ont fleuri dans les magazines sur « l'amour au temps de la Covid » en font foi. Avec en bonne place le recours aux vidéos porno, la violence des mâles alcoolisés et « la régression de la condition des femmes » – les premières à se faire « pigeonner ».

Au bilan, on estime à la louche que dix couples sur cent ont éclaté. Mais on a aussi constaté, après coup, une relative augmentation du taux de natalité... Tandis que les plus jeunes et les plus âgés, confinés dans leur chambre d'étudiant ou leur Ehpad, vivaient à plein les affres de la dépression, une « peste » intérieure. Avec pour seul recours ce maintien minimal des relations qu'offrait internet. Moyennant une limite infranchissable, puisque les yeux sans corps des caméras et les sons sans bouche des micros ne permettent que des connexions désincarnées.

11.

La « peste » c'est la mort

Dans sa fable consacrée à « la Peste », La Fontaine ne nous disait rien de la mort des Animaux. Déclarer qu'ils « ne mouraient pas tous » suggère que certains en mouraient. Pourtant le seul que nous verrons mourir dans la fable sera l'Âne, mais pas de la peste.

Légèreté du fabuliste ? Incohérence de la fable ? En réalité La Fontaine pouvait passer outre pour deux raisons. La première est que mourir de la peste n'était pas le sujet de sa fable, puisque « la Peste » n'était pas la peste. La seconde est que les animaux, en tant que bêtes, ne « meurent » pas à proprement parler. Comme le soutiendra plus tard Heidegger, ils « périssent ». Dans les fables ils se font simplement « croquer » tout crus par un prédateur, ou tuer par des humains, chasseurs ou pêcheurs. En cas de péril majeur, ils appliquent la tactique de survie de leur espèce, qui peut être la fuite, la lutte à mort ou le refuge dans un abri. Mais pas de pitié à attendre des prédateurs. Il n'y a pas de moralité dans la nature. Si le Lion, roi des Animaux, avait écrit un Évangile des bêtes, il se réduirait à cet unique précepte : « Mangez-vous les uns les autres comme je vous ai mangés. »

L'ombre de la mort planait pourtant sur la fable, comme elle l'a fait sur nous pendant la pandémie. Qu'il s'agisse d'une épidémie, d'une guerre provoquée par un ennemi ou du pouvoir qu'un potentat redoute de perdre, la « peste » suprême est la mort. Une « peste » que nous portons en nous sitôt que nous prenons vie. Une « peste » que visait peut-être en réalité Macron, quand nous pensions qu'il visait le virus en parlant d'un « ennemi invisible porté par nous tous ».

Face à la mort

C'est sur les rapports que nous entretenons avec la mort que se fait le grand écart entre l'époque de La Fontaine et la nôtre. En son temps, comme il l'écrit, la mort n'est autre que ce « fatal tribut » que les humains doivent payer à leur ancrage dans la nature. Dans les fables, elle apparaît si familière qu'en retournant la pièce que nous a présentée La Fontaine côté pile, avec la « mourante vie », on découvre côté face la « vivante mort ». Une Mort dotée d'une majuscule, jouissant de tous les attributs qui font une personnalité. En Bretagne, sa messagère est nommée Ankou. Dans les fables comme dans bien des légendes, on parlera avec la Mort, et l'on se risquera même à négocier avec elle.

À l'époque, on meurt généralement à la maison et tout un chacun, adulte ou enfant, a pu assister aux derniers instants d'un des membres de sa famille. Une scène dont la Fontaine nous a livré le prototype dans *Le Vieillard et ses Enfants*, associée aux gravures de Chauveau et de tous ceux qui en ont illustré les éditions successives [1].

Qu'y voit-on ? Un vieillard allongé sur son lit, s'adressant à ses enfants pour leur faire ses adieux, leur révéler ses dernières volontés et leur prodiguer des conseils pour leur avenir. Une scène culte, qui a profondément marqué notre imaginaire de la mort. Les trois fils auront beau se déchirer à belles dents à propos de l'héritage sitôt leur père dans la tombe, ce tableau nous livre l'idéal type de ce que Philippe Ariès nomme « la mort apprivoisée ». Qu'il oppose à la « mort terrible », celle que l'on trouve à la guerre ou en cas d'épidémie, et à la « mort sauvage » que nous connaissons aujourd'hui[2].

Bien qu'elle soit largement idéalisée, cette mort « apprivoisée » s'inscrit dans un « art de mourir » qui a ses règles. Que l'on soit paysan, simple bourgeois ou Madame de Montespan, on meurt lors d'une cérémonie publique, organisée et ritualisée, présidée par un mourant entouré de ses enfants, de ses amis et de ses serviteurs. Le mourant fait ses adieux à toute sa maisonnée, demande pardon pour les torts qu'il a pu causer. Il a fait son testament, qui ne se réduit pas à régler sa succession. C'est aussi un acte de foi qui concerne son âme, avec les messes à faire dire pour le salut de son âme.

Mais pour que tout se passe de cette manière, il faut que l'intéressé soit convaincu que sa mort est proche. Ce qui serait « terrible » est de ne pas savoir que l'on va mourir, et de mourir seul. On serait alors privé de sa propre mort. Comme l'écrit La Fontaine :

> La mort ne surprend point le sage :
> Il est toujours prêt à partir,
> S'étant su lui-même avertir
> Du temps où l'on se doit résoudre à ce passage[3].

La Fontaine a lui-même vécu un épisode de ce type. Tombé gravement malade en 1693, il a renié ses contes libertins et demandé publiquement pardon pour avoir diffusé leur immoralité. Absous de ses péchés, il a reçu l'extrême-onction. Il vivra cependant jusqu'en 1695 et conservera ses contes par-devers lui, sans les brûler (le coquin !). Quand on le déshabillera pour le coucher sur son lit de mort, on constatera qu'il portait un cilice. La mortification du libertin qu'il était par le chrétien qu'il était aussi.

Pour nous cette version idyllique de l'art de mourir, toujours vivace, est devenue un luxe. Aujourd'hui la plupart des morts se passent à l'hôpital parce que nous comptons sur la médecine pour éviter ou retarder la fin. Nous croyons d'ailleurs à un tel point à sa toute-puissance que nous tendons à penser que la mort n'est qu'un échec de la médecine. N'a-t-on pas entendu clamer depuis des lustres que la mort était « la dernière maladie à vaincre » ? Et que font d'autre les transhumanistes, qui espèrent nous rendre sinon immortels, au moins amortels ? Ce qui revient à expulser la mortalité elle-même de notre condition humaine.

Selon Philippe Ariès, ce changement de fond a pris naissance au milieu du XIXe siècle. Et c'est en 1955, dans *The Pornography of Death*, que Geoffrey Gorer nous en a livré la version achevée. La mort est devenue honteuse et l'on doit la cacher pour préserver à tout prix le bonheur des vivants. Le psychanalyste Robert William Higgins en a tiré la figure du « mourant », devenu une nouvelle espèce d'humains, la seule qui soit mortelle. En concentrant en eux toute la mortalité humaine, les mourants en dispensent en quelque sorte tous les bien-portants, ce qui fait d'eux des « mourants émissaires ». Des mourants qui passent pour obscènes, qu'il faut cacher ou confier à des services spécialisés.

La dénégation de la mort, pour l'effacer de nos vies, ne date pourtant pas d'aujourd'hui. On la trouvait chez Épicure : « Tant que j'y suis, elle n'y est pas ; quand elle sera là, je n'y serai plus. » Ou chez le stoïcien Sénèque :

« Après la mort il n'y a rien, et la mort elle-même n'est rien. » Position qui, au XVIIe siècle, était le fait d'une minorité de penseurs et autres libertins, car la mort restait massivement chrétienne, comprise comme le passage de notre monde à un autre. Situation inversée de nos jours, où nous aspirons à une mort soudaine par infarctus ou AVC, si possible pendant notre sommeil. D'où ce genre de satisfecit que nous décernons banalement à qui « ne s'est même pas vu partir » – une chance ! À condition toutefois que la nature ne fasse pas les choses à moitié, tant elle peut se montrer garce. Et pour celui qui croit qu'il n'y a rien après la mort, il doit aussi espérer qu'il n'y aura aucune vie après. Car si c'était le cas, écrit Umberto Eco dans *L'île du jour d'avant*, cela nous donnerait la meilleure définition qui soit de l'enfer : « le lieu où l'on ne meurt pas. »

Nous ne pouvons donc plus parler comme le faisait Bossuet, en 1670, dans son oraison funèbre de la princesse Henriette d'Angleterre, dite « Madame », disparue à l'âge de vingt-six ans : « Madame se meurt ! Madame est morte ! » Aujourd'hui Madame ne « se » meurt plus. Elle n'est plus le sujet actif de son propre mourir. On constate son décès.

Nous ne sommes pas non plus dans la ligne de Pascal, lui aussi un contemporain de La Fontaine, quand il évoquait la mort à la guerre : nous devons « Craindre la mort hors du péril, et non dans le péril ; car il faut être homme ». Mais il ajoutait aussitôt : « Mort soudaine seule à craindre[4]. »

En revanche, quelle que soit l'époque, nous nous accordons tous avec Montaigne : « Ce n'est pas la mort que je crains, c'est de mourir. » Parce que mourir se vit, et qu'il y a bien des manières de mourir. Ainsi La Fontaine évoque-t-il le cas de ces jeunes qui, à la guerre, courent « À des morts, il est vrai, glorieuses et belles, / Mais sûres cependant, et quelquefois cruelles[5] ». Ce qui suggère que ce n'est pas la cruauté d'une mort qui la rend « terrible », car tout dépend du contexte. Comme Michel Tournier le fait dire à l'un de ses personnages, il faut qu'une vie soit « digne d'être *mourue* ». Cruelle était la mort de Socrate, car la devoir à la ciguë n'avait rien d'une partie de plaisir. Mais parce qu'il avait conversé jusqu'au bout avec ses disciples et avait fait de la survie de son âme « un beau risque à courir », sa fin a été jugée sublime et non « terrible ».

La fin des covidés

Tous ces éléments une fois combinés, quelle « peste » apparaissait la plus redoutable pour les covidés et leurs proches ? La mort « sauvage », rançon de son inscription dans un contexte dominé par la technique sous toutes ses formes. Qu'elle soit médicale ou administrative.

La représentation imaginaire que nous nous faisions du danger en était elle-même modifiée. La Mort n'était plus ce squelette aux orbites vides qui toquait à notre porte pour nous avertir de notre départ, et à qui l'on pouvait parler. Surgie de nulle part, elle nous menaçait à la manière dont la vivait Cary Grant dans la scène culte du film d'Alfred Hitchcock, *La mort aux trousses*. Quand poursuivi par un avion volant en rase-mottes qui l'aspergeait d'une substance inconnue, il se lançait dans une course éperdue à travers les champs de maïs de l'Indiana pour lui échapper.

Cet avion au pilote sans visage, version mécanisée de la chauve-souris ou du monstre ailé du tableau d'Arnold Böcklin, c'était une mort ailée diffusant dans les airs un agent infectieux. Un agent comparable à notre virus, en quête d'un hôte bien vivant à infecter pour prendre vie à son tour, quitte à le tuer, et lui avec. Suicidaire, ce virus !

Tous ceux qui ont immédiatement sauté dans leur voiture dès l'annonce du premier confinement ont réagi comme Cary Grant. Ils fuyaient le virus porteur de mort qu'ils avaient aux trousses. Quitte à être confiné, mieux valait l'être à la campagne que dans les villes. Sauf qu'en mars, les maïs étaient trop petits et trop verts pour que l'on puisse s'y cacher.

Et si l'on se faisait choper par le virus là où l'on se croyait en sécurité ? Une partie de bridge ou un apéro entre confinés du voisinage y suffirait. Comme l'écrivait La Fontaine, « On rencontre sa destinée / Souvent par des chemins qu'on prend pour l'éviter[6] ».

Qu'il s'agisse de peste ou de Covid, la crainte de la mort était donc la même, provoquant les mêmes réflexes de fuite qu'autrefois chez ceux qui en avaient les moyens. Il n'y avait pourtant aucune commune mesure entre les deux. Car pour les malades les plus atteints, notre médecine ne manquait pas de moyens de sauvetage. Or c'est précisément le dispositif prévu à cet effet qui posait problème.

Tant que la médecine restait totalement inefficace en cas d'épidémie, cette question ne se posait pas. Dans *La peste*, Camus ne faisait que l'effleurer en décrivant longuement la mort d'un enfant, la figure type de l'innocent[7]. Il était fiévreux, atteint de mouvements convulsifs et semblait comme brûlé de l'intérieur. Impuissants, les témoins se demandaient cependant si l'essai du sérum du docteur Castel sur cet enfant n'avait pas prolongé inutilement ses souffrances.

Dans le roman de Giono, c'était encore plus simple. Les cholériques étaient victimes de dysenterie, leur corps bleuissait à vue d'œil, des marbrures violettes apparaissaient sur leurs membres, et leurs vomissements ressemblaient à du riz au lait. Les traitements étaient sans effet et Giono se suffisait d'une phrase sèche pour décrire leur fin : « L'homme mourut ; c'est-à-dire que le papillonnement de ses yeux s'éteignit[8]. »

Autant de morts « terribles ». Et l'on comprend que le langage populaire dise de ces morts qu'ils sont « tombés comme des mouches », ou qu'ils ont « crevé comme des rats ». Des morts que la langue animalisait, mais dont l'humanité était conservée par d'autres moyens.

Bien moins agressive que la peste ou le choléra, la Covid pouvait cependant en provoquer, des morts « terribles ». En particulier dans les pays dépourvus des moyens de sauvetage dont nous disposons, notamment d'oxygène (alors trafiquée à prix d'or). Le visage des malades virait au bleu, le contraire de celui qu'ils avaient à la naissance, qui passait au rouge sitôt poussé leur premier cri. Ils étoufferont, râleront et mourront dans leur baraque, ou dans le couloir d'un hôpital démuni de tout. Comme cela se voyait dans les pandémies du passé. Mais dans ces mêmes pays où les traditions restent fortes, l'humanité conservait ses marques grâce à l'accompagnement assuré par leur famille et leurs proches, à la religion dans laquelle tous baignaient, aux rites funéraires à respecter à la lettre.

Dans nos pays développés, c'était tout l'inverse. On pouvait croire que la mort des covidés à l'hôpital était une « mort douce », au motif que le mourir en était totalement évacué. Plongés dans un coma artificiel, gavés de médicaments, les patients étaient hors d'état de se voir partir. À se demander si l'on pouvait encore parler de « mort ». Même la métaphore de la vie qui s'éteint à la manière d'une bougie à bout de mèche et de cire n'avait plus de sens. Branchés en vain à des machines à faire survivre, mécanisés eux-mêmes, c'est leur cœur qui sifflait la fin de la partie. Comme une montre qui a cessé de battre les secondes et ne repart pas.

Tant que le protocole Covid a été appliqué dans toute sa rigueur, avant que soit mis officiellement le holà à ce qu'il avait de plus inhumain, ce sont ces morts « sauvages » qui ont désespéré leurs familles et leurs proches.

Ce genre de mort n'était pas celui des rats noirs dont nous parle Camus dans *La peste*, ceux qui sortent de leur trou pour mourir à l'air libre. Il ressemblait à celui des rats gris qui, eux, y restent confinés pour mourir. Situation qui a été celle de nombreux vieillards des Ehpad, puisque telle est la couleur qui sied à leur génération.

Leurs familles étaient alors interdites de visite, sachant cependant que le malade, encore conscient, avait pu réclamer par téléphone qu'on le sorte de cet enfer, voire demandé un prêtre. La suite était à l'avenant. Ces morts dont leurs proches avaient fugacement entrevu la dépouille, vite mise en sac puis en bière, sans toilette mortuaire, étaient traités en déchets hospitaliers dangereux, à incinérer sans délai. Des morts dont la sauvagerie doit tout à l'application de normes strictement hygiénistes, qui produisent un effet de désymbolisation en séparant ce qui devrait être rassemblé : l'humanité et la mort. Or le contraire du symbolique, c'est le « diabolique ». Et nul n'ignore que c'est dans les détails que le Diable se plaît à se nicher. Des détails pour l'hygiénisme en vigueur, pas pour nous.

La médecine de haute technicité n'était évidemment pas en cause. Si elle a perdu des patients parmi les plus à risques et les plus atteints, elle en a aussi sauvé beaucoup. Mais en excluant la possibilité de tenir la main d'un mourant, le protocole le condamnait à une solitude atroce.

On comprend pourquoi un collectif nommé « Tenir ta main » a vu le jour pour protester contre les conditions dans lesquelles leurs vieux parents avaient fini leurs jours. En avril 2021, quand on s'approchera du chiffre des cent mille morts de la Covid, Louis Chedid en fera même une chanson, *Tenir la main* : « Même pas le droit de leur tenir la main / Avant qu'ils s'en aillent. »

Dans son roman *Ici-bas*, où il décrit comment il a accompagné jusqu'au bout son vieux père, atteint d'une maladie neurologique incurable, Pierre Guerci confirme l'importance de ce geste. Pour ce vieillard, c'était le seul moyen de « s'assurer que j'étais bien là, que ce contact était sa dernière certitude d'être encore au monde[9] ».

Une fois que la mort a fait son œuvre, on n'en a pourtant pas fini avec elle. Aristote a beau soutenir, par raison philosophique, qu'un corps privé de son principe d'animation n'est plus un corps que par manière de parler, le cadavre en tient lieu. Comme l'écrit aussi Pierre Guerci, on a tort de dire que la mort emporte les hommes : « Elle n'emporte pas, elle laisse. Elle laisse les corps, les masses ; elle laisse les êtres, étrangement vidés d'eux-mêmes[10]. »

Vidés d'eux-mêmes, sans doute, mais par pour les autres. Le cadavre n'est pas le déchet de quelqu'un mais sa dépouille, terme qui évoque la peau laissée vide par l'animal qui vient de muer. Le nouage que ce corps entretenait pendant sa vie avec sa propre chair et celle des autres a beau avoir disparu, il en reste quelque chose chez ses proches. Les relations intersubjectives sont devenues impossibles, mais elles demeurent de manière unilatérale chez ceux qui l'ont connu, surtout s'ils l'ont aimé. Ces derniers deviennent alors, en quelque sorte, les dépositaires d'une part de la chair du mort.

Le rituel des funérailles est donc nécessaire pour que tous les protagonistes, défunt compris, trouvent la place symbolique qui doit être désormais la leur. Raison pour laquelle on accompagne le mort jusqu'à sa dernière demeure, pour qu'il y « repose en paix » – le mot « cimetière » vient d'ailleurs du grec *hoimêtêrion*, qui signifie « dortoir »...

Tout l'inverse de la manière de traiter les mourants et les morts selon le protocole Covid. Le cadavre d'un *homo-virus* devait être anéanti par un feu purificateur, comme un maudit doit l'être par celui de l'enfer. Même plus bon pour l'*humusation*, la mode écolo consistant à transformer les cadavres en engrais. Pour qu'ils servent au moins à quelque chose. Parce qu'un homme mort se réduit à cela : à ses composantes organiques.

Pour ceux qui ont vécu de tels événements, on pouvait parler de tragédie. Analogue à celle que Sophocle avait mise en scène en opposant l'*êthos* de la famille, défendu par Antigone, qui voulait enterrer son frère rebelle au nom de lois supérieures, non écrites, et l'*êthos* du pouvoir politique, représenté par Créon.

Il n'y avait donc pas que notre monde qui, frappé de collapsus, était plongé dans une dépression objective. L'idée que nous devons nous faire de notre humanité, seul fondement du respect que nous devons à nos défunts, l'était aussi. Un collapsus d'ordre anthropologique cette fois. Une dépression intérieure, proprement ontologique. Comme si, au bout du compte, notre humanité était elle-même une « peste ».

À la différence de ce qui se passait dans la tragédie de Sophocle, Antigone n'en resterait pas avec sa douleur et sa réprobation morale sur les bras. Elle ne se laisserait pas non plus enfermer dans un tombeau pour y mourir de faim et de soif. Elle exigerait que cela se paie, judiciairement et politiquement. Haro sur Créon !

Au seuil des cent mille morts de la Covid, certains de nos responsables qui se sentaient morveux ont cru que l'on pourrait retrouver le symbolique perdu en érigeant les victimes de la Covid en héros. Ce qui devrait passer par les excuses des gouvernants, des décorations, des célébrations, des commémorations anticipées.

À croire que l'imaginaire de la guerre avait encore frappé, cette fois sur certaines cervelles et non sur la cible, qui n'existait pas. Car pour qu'une victime soit héroïsée, comme Roland l'avait été à Roncevaux, il faut qu'elle ait livré un combat contre un ennemi humain, et non contre un virus anonyme. Et pourquoi pas enterrer un « Covidé inconnu » sous l'Arc de triomphe, à côté du soldat inconnu, pendant qu'on y était ?

Ceux qui avaient eu cette idée n'avaient sans doute pas lu Camus, qui nous avait déjà narré un épisode analogue : l'intention des autorités de la ville d'Oran de décorer un certain nombre de gens, jugés plus méritants que les autres, de la « médaille de l'épidémie [11] ». Pour en faire des « dignitaires de la peste »... Une loufoquerie qui avait tourné en eau de boudin.

12.

Le réveil des Crapauds

Il n'a pas fallu beaucoup de temps pour que la mare aux Grenouilles démocrates qu'était la France commence à ressembler à la marmite pleine de Crapauds des sorcières de *Macbeth*. Une pièce politique, où la question du pouvoir représentait la facette la plus visible d'une crise dont la violence ne pourrait se résoudre que par le meurtre.

En effet, il était évident que la pandémie de Covid débordait de toutes parts la catégorie restrictive qu'était *disease,* la maladie objective. Ceux qui en étaient atteints, mais aussi leurs proches, bien plus nombreux, l'éprouvaient sur le mode de la *sickness*, la maladie subjectivement vécue. Et pandémie oblige, tous se retrouvaient dans *illness*, la version sociale du mal.

Cette dimension extra-médicale d'une épidémie, Giono l'avait déjà évoquée dans *Le hussard sur le toit.* Que pouvait-on attendre de l'autopsie des morts du choléra, se demandait son vieux docteur un peu barjot ? Uniquement *de quoi* quelqu'un était mort, mais jamais *pourquoi.* Car il aurait d'abord fallu savoir *comment* la personne avait vécu, aimé, haï, menti et souffert. Toutes choses qui ne laisseront aucune trace à l'autopsie, alors qu'il est impensable qu'elles n'en aient laissé aucune dans l'organisme.

Boris Cyrulnik nous a suggéré une idée analogue en affirmant que la Covid était une maladie « culturelle » et non exclusivement « naturelle ». Car si nous ne pouvons rien sur notre âge, nous y sommes pour beaucoup dans nos comportements alimentaires, notre activité physique, la manière dont nous gérons nos facteurs de vulnérabilité et de comorbidité.

Il suffisait d'ajouter que les mesures de politique sanitaire, dont le redoutable protocole Covid appliqué aux mourants et aux défunts, provoquaient des effets d'un tout autre ordre que ceux de la maladie, pour comprendre que l'on se trouverait vite confronté à des « pestes » dues à des « virus » qui n'avaient rien à voir avec celui de la Covid. Ce que nous vivrons sur le terrain, bien avant que Bruno Lemaire déclare publiquement, en décembre 2021, qu'« une épidémie est une menace de désastre politique ».

Que s'est-il donc passé pour que l'on passe d'une crise sanitaire à une crise politique ?

Il faut ici revenir à la manière dont la pandémie avait suscité l'apparition d'un nœud entre la mort et la guerre, en fonction des représentations que nous nous en faisions.

Pour la mort, nous pouvons nous référer aux *Voyages de Gulliver* de Jonathan Swift, publiés à partir de 1726, donc inconnus de La Fontaine. Car que se passe-t-il quand nous comparons les morts du passé à ceux d'aujourd'hui ? Nous les comptons à la louche au Brobdingnag, le pays des Géants, tandis que nos morts à nous le sont au pays des Lilliputiens, qui mesurent quinze centimètres de haut. Donc à décompter normalement avec une petite cuillère. Ne l'ayant pas fait, on comprend pourquoi le très faible taux de mortalité de la Covid par rapport à celui de n'importe quelle peste du passé nous paraît géant. Sachant la différence de volume entre une petite cuillère et une louche, on pourrait en conclure qu'un mort de la peste autrefois vaut dix-huit fois moins qu'un mort de la Covid aujourd'hui, et ce dernier dix-huit fois plus.

Qu'est-ce que cela signifie ? Que la valeur que nous accordons à la vie humaine a profondément changé. Un bon point pour nous, éthiquement parlant, puisque cela revient à affirmer que chaque vie humaine compte absolument. Ce qui explique pourquoi le slogan « sauver des vies » avait valeur d'impératif catégorique. Mais peut-on déclarer une guerre au nom d'un tel impératif ? Dans une guerre, ne commence-t-on pas plutôt par accepter de mourir au nom d'une cause supérieure ?

Il se trouve que notre conception de la guerre, pour les mêmes raisons, avait elle aussi profondément changé. Les hécatombes sanglantes, c'était bon pour les deux dernières guerres mondiales, aujourd'hui pour les Congolais, les Afghans ou les Yéménites. Pas pour nous. Depuis des années, les Occidentaux se flattaient de mener des guerres à « zéro mort » pour eux-mêmes quand ils intervenaient çà et là. Si l'un de nos soldats trouvait la mort en opération, il était traité comme une exception pour confirmer la règle. Après l'évocation de sa vie et de ses actions dans les médias, il avait droit à tous les honneurs dus à celui qui a donné sa vie pour sa patrie.

Bien que nous ne risquions guère de voir des centaines de milliers de personnes mourir de la Covid-19 en France, la drôle de guerre que menait Macron contre le virus devait donc se préoccuper de chaque vie. Ce qui justifiait de prendre toutes les mesures qu'imposait la situation. Mais puisque Macron semblait jouir d'un caractère à fortes tendances napoléonides, il devait aussi savoir ce que Napoléon Bonaparte disait de la guerre : qu'elle est « un art simple et tout d'exécution ».

Or c'est bien dans ce « tout d'exécution » que le pays l'attendait au tournant. Il avait pris acte du consentement de la population au confinement et aux mesures prophylactiques qui lui étaient imposées. Et il était certainement conscient que la France bouillonnait de Crapauds, des vieux auxquels s'adjoindraient forcément de nouveaux, qui n'attendaient que l'occasion de se manifester.

La Fontaine, pourtant si dur envers la Grenouille, ne fait pas mention du Crapaud. Pourtant, dans nos campagnes, on assimile crapauds et grenouilles pour faire de leur apparition l'annonce de l'arrivée de la pluie. Pour passer de la Grenouille au Crapaud et ériger ce dernier en figure animalière à part entière, il fallait que la Grenouille démocrate passe par une métamorphose. Qu'au lieu de réclamer un roi à Jupiter, il fallait qu'elle subisse une pression intolérable contre laquelle s'insurger. Au départ, tout se passera comme dans la petite histoire de la Grenouille plongée dans une eau qui se réchauffe à si petit feu qu'elle finira ébouillantée sans même s'en rendre compte. Sauf qu'à un certain niveau de chaleur, elle sautera à temps de la marmite. Changée en Crapaud, prêt à cracher sa bave sur les responsables de la situation insupportable qui lui est faite.

Le Crapaud, c'est la face noire de la Grenouille démocrate. Mais pour que les Crapauds puissent sortir de la marmite, encore faut-il que les circonstances aient provoqué l'ouverture du couvercle.

Le « chaud-froid »

Dans l'art culinaire, un « chaud-froid » désigne simplement une préparation chaude que l'on sert froide. Tandis que l'art macronien du « en même temps » autorisait des manières plus subtiles de jouer du chaud et du froid.

Sachant que sa méthode était souvent prise pour une marque d'indécision, Macron devait éviter à tout prix de provoquer ce Satyre rustique qu'est le peuple, toujours prêt à lui crier : « Arrière ceux dont la bouche / Souffle le chaud et le froid[1] ! » Mais il avait trouvé la parade : souffler « en même temps » le chaud et le chaud... Ce qu'il avait fait en accouplant immédiatement « sauver des vies » et « quoi qu'il en coûte ». Au lieu de la facture salée que redoutaient les Français, ils seraient confortablement installés sur un matelas douillet, gonflé d'argent magique. Un coup de génie pour préserver la France d'une explosion sociale, qui avait suscité la jalousie des peuples voisins et l'agacement des États-Fourmis du nord de l'Europe, pour lesquels la France restait décidément un pays de Cigales, croulant sous la dette.

L'intendance suivrait-elle ? Dans le menu élaboré à l'Élysée, tout était prévu. Mais sur le terrain, du chaud-froid élaboré par les planificateurs il ne restait que le froid. Parce que la population constatait que les équipements requis par la guerre brillaient par leur absence. À commencer par les masques de protection. Ceux-là, on les voyait surtout à la télévision, portés par les passants qui déambulaient paisiblement dans les rues de Taipei ou de Séoul, qui s'offraient même le luxe de les jeter dans les poubelles publiques avant de passer la porte de leur domicile. Les masques, ils étaient produits en Asie et les Asiatiques en disposaient à profusion. Pas nous.

Personne n'oublierait comment le gouvernement, par le truchement de Sibeth Ndiaye, sa porte-parole, nous avait ficelé une réponse digne d'une pièce de Molière ou de Feydeau. Les masques ? Ils sont inutiles, et de toute façon personne ne saurait s'en servir correctement. Une réponse en forme de cache-sexe pour couvrir la nudité de nos stocks. Traduction : « Les masques sont inutiles puisque nous sommes incapables de vous en fournir. » Formule qui atteignait son point culminant quand on l'appliquait aux Ehpad, où se trouvaient confinées les personnes les plus âgées : « Les masques sont inutiles aux inutiles, puisque ce sont des inutiles. »

De manière subliminale, nous étions renvoyés au dogme auquel s'accrochait notre système technocratique de gestion de la santé publique : il ne faut pas de stocks, uniquement des flux. Un virus d'ordre idéologique, celui-là ! D'où la suppression de quantité de lits dans les hôpitaux au profit d'une prolifération de bureaux. Sans oublier le scandale que représentait la dissolution de l'Eprus, l'organisme chargé de gérer les stocks stratégiques de masques et autres équipements en cas de menace sanitaire majeure. Suppression réalisée en 2016 sous le ministère de Marisol Touraine, où Jérôme Salomon, notre greffier de la pandémie, occupait le poste de « conseiller sécurité sanitaire ».

Le piquant de l'affaire est qu'une fois admis qu'il fallait procurer de toute urgence des masques à la population, le gouvernement nous a annoncé qu'un pont aérien avait été mis en place depuis la Chine pour nous en fournir. Or qu'est-ce qu'un pont aérien, sinon l'agent numéro un des flux mondialisés ? Triomphe du flux, grâce auquel nous aurions enfin des stocks !

Mais quand certaines régions réussiront à se faire livrer des masques plus rapidement que l'État, que fera ce dernier ? Il les réquisitionnera à l'arrivée de l'avion pour que la machinerie administrative prenne le temps de convertir les stocks en flux, ce qu'elle fera au compte-gouttes. Laissant aux simples citoyens le soin de bricoler des masques maison à base de vieux rideaux passés à la machine à coudre.

La palinodie dont les masques avaient fait l'objet se reproduira à l'identique à l'apparition des vaccins. Cette fois les stocks étaient là, mais il faudra encore compter avec les tergiversations de notre administration pour que les médecins libéraux et les pharmaciens entrent officiellement dans la boucle vaccinale. Quand les vaccinodromes feront leur réapparition, on assistera à une course éperdue des demandeurs de vaccin à la prise de rendez-vous. Dans l'espoir d'accéder à un lieu de vaccination de masse, même éloigné de leur domicile.

Qu'en déduire ? Que l'ennemi principal n'était plus le virus de la Covid, mais celui de la technocratie, incarné par l'*homovirus* qu'est l'énarque. Un virus responsable de cette « peste techno » dont pâtissait notre pays depuis des décennies. C'est lui qui avait mis nos hôpitaux à l'os à force de réformes technocratiques plus destructrices les unes que les autres. Lui dont le dernier méfait était le protocole Covid, voulu par une technostructure cherchant à se couvrir par tous les moyens.

Et maintenant, que nous chantait le gouvernement ? Qu'il faut « sauver l'hôpital » ! Un slogan répété comme un mantra, que nombre d'esprits malins ont aussitôt traduit par « sauver l'hôpital plutôt que les malades ». Parce qu'aux yeux de la technostructure, augmenter le nombre de lits de soins intensifs et de réanimation pour faire face à la pandémie revenait à se tirer une balle dans le pied, qu'elle tenait à se conserver alerte et léger. Sauf qu'en ce terrible mois de mars 2020, quand nos hôpitaux frôlaient la Berezina, c'est une révolution de palais survenue en leur sein qui nous a évité le pire. Pour une fois, médecins et soignants ont imposé à l'administration de se mettre à leur service, alors qu'à l'ordinaire c'était exactement l'inverse. Ils ont connu des échecs, mais fait ce qu'ils ont pu avec des moyens arrachés de vive force. Autant de Blouses blanches qui avaient pu faire penser aux Gilets jaunes lors des grèves dures qu'ils avaient menées bien avant la pandémie, mais rhabillés en Gilets blancs par la population, qui leur offrait rituellement, chaque soir à 20 heures, un concert de casseroles en hommage. Face au roi coronavirus, ce sont les réanimateurs, ces rois de l'hôpital, qui sont ainsi devenus le dernier carré de la Garde, à laquelle en appelait déjà Napoléon pour sauver une bataille mal engagée.

Les Ehpad, hôpitaux psychiatriques et autres institutions où le personnel était totalement démuni ont eu moins de chance. L'improvisation y était devenue la règle, avec chasse aux masques de rebut cachés çà ou là, récupération de tenues de peintres dans les magasins de bricolage, entorses aux protocoles sanitaires devenus inapplicables, négociations au cas par cas avec les familles voulant à tout prix revoir leurs vieux parents avant qu'ils disparaissent. Autant d'établissements devenus des bateaux ivres, menacés de finir en radeaux de la Méduse.

Des collectifs d'indignés se sont alors mis à pousser comme des champignons. Particulièrement vénéneux à l'endroit d'Agnès Buzyn, ministre de la Santé au tout début de la pandémie, déjà remplacée par Olivier Véran. Mais tout le gouvernement était sur la sellette, ne sachant plus à quel saint se vouer pour se tirer du pétrin. Le 26 mars 2020, tandis que les controverses flambaient chez les médecins et les scientifiques, le traitement à l'hydroxychloroquine et antibiotiques, préconisé par Didier Raoult, était autorisé dans les hôpitaux pour les cas graves (à la fureur de Raoult, qui le réservait aux covidés débutants). Un mois plus tard, à la suite d'études négatives, ce traitement serait interdit.

Et Macron dans tout cela ? Il s'était sorti indemne de sa virée à Marseille du 9 avril, où il avait couvert Raoult de louanges. Mais ce n'était que partie remise puisque ce virus de la technocratie, il le portait aussi en lui, teinté de philosophie. Un virus biface cette fois, puisant à deux sources. La première inspirée par l'adage de Saint-Simon, selon lequel « il faut passer du gouvernement des hommes à la gestion des choses ». La seconde par les techniques du management à l'américaine, représenté par le cabinet McKinsey, qui l'avait accompagné lors de la présidentielle de 2017 avant d'être chargé à grands frais de conseiller nos conseillers en matière de santé.

Que Macron soit mis en cause était donc inévitable. On pouvait en découvrir un indice parmi d'autres dans le communiqué d'un syndicat d'enseignants, le SNUDI-FO 94. Daté du 25 mars 2020, il protestait contre la demande adressée aux parents d'élèves de l'académie de Créteil de venir chercher dans les écoles le matériel nécessaire au travail de leurs enfants confinés à la maison. Incohérence de la technocratie rectorale qui mettait la vie des parents en danger, en contradiction avec les règles du confinement !

Mais le proverbe bien connu que ce communiqué affichait en exergue visait plus haut : *Quos vult perdere Jupiter dementat* (« Jupiter prive de raison ceux qu'il veut perdre »). En majuscules d'imprimerie et en latin s'il vous plaît, preuve que des syndicalistes pouvaient être capables d'envoyer la flèche du Parthe, tirée par-derrière, à notre trop jupitérien président. Pour lui rappeler qu'il pourrait bien en venir lui aussi à se perdre, par sa faute.

13.

Les vieux boucs

Les premiers Crapauds surgis de la marmite pouvaient passer pour insignifiants, alors qu'ils annonçaient les pluies et les tempêtes à venir. De simples cracheurs de bave qui se prenaient pour Émile Zola, fiers de lancer leur « J'accuse ! ». Comme ce passant apostrophant violemment un Chinois inconnu dans une rue de Paris, pour s'entendre répliquer : « Je ne suis pas un virus ! ». Ou ces boycotteurs de restaurants chinois, présumés servir du virus à table. Ou ce provincial déclarant à la radio que les « Parisiens » fuyant la pandémie pour se réfugier dans son village étaient « arrivés de nuit, comme des doryphores » – des insectes !

Il est aussi arrivé à des soignants, encensés par ailleurs, de se trouver en butte à l'hostilité de leurs voisins d'immeuble. Parce que soupçonnés de transporter le virus avec eux et de le distribuer à tous les étages en contaminant les boutons de l'ascenseur.

Ces formes méprisables de haro, lancé contre les « porteurs de peste » réincarnés en *homovirus*, signalaient que la chasse aux boucs émissaires était ouverte. Mais encore fallait-il découvrir un gibier d'assez belle taille pour qu'il occupe la position du fauteur de troubles.

C'est à un économiste que l'on doit d'en avoir identifié un. En publiant, le 3 mai 2020, une tribune ainsi titrée :

« Coronavirus : tout ça pour des vieux blancs malades ». Avec une minuscule pour « Blancs ».

Signe de mépris, ou missile à têtes multiples à forte charge idéologique ? En tout cas le message était clair : l'*homovirus*, c'était le « vieux Blanc malade ». Un fauteur de troubles qui dégageait une puissante odeur de bouc. C'est à cause de lui que nos dirigeants avaient sacrifié l'économie et la jeunesse du pays au lieu de faire l'inverse. Ceci au nom d'un double privilège : le « privilège vieux » accordé à des personnes âgées qui, de toute façon, n'en avaient plus pour longtemps (les fameux « six mois de trop ») ; le « privilège blanc » dont jouissait une classe majoritairement composée de retraités blancs. Un avantage structurel par rapport à une jeunesse délaissée, victime de racisme, et par rapport aux populations des pays pauvres, abandonnées au virus. Pour Macron, c'était une sacrée épine qu'on lui plantait dans le pied pour mener sa guerre contre le virus. Une menace de haro à peine voilée s'il n'y prenait garde.

La lutte des âges

Ce thème de la lutte des âges ne date pas d'aujourd'hui, comme la littérature en fait foi. La nouveauté est qu'elle était représentée par un Crapaud implanté depuis des décennies dans notre société, dont la bave diffusait à la fois le virus du « jeunisme », qui survalorise la jeunesse, et celui de l'« âgisme » qui dévalue la vieillesse. Deux positions s'engendrant l'une l'autre en parfaite réciprocité. Avec pour effet, quand l'occasion paraît propice, de substituer la lutte des âges à la bonne vieille lutte des classes.

Sans utiliser les termes de « jeunisme » et d'« âgisme », qui ne pouvaient pas exister avant l'apparition de ce

Crapaud, La Fontaine n'avait pas manqué d'aborder le sujet. Dans *La Mort et le Mourant*, nous découvrons des arguments qui pourraient passer pour « âgistes ». Il y est question d'un vieillard plus que centenaire auquel la Mort vient signifier que sa dernière heure est venue, mais qui s'insurge avec véhémence. Motif : « Elle le contraignait de partir tout à l'heure, / Sans qu'il eût fait son testament, / Sans l'avertir au moins [1]. »

Oser opposer à la Mort les règles de la « bonne mort », c'était un comble. Car si quelqu'un se devait de les respecter, ces règles, c'était lui et non la Mort : « La mort ne surprend point le sage : / Il est toujours prêt à partir [2]. » Et de s'enferrer de plus belle, le vieux filou, en ajoutant qu'il fallait retarder son départ parce que sa femme ne voulait pas qu'il parte sans elle, et qu'il n'avait pas encore eu le temps d'ajouter une aile supplémentaire à sa maison. Des préoccupations matérielles et domestiques confirmant qu'il était un insensé et non un sage. En plus coupable d'*hubris* puisqu'il prétendait décider, comme un grand, de l'heure de sa mort !

Que lui répond la Mort ? Que ce débat sur les règles à respecter n'a pas lieu d'être, puisque c'est uniquement l'âge atteint par le Mourant qui est en cause. Trouve-moi, lui demande-t-elle, « deux mortels aussi vieux » que toi dans Paris, et même « dix en France ». Un défi impossible à relever puisque ce vieux a déjà passé les bornes que la nature a fixées à la durée de vie de la plupart des gens.

Comme le vieux ne paraît toujours pas convaincu, la Mort en remet une couche. Pas prévenu, dis-tu ? Mais vois l'état de décrépitude que tu dois à la vieillesse : « Ne te donna-t-on pas des avis [...] Quand tout faillit en toi ? Plus de goût, plus d'ouïe : / Toute chose pour toi semble s'être évanouie. » Et La Fontaine d'approuver :

La Mort avait raison : je voudrais qu'à cet âge
On sortît de la vie ainsi que d'un banquet,
Remerciant son hôte, et qu'on fît son paquet ;
Car de combien peut-on retarder le voyage[3] ?

Cette image du banquet, La Fontaine la doit à divers auteurs antiques, le poète Horace, un païen, comme le philosophe Lucrèce, un incroyant radical. Signe qu'à ses yeux elle vaut pour tous en tout temps, que l'on soit chrétien ou pas.

Faire de sa vie un banquet, c'est ce qu'Axel Kahn, atteint d'un cancer incurable en pleine pandémie, nous a déclaré à la fin mai 2021 avoir fait de la sienne. Et l'on se souvient que Jacques Brel, dans *Le Moribond*, voulait que son enterrement aussi soit une fête : « J'veux qu'on rie / J'veux qu'on danse / Quand c'est qu'on m'mettra dans l'trou. »

Mais fallait-il en conclure que tels les rats gris, les plus âgés d'entre nous devaient se réjouir de crever tranquillement dans leur trou, comme cela s'était passé en Suède au début de la pandémie ? Et qu'au droit des jeunes de vivre sans contraintes correspondrait un devoir de disparaître pour les plus vieux ?

C'est l'ultime argument qu'avait dégainé la Mort pour venir à bout de l'obstination du plus que centenaire : « Tu murmures, vieillard ; vois aussi ces jeunes mourir[4]... » Sous-entendu, mourir avant l'âge, sans avoir pu jouir de la vie comme toi, qui partira « rassasié de jours », comme la Bible le dit des patriarches.

La Mort serait-elle « jeuniste » ? Elle fait plutôt valoir le point de vue spontané des jeunes, qui prennent leur jeunesse pour un certificat d'immortalité, opposable à tous. Funeste erreur commise par la Jeune Souris qui, tombée entre les pattes du Vieux Chat Raminagrobis, croyait sauver sa peau en plaidant qu'il ferait mieux de la laisser grossir pour la croquer plus tard. Une Souris tellement grisée par sa soif de vivre qu'elle en avait oublié la dure loi de la nature. Incarnée par le Vieux Chat qui, sourd à ses arguments, l'avait envoyée illico au paradis des Souris. Et La Fontaine de commenter : « La jeunesse se flatte, et croit tout obtenir[5]. » En ajoutant aussitôt : « La vieillesse est impitoyable. »

Les trois jouvenceaux qui se gaussaient de l'octogénaire en train de planter des arbres n'étaient pas plus lucides. Pour planter, se moquaient-ils, il faut avoir devant soi « un avenir qui n'est pas fait pour vous[6] ». Que leur a répondu le vieillard ? Que longue ou courte, la vie humaine est toujours brève, et que dans le laps de temps qui leur reste, la tâche des vieux est d'assurer la transmission d'un monde habitable aux jeunes générations :

> Mes arrière-neveux me vaudront cet ombrage ;
> Hé bien défendez-vous au Sage
> De se donner des soins pour le plaisir d'autrui ?

Quant à la jouissance, pourquoi dévaluer celle que les vieux éprouvent à continuer de vivre et d'agir, comme si seule celle des jeunes avait de la valeur ? Car poursuit le vieillard, ce travail que je fais pour l'avenir est « un fruit que je goûte aujourd'hui ; / J'en puis jouir demain, et quelques jours encore ».

Ironie de la fable : les trois jeunes ayant péri par accident, c'est ce même vieux qui pleurera leur mort et gravera cette histoire sur le marbre de leur tombe. Jouira bien qui jouira le dernier...

Pour La Fontaine, la lutte des âges n'a donc aucun sens. Le temps pour vivre et le temps pour mourir s'inscrivent dans un temps qui « hélas ! embrasse tous les temps[7] ».

Même s'il y a un âge pour mourir, on peut mourir à tout âge : « Alléguez la beauté, la vertu, la jeunesse, / La mort ravit tout sans pudeur. » Son jour et son heure dépendront de la nature, qui a ses limites, et de la destinée de chacun, où prime la Fortune.

La « mâle-mort »

On ne parle plus de la « mâle-mort », qui désignait au Moyen Âge la « mauvaise mort » par opposition à la « bonne ». Expression que plus personne n'oserait utiliser publiquement, vu ce qu'elle connote de « virilité ». Elle rend cependant bien compte de la permanence de nos difficultés face à l'épreuve du mourir. Et c'est ce qu'on entend par « bon » et « mauvais » qui décidera en réalité de son sens.

Dans *Le Lion devenu vieux*, La Fontaine nous avait fourni un exemple typique de « mauvaise mort », celle du Lion achevé par le coup de pied de l'Âne après avoir été lynché par ses propres sujets : « Ah ! c'est trop, lui dit-il, je voulais bien mourir ; / Mais c'est mourir deux fois que souffrir tes atteintes [8]. »

Cette mort était le contraire de celle que Grecs nommaient « *euthanasia* », ou les Latins « *exitum facile* ». Suétone qualifiait ainsi la mort d'Auguste, qui s'était paisiblement éteint dans son lit, échappant à l'infamie, à la trahison et à l'opprobre qui ont accompagné la mort violente de tant d'empereurs romains. Un sens qui a commencé à évoluer aux XVIe et XVIIe siècles avec Thomas More puis Francis Bacon, pour passer de la « bonne mort » à la « mort douce », c'est-à-dire adoucie par des moyens artificiels (par exemple l'opium). Tandis que dans son sens actuel, « euthanasie » signifie « faire mourir ».

Or aux yeux de La Fontaine, les arguments que nous invoquons pour justifier cette pratique n'ont aucune valeur. Nous savons déjà que l'état de décrépitude dans lequel se trouvait le plus que centenaire ne l'avait pas convaincu qu'il ferait mieux d'en finir. Un échec dont La Fontaine nous a donné la raison en passant la parole à un certain Mécénas, chez qui il a trouvé un plaidoyer « si beau et si à propos » qu'il a absolument voulu le caser dans sa fable :

> Qu'on me rende impotent,
> Cul-de-jatte, goutteux, manchot, pourvu qu'en somme
> Je vive, c'est assez, je suis plus que content.
> Ne viens jamais, ô Mort, on t'en dit tout autant[9].

Un premier tableau que La Fontaine a immédiatement complété dans la fable qu'il a collée à la suite de celle-ci, pour prendre en compte l'argument de l'excès de malheur.

Il s'agit cette fois d'un pauvre Bûcheron qui en est venu à en appeler à la Mort pour le délivrer de sa vie de misère. La « Mort-médecin » comme remède absolu au malheur absolu, tant il est vrai que « Le trépas vient tout guérir[10] ».

Mais que vaut ce raisonnement ? Un zéro pointé, parce que la mort n'est pas un traitement médical. Car s'il faut peser les avantages primaires et les effets secondaires avant de recourir à un traitement, cela ne vaut que pour les vivants. Tandis que ce remède radical qu'est la mort a beau avoir pour effet de supprimer les maux qui nous accablent, il ne peut le faire qu'en nous ôtant la vie. Dès lors le calcul des bénéfices et des risques se trouve invalidé, puisque son support qu'est la vie a disparu.

Ce calcul, le Bûcheron n'était pas en état de le faire tant que la Mort, croyant l'obliger, ne s'était pas présentée à lui.

La voilà arrivée : elle « frappe à sa porte, elle entre, elle se montre. » Mais sitôt qu'il la voit, le malheureux, épouvanté par sa hideur, la repousse avec vigueur : « N'approche pas, ô Mort ; ô Mort, retire-toi[11]. »

Le seul bon choix que ce Bûcheron devait faire était donc de n'en faire aucun. Ce qui était encore un choix, celui d'accepter son sort tel qu'il est : « Ne bougeons d'où nous sommes. » Et La Fontaine d'en conclure : « Plutôt souffrir que mourir, / C'est la devise des hommes. »

En parlant de « devise », La Fontaine n'invoque ni un impératif moral, ni un principe juridique, ni même une loi religieuse. Juste un précepte tiré de l'expérience commune, que l'on pourrait inscrire dans la *phronèsis*, cette sagesse pratique qui unit, selon Aristote, la raison théorique, strictement rationnelle, et la raison pratique qui dirige nos actes.

Plutôt mourir que souffrir

Comment est-on passé de « plutôt souffrir que mourir » à « plutôt mourir que souffrir » ? Une devise à tiroirs puisqu'il ne s'agit plus seulement d'escamoter la mort pour ne pas avoir à la vivre, donc de mourir pour ne pas mourir, mais d'échapper aussi au mourir, tenu pour pire que la mort. On retrouve ici la dimension virile de la « mâle-mort », parce que nous plaçons au premier plan la liberté souveraine du sujet. Ceci dans un contexte marqué par le consumérisme, le productivisme et l'économisme, au sein duquel notre manière d'envisager la vie a profondément changé. L'aspiration au bonheur s'est tendanciellement réduite à celle du bien-être, décliné en art du bien-vivre, du bien-jouir et du bien-mourir, où l'ancien art de mourir a été remplacé par l'aspiration à disparaître sans douleur. Nous ne pensons plus que la vieillesse, même la plus dégradée, est encore le meilleur moyen que nous ayons trouvé pour ne pas mourir jeunes. Le vieillissement n'est plus l'occasion de gagner en expérience et en sagesse, mais un naufrage à petit feu, entraînant la destruction progressive de toutes nos capacités, au détriment de nos performances dans tous les domaines. Ce qui motive la lutte acharnée que nous menons, à titre préventif ou curatif, à grand renfort de dispositifs « anti-âge », contre les tares associées au vieillissement. Comme dans la fable où un Lion « décrépit, goutteux, n'en pouvant plus, / Voulait que l'on trouvât remède à la vieillesse [12] ». Sans aucun résultat, bien entendu, en dépit de l'afflux de médecins, tous « donneurs de recettes ».

Sous cette flèche tirée par La Fontaine, était clairement visé le Descartes du *Discours de la méthode*. Quand emporté par l'enthousiasme dû à son invention du « corps machine », il imaginait que l'on disposerait un jour d'une médecine capable de remédier à « l'affaiblissement de la vieillesse ». Un Descartes qui s'était pourtant vite rétracté, puisque l'homme étant un mélange indissociable d'âme et de corps aussi longtemps qu'il vit, il était exclu d'en faire une machine. Humainement parlant, une médecine mécanicienne toute-puissante était donc une médecine impossible. Et La Fontaine ne pourra que s'accorder avec Descartes dans sa conclusion, toute de sagesse : « au lieu de trouver les moyens de conserver la vie, j'en ai trouvé un autre, bien plus aisé et plus sûr, qui est de ne pas craindre la mort [13]. » Et comme Descartes, tourner le tourner le dos aux utopies que l'on qualifierait aujourd'hui de « transhumanistes », selon lesquelles le progrès technoscientifique pourrait remédier au vieillissement comme à la mort. Comme le soutenait déjà Francis Bacon dans *La nouvelle Atlantide*, publiée en 1627, connue de tous à l'époque.

Nous sommes passés aujourd'hui à une sorte d'entre-deux. Sans nous rallier forcément aux projets des transhumanistes, ils nous séduisent. Vivre plus longtemps en bonne santé est toujours bon à prendre. Ce qui dégrade d'autant la représentation que nous nous faisons de la vieillesse et de ses tares. D'où l'apparition d'une ambivalence en ce qui concerne le sort à réserver aux plus âgés et aux plus dépendants d'entre nous, que les Ehpad et institutions similaires ont pour mission de maintenir en vie aussi longtemps que possible. Alors que dans un monde vivant de flux de toutes sortes et toujours plus rapides, ils constituent un stock d'improductifs, coûteux pour la société. Un stock où se concentre en plus ce qu'il y a de pire dans la décrépitude : la démence sénile ou la maladie d'Alzheimer. De là à parler de « peste grise », il n'y a qu'un pas. Une « peste » qui en a engendré une autre : l'arrêt de l'activité du monde.

Pour un économiste pur et dur, cela peut s'entendre. Mais il faut avoir bien d'autres arrière-pensées pour lancer le haro sur les « vieux Blancs malades ». Sans même les convoquer, il faut au moins tenir la mort des plus âgés et des plus atteints pour une « délivrance ». Un terme devenu lui aussi ambivalent : délivrance pour eux-mêmes, délivrance pour la société. Conception de la délivrance que le bon docteur Karl Brandt, médecin personnel de Hitler, avait portée à un sommet criminel en parlant de « mort miséricordieuse » pour justifier l'extermination de certaines catégories de la population auxquelles le régime déniait le droit de vivre.

Sans aller jusqu'à pareille extrémité, certains ont pu penser de même à propos des vieux soumis au protocole Covid. Y contribue ce que le philosophe Bertrand Quentin a qualifié d'« empathie égocentrée ». Une version perverse du commandement évangélique « Ne fais pas à autrui ce que tu ne voudrais pas qu'on te fasse à toi-même ». Perverse parce que l'autre, comme dit Levinas, n'est pas mon *alter ego*, mon autre moi, il est tout autre. Oublier cette différence radicale conduit inévitablement à tomber dans le piège de l'*ego in alter*, qui consiste à se voir soi-même en l'autre. Et tels ces « anges de la mort » qui passent épisodiquement à l'acte, on peut en venir à vouloir supprimer l'autre, par compassion fusionnelle, pour ne pas vivre l'horrible situation dans laquelle il se trouve comme si nous la vivions nous-mêmes. Ajoutons ce qui se savait du protocole Covid, et la lune de miel que nous entretenons avec la médecine de haute technicité virait à la lune de fiel. Dans quel état sortiraient ces vieillards de la réanimation, s'ils en sortaient ? Des « légumes » ? Plutôt mourir que souffrir !

Or cette devise, aujourd'hui, est de plus en plus fréquemment emballée dans un prêche moralisant sur la « mort dans la dignité ». Comme si ceux qui assumaient leur mourir, quelle qu'en soit la forme, étaient plongés dans l'indignité. Un prêche relevant de cette « moraline » dont Nietzsche faisait la fausse-monnaie de la morale. « Indignité de la mort digne ! », s'exclamait le philosophe américain Paul Ramsey.

Ignorant les controverses dont cette thématique fait aujourd'hui l'objet, La Fontaine nous avait d'avance répondu ce qu'il en pensait dans sa fable du Lion lynché par ses propres sujets. C'est « sans faire aucunes plaintes », qu'il avait accepté le sort cruel qui lui était infligé. Peut-être le prenait-il pour la juste punition de ses crimes, chrétiennement accepté pour sauver son âme. Mais ce qu'il y avait d'indignité dans cette mort était exclusivement le fait de l'Âne, animé par un ressentiment qu'il pouvait enfin cracher à la face du Lion. Assorti du coup de pied du lâche qui permet au plus faible d'achever le plus fort déjà à terre.

En mars 2020, épicentre de la plus terrible des vagues que nous avons vécues, c'est l'embarras qui dominait. Entre laisser tomber les vieux ou tout faire pour eux, nous devions être un certain nombre à hésiter. Les décès de personnalités âgées, mais connues, se produisaient en rafale. Pour ne citer qu'eux, le philosophe Lucien Sève le 23 mars, le chanteur Manu Dibango le 24, le chroniqueur du *Monde* Henri Tincq le 29. Qu'en avait-on dit ? Qu'ils étaient bien âgés, déjà malades. Une délivrance par la Covid ? On n'osait pas.

Il est vrai que La Fontaine ne se situait pas dans le contexte d'une épidémie pour aborder ces questions. Ce qu'a tenté Giono, dans *Le hussard sur le toit*, à l'occasion d'un épisode qui pourrait prendre la dimension d'une parabole à portée générale.

Il l'a fait en dégainant cette formule flamboyante : « le cholérique n'est pas un patient : c'est *un impatient*[14]. » Formule qui pourrait s'appliquer à ceux qui réclament que soit mis fin à leur vie avant d'entrer dans l'antichambre de la mort qu'est le mourir. Formule qui dit aussi que l'abandon du malade à son sort est accompagné d'un ultime sursaut de liberté : ce qu'il subit sans l'avoir désiré ni voulu, maintenant il le veut. De sorte que le cholérique, écrit Giono, « meurt littéralement d'égoïsme » et non du choléra[15]. Ce qui en fait un égocentrique dépourvu de la moindre empathie, fût-ce celle qu'il devrait éprouver à l'endroit de ceux qui s'acharnent à le sauver. Saisi d'un sursaut d'orgueil, le cholérique « se moque de la chair de sa chair. Il suit son idée[16] ». Pour qu'il renonce à la mort, poursuit Giono, il faudrait qu'il trouve plus fort, ou plus beau, ou plus séduisant que la mort.

Qu'est-ce que cela pourrait être ? On pense évidemment à l'amour. Quand Pauline tombera malade du choléra, Angelo s'acharnera à la frictionner comme un fou pour redonner un peu de chaleur. Mais elle lui lâchera dans un souffle : « J'aime mieux mourir[17]. » Elle ne mourra pas.

Est-ce parce qu'Angelo, qui l'a soignée, est plus fort, plus beau et plus séduisant que la mort ? Giono ne nous le dit pas. Est-ce parce que Pauline aime son vieux mari plus que la mort ? Nous saurons juste que Pauline laissera Angelo partir vers l'Italie et qu'elle rejoindra son château. Son vieux mari n'y était pas. « Il doit être en train de faire le fou quelque part », lui dit sa belle-mère sur un ton blasé.

Macron au moulin

Macron avait compris qu'il ne devait pas se laisser embarquer dans cette affaire de « privilège vieux », doublé du « privilège blanc ». Un piège fourré d'autant de virus révolutionnaires que la lutte des classes. Et pour une fois qui n'était pas coutume, se préoccuper des plus âgés, qui payaient déjà le prix fort à la pandémie, était un bon point pour le gouvernement côté éthique, même s'il existait des arrière-pensées électoralistes. Ce sont les vieux qui votent le plus, et généralement ils votent « bien ». Pas question de susciter la colère vengeresse de leurs familles lors de la prochaine présidentielle ! Mais impossible également de se mettre à dos tous les jeunes du pays, à commencer par les étudiants, les plus frustrés et les plus inflammables. Pas question de voir des hordes de jeunes, en gilets verts ou rouges, défiler dans Paris derrière le slogan « Macron t'es foutu, tes jeunes sont dans la rue » ! Avec les Gilets jaunes, il n'avait que trop payé pour voir. Il devait déployer toutes les ressources du « en même temps » pour ménager la chèvre et le chou, afin que la chèvre, jeune ou vieille, ne mange pas le chou. Et lui avec.

Pour dissiper cette fâcheuse odeur de vieux bouc qui flottait dans l'atmosphère, son gouvernement soignait sa parole publique. Il était exclu de parler des « vieux ». « Séniors » ne faisant pas assez vieux, « les plus vulnérables d'entre nous » un peu trop, parler de « nos anciens » était plus noble et plus flatteur. Cette expression fleurait bon cette cire des antiquaires qui sert à faire reluire nos meubles de famille. Puisqu'il y avait apparemment une inégalité de traitement, il fallait envoyer des signaux à la jeunesse.

Fin décembre 2020, descendant de son trône jupitérien, Macron s'était donc laissé interviewer et même bousculer par le média en ligne justement nommé « Brut », fort prisé des jeunes et des moins de trente ans. Pendant l'année 2021, il multipliera les vidéos destinées aux jeunes sur TikTok, SnapChat et Instagram. En mai, dans les salons de l'Élysée, il se livrera à un concours d'anecdotes avec les youtubeurs McFly et Carlito. Il profitera également de l'été pour rajeunir son look en laissant tomber le costume, sa toge jupitérienne, pour le tee-shirt et le polo. Et le 12 août 2021, il suspendra *in extremis* le décret que le *Journal officiel* venait de publier, qui imposait le contrôle technique aux deux-roues motorisés. Ceux-là mêmes qui pourrissent les nuits des citadins avec leurs pots d'échappement trafiqués. Mais pas le moment de provoquer une révolte des motards et des scootéristes de banlieue !

Bien qu'étalées dans le temps, les mesures en faveur des jeunes n'ont pas manqué à l'appel. Ils ont eu droit, en vrac, au « pass culture », au « pass sport », au plan « un jeune, une solution ». Pour les étudiants, ce sera le repas à un euro et le « chèque psy ». Pour les jeunes sans emploi, le « revenu d'engagement ».

Mais quand on pense à sa réélection, est-ce une si bonne idée de courtiser une jeunesse qui « se flatte, et croit tout obtenir » ? Au risque d'y perdre un électorat plus âgé que ces danses du ventre médiatiques auront passablement irritée ?

En flattant la jeunesse pour son ramage et son plumage, Macron pouvait espérer que le moment venu, elle ouvrirait tout grand le bec pour lâcher le seul fromage qui l'intéresse : un bulletin de vote en sa faveur. Mais si cette jeunesse se souvenait d'une certaine fable qu'elle avait apprise à l'école, elle devait savoir que « tout flatteur / Vit aux dépens de celui qui l'écoute[18] ». Donc qu'elle était le Corbeau et Macron le Renard.

Le coup de pied de l'Âne législatif

Affairé à faire tourner son moulin pour distribuer le grain de manière aussi équitable que possible, Macron ne s'attendait sans doute pas à l'apparition d'un Âne prétendant s'atteler aussi au moulin. Un Âne législatif celui-là, représenté par l'épisode d'apparence saugrenue qu'était la proposition de loi « sur la fin de vie libre et choisie » du député Olivier Falorni, pourtant membre de la majorité présidentielle. Elle était venue en discussion à l'Assemblée nationale en avril 2021, contre l'avis du gouvernement. Sous un emballage libéral, elle proposait la légalisation du suicide médicalement assisté et de l'euthanasie. Rien de neuf pour le fond, puisque cette revendication, portée par des associations militantes, était récurrente depuis des décennies. Mais pourquoi la remettre sur le tapis à ce moment-là, en pleine pandémie de coronavirus ? L'ultime coup de pied de l'Âne contre nos vieux ?

Cette initiative ne se comprenait qu'en la référant à son contexte : celui de la révision de la loi de bioéthique que le gouvernement se traînait comme un boulet depuis la fin septembre 2019, juste avant l'apparition du coronavirus. Une loi dont le maître d'œuvre, le professeur de médecine

Jean-Louis Touraine, voulait qu'elle applique le programme de son livre, résumé dans son titre : *Donner la vie, choisir sa mort. Pour une bioéthique de liberté.*

On sait que le gouvernement avait accepté, parmi d'autres, la mesure phare qu'était l'extension de l'assistance médicale à la procréation à toutes les femmes. Mais que du volet « choisir sa mort », il ne voulait pas – du moins, pas « en même temps ». Et cela se comprend. Ne venait-il pas de s'octroyer un brevet de haute valeur éthique en se faisant un devoir de protéger « nos anciens » de la mort par Covid ? Laisser soupçonner un seul instant qu'une loi favorisant l'euthanasie viendrait opportunément offrir une solution à l'encombrant problème de ces vieux maintenus en vie dans leurs Ehpad, c'était, pour le gouvernement, se donner à lui-même le coup de pied de l'Âne.

Cette sagesse dont il a fait preuve correspond à ce que l'on sait des malades les plus gravement atteints. Pour eux, l'heure n'était pas au choix de mourir « dans » la dignité ou pas, mais au désir de sauver leur peau : « Plutôt souffrir que mourir ! » Témoin ce vieux monsieur de soixante-treize ans qui avait passé plus de deux cents jours en réanimation à Angers, un record. Il en était sorti à l'état de « poupée de chiffon », et la seule question qui valait pour lui était celle-ci : « Comment réapprendre à vivre ? »

14.

Tous contre un

Rétrospectivement, on peut se demander si Macron avait bien mesuré les risques de la métaphore de la guerre. Avait-il oublié ce qui était arrivé au grand Périclès lors de la peste d'Athènes, patrie de la démocratie ? Il est vrai que ce n'est pas seulement contre la peste que Périclès faisait la guerre, mais contre la coalition menée par Sparte qui assiégeait Athènes. Une vraie guerre, celle-là.

Peut-être se croyait-il revenu au temps de la République romaine, où l'on nommait un dictateur pour six mois quand il fallait faire face à un péril mortel. Il jouissait alors de prérogatives exceptionnelles pour réaliser l'« union sacrée » contre l'ennemi. Ce qui pouvait lui coûter cher puisqu'il occupait la position de celui qui est responsable de tout.

Or le 16 octobre 2020, voilà qu'une onde de choc parcourait la France pour la plonger à nouveau dans la sidération. Samuel Paty, professeur d'histoire au collège de Conflans-Sainte-Honorine, était assassiné. Pas assassiné : exécuté. Pas exécuté : sacrifié. Victime du haro lancé contre lui sur internet, suite à la fourberie d'une élève, une vraie Renarde qui avait faussement accusé son professeur, il avait été sacrifié rituellement. Pour venger le Prophète Mohammed au nom d'« Allah le Tout Miséricordieux ».

Le sacrificateur, Abdoulakh Anzorov, était un jeune Tchétchène radicalisé. Au seul nom de « Tchétchène » on frémissait déjà, l'un d'eux ayant déjà égorgé un homme en pleine rue en 2018. Mais un professeur de l'Éducation nationale au lieu d'un passant anonyme, c'était une autre histoire. Il payait de sa vie d'avoir fait honnêtement son travail dans un cours d'instruction civique, voué à éduquer les jeunes à l'esprit critique et à la liberté de conscience, et toute l'institution à laquelle il appartenait s'en trouvait ébranlée. Parce qu'elle se vivait dans le cadre de la sacro-sainte laïcité à la française. Sauf que ce sacro-saint principe républicain, qui peut fort bien engendrer une forme de religion de substitution, voire se dresser contre les religions instituées, ne fait pas le poids par rapport au sacré pur et dur. Du sacré relatif contre du sacré absolu.

Il fallait être initié pour savoir que la laïcité à la française était considérée par les islamistes comme l'« arme des nouveaux croisés ». Qu'elle constituait donc un objectif privilégié de la guerre sainte à mener contre les mécréants, « juifs et croisés ». Parce qu'en formant des esprits libres, donc impies, elle détournait la jeunesse de « la religion ».

On ne savait rien d'Abdoulakh Anzorov, tué après son forfait. On peut supposer que comme tous les candidats voués à devenir *chahid*, martyr, il avait procédé à ses ablutions rituelles et fait sa dernière prière avant de partir en expédition. Peut-être en se répétant ce verset du Coran : « Je vais remplir les mécréants d'effroi. Frappez-les donc au cou, frappez l'extrémité de chacun de leurs doigts » (sourate 8, verset 12). Ensuite le paradis pour lui.

Pour les enseignants qui s'étaient déjà frottés à l'emprise croissante de l'islamisme, c'en était trop. Certains se souvenaient qu'un certain Jean-Pierre Obin, inspecteur de l'Éducation nationale avait fait en 2004, une éternité, un rapport sur l'« entrisme » islamiste dans les écoles. Un rapport enterré vite fait bien fait au nom du mot d'ordre « pas de vague » qui tient lieu d'éthique à cette institution. Qu'avait-on fait depuis ? Rien. Même les signaux d'alerte qui avaient précédé le sacrifice de Samuel Paty n'avaient pas été sérieusement pris en compte.

La population avait pieusement accompli les rites devenus coutumiers en pareil cas. On allumait des bougies, entassait des bouquets de fleurs, multipliait les hommages, prévoyait une minute de silence. Mais cette fois il y avait de la rancœur sinon de la fureur derrière ces gestes. Les mêmes que ceux qui avaient été accomplis lors d'attentats terroristes antérieurs, particulièrement lors de l'année noire de 2015, avec *Charlie Hebdo*, le Bataclan et l'Hyper Cacher.

Qu'en avait pensé Macron à l'époque ? On ne savait pas. Il était dans l'équipe de François Hollande, qui avait fait le job à sa façon. Sans oser vraiment parler de « guerre », ou du bout des lèvres. Pour Samuel Paty, Macron fera le minimum. Il refusera le « séparatisme » – mais voulaient-ils se séparer, ces islamistes conquérants ? Il clamera « ils ne passeront pas » – un *No pasaran* adressé à ceux qui étaient déjà passés –, et il réitérera l'appel rituel au « vivre-ensemble ». Moyennant quoi il essuiera quand même les critiques de plusieurs pays musulmans. Et dans bien des lieux, jusqu'au Pakistan, Abdoulakh Anzorov sera fêté comme un héros. Tandis que les quelques imams de France qui condamnaient son acte s'empressaient de nous rappeler que « l'islam est une religion de paix et d'amour ».

L'attentat au couteau perpétré à la basilique Notre-Dame de Nice, le 29 du même mois, où un jeune Tunisien radicalisé avait tué deux paroissiennes et le sacristain avait eu moins de résonance. Pour nous un supplément d'accablement, sans suite.

Sachant la matière explosive, on avait donc fait profil bas. Grâce au « en même temps », on assortirait la condamnation du terrorisme du slogan « pas d'amalgame ! », qui tenait lieu de politique aux gouvernements successifs. Personne n'ignorait que l'islamisme radical était un virus particulièrement redoutable, mais on ne disposait d'aucun vaccin pour l'éradiquer et d'aucun traitement pour ses fanatiques. Ne restait qu'à les faire sous-traiter par les services de sécurité spécialisés pour empêcher les récidives.

Pandémie de Covid aidant, une fois les bougies éteintes et les fleurs fanées, l'émotion collective était retombée comme le soufflé qu'elle était. La douloureuse parenthèse Paty refermée, la guerre contre le virus reprenait tous ses droits.

Le Crapaud antivax

À la fin de l'année 2020, nous avions acquis assez de recul pour admettre que face à l'inconnu que représentait cette pandémie, la science et la médecine avaient besoin de temps. Les soins que prodiguait cette dernière s'étaient progressivement améliorés, mais sur ce terrain, nous en étions toujours à des pratiques qui, par-delà le Moyen Âge, évoquaient l'Antiquité païenne. Des sacrifices offerts à Hygie, la déesse de la santé, dont le culte s'était répandu lors de la peste d'Athènes. Aussi à Épione, la déesse de la médecine préventive. Et nous attendions impatiemment d'offrir des actions de grâce à Panacée, « celle qui guérit tout ». En attendant qu'elle se manifeste, puisque nous restions impuissants contre le virus, nous ne pouvions compter que sur le vaccin, un don d'Épione, apparu en un temps record.

Il a pourtant fallu en rabattre. Un sondage de l'Ifop datant de la fin novembre 2020 révélait en effet que 59 % des Français n'avaient pas l'intention de se faire vacciner.

L'annonce de l'autorisation de la mise sur le marché du vaccin Pfizer-BioNTech par l'OMS, le 31 décembre 2020, avait pourtant été accueillie avec enthousiasme par une bonne partie de la population, qui redoutait avant tout les atermoiements de l'Union européenne pour les commandes et les lenteurs de la mise en œuvre par notre administration.

Ce n'était pas le cas pour tous ceux qu'inquiétait l'innovation représentée par le vaccin à ARN messager. L'aboutissement d'une révolution lancée en France par Jacques Monod, François Jacob et André Lwoff, qui leur avait valu un prix Nobel en 1965. Mais alors que le laboratoire Sanofi renonçait à son propre vaccin, une humiliation pour les Français, c'est à Katalin Karikó et Drew Weisman, de l'université de Pennsylvanie (qui va les arnaquer en revendant leur licence de propriété intellectuelle) que l'on devait son apparition. Simple biochimiste hongroise réfugiée aux États-Unis, Katalin Karikó, longtemps tenue pour quantité négligeable, était ensuite devenue vice-présidente de la start-up allemande BioNTech, fondée par un Turc, à laquelle nous devons la formule du vaccin Pfizer-BioNTech.

Or à quoi avons-nous assisté ? À la brutale remontée à la surface du dossier noir de la vaccination. Celui qui s'était ouvert avec l'innovation d'Edward Jenner, en 1796, qui a permis à terme l'éradication de la variole. Que n'avait-on pas entendu à l'époque ! Caricatures à l'appui, que le vaccin de Jenner revenait à animaliser les humains, à leur faire pousser des cornes et à les transformer en vaches...

On n'en était pas si loin à propos du vaccin AstraZeneca, de type classique, qui utilisait de l'adénovirus de chimpanzé, mais ce n'est pas à cela qu'il avait dû son discrédit. Pour le sauver, le service marketing du laboratoire avait cru bon de le rebaptiser « Vaxzevria ». Sauf qu'en voulant rhabiller son vaccin de neuf, le laboratoire s'était fait tailler un costume. Désormais les candidats à la vaccination réclameraient du Pfizer, son équivalent Moderna faisant quelque temps l'objet de réticences. Peut-être, comme l'ont suggéré certains, parce que sa rime en « a » le faisait confondre avec l'AstraZeneca honni.

Le vieux Crapaud de l'hostilité à la vaccination, qui avait fini par mourir de sa belle mort, venait donc de muter pour se transformer en « Crapaud antivax ». Pourvu d'une bave particulièrement agressive et virulente, diffusée sur les réseaux sociaux. Avec des composantes complotistes dont les plus délirantes évoquaient un plan d'extermination de leur propre peuple par les grands gouvernants du monde. Un holocauste offert en sacrifice à Big Pharma, ou au grand capital mondialisé. Avec pour résultat de retourner la situation : au lieu de faire du vaccin une arme contre le virus, c'est le vaccin qui était le virus [1].

S'est ajoutée à cela la diminution des espoirs placés dans le vaccin. Au lieu de l'arme de protection massive que l'on attendait, il a fallu admettre qu'il ne protégeait que des formes graves de la maladie et n'empêchait que partiellement la diffusion du virus. Puis accepter la nécessité d'un rappel aux deux doses initiales.

Sous la violence, le sacré

Ce bouillonnement collectif avait beau être fait de réactions très diverses, ses divergences sur le fond ne pouvaient que converger vers une cible unique. Une cible nommée Macron. Qui d'autre que lui était à l'origine de ces nouvelles divisions qui travaillaient le pays, alors qu'il n'avait fait qu'aggraver celles qui préexistaient à son arrivée au pouvoir ?

Pour le vérifier, il suffisait de se mettre à l'écoute des slogans qui accompagnaient les manifestations de rue, des tweets agressifs, et de prendre acte de certains incidents significatifs. Autant de bubons révélant qu'une « peste » avait gagné le corps social du pays. Une « peste » dégageant de forts relents sacrificiels.

Trois jours avant le 21 janvier 2021, date anniversaire de la mort de Louis XVI sur l'échafaud, l'avocate Raquel Garrido, candidate de La France insoumise (LFI) à Bagnolet, avait relayé un tweet issu du compte « Gilets Jaunes Caen », où figurait cette chanson : « Louis XVI, Louis XVI, on l'a décapité, #Macron, Macron, on peut recommencer... »

Raquel Garrido avait plaidé la dérision, comme si l'on avait affaire à la mazarinade où le cardinal Mazarin avait été pendu. Juste pour conforter la « convergence des luttes » entre les Gilets jaunes et les grévistes hostiles à la réforme des retraites. Or au soir du 24 janvier, lors d'un défilé aux flambeaux qui se déroulait à Paris, qu'avait-on vu ? La tête de Macron promenée au bout d'une pique, tandis qu'une collecte était organisée pour fabriquer une guillotine (d'autres, plus radins, se contentaient de préconiser la pendaison). Cette séquence avait soulevé l'indignation de Robert Badinter, le garde des Sceaux qui avait obtenu l'abolition de la peine de mort pour tous. Pour tous, sauf pour un... Parce qu'il est le roi ?

Au lieu des références habituelles au nazisme et à la collaboration, le point Godwin remontait cette fois à la Révolution, comme si la politique de Macron nous replongeait dans les affres de l'Ancien Régime. Comme si pour y mettre fin, la tête du roi dût tomber. Mais depuis la tragédie d'octobre, où Samuel Paty avait été décapité, on pouvait aussi se demander si l'intervention de Raquel

Garrido, qui appartenait à un parti dont certains membres étaient soupçonnés de complaisances islamo-gauchistes, n'avait pas ajouté, fût-ce inconsciemment, une dimension supplémentaire.

L'appétence pour les têtes coupées avait d'ailleurs perduré puisque fin mai 2021, Papacito, qualifié de « youtubeur dézingué », décapitait sur son blog le mannequin d'un électeur LFI. Sauf qu'un dézingué s'attaquant à un anonyme, cela n'avait pas la même portée.

Des scènes analogues se produisaient d'ailleurs aux États-Unis. Élu président en novembre 2020, Joe Biden avait été traîné dans la boue pendant des mois comme traître à la patrie, avec images de gibets et de pelotons d'exécution à l'appui, jusqu'à l'assaut violent mené contre le Capitole, le 7 janvier 2021, par des trumpistes enragés.

Allait dans le même sens, sur un mode mineur, la gifle reçue par Macron dans la Drôme, le 8 juin précédent, alors qu'il accomplissait son second tour de France des territoires. Elle lui avait été administrée par un zozo au cri de « Monjoie Saint-Denis ! À bas la Macronie ! » Un message à forte charge symbolique. Car en reprenant le cri de guerre en usage sous les rois capétiens, au temps de la sacralité du monarque, ce geste n'avait qu'un objectif : désacraliser la fonction présidentielle en humiliant la personne qui l'incarne. Quant à celui qui, le 27 septembre, au salon de l'agriculture, lancera un œuf sur Macron en criant « Vive la Révolution ! », il ne fera que compléter le geste de son prédécesseur à partir du bord politique antagoniste.

Le zozo de juin avait été jugé bon pour l'hôpital psychiatrique et la communication gouvernementale avait traité l'épisode de la gifle comme on le fait d'une crotte de chien : en l'écrasant de son mépris. À l'entendre, Macron s'en était immédiatement remis. Mais le pays ?

Le Maître du calendrier

Face à une opinion publique qui avait l'impression que ce n'était pas seulement l'hôpital, mais le pays entier qui était devenu un bateau ivre, gouverné par des ivrognes, un président ne peut pas parler comme Oreste dans l'*Andromaque* de Racine : « Je me livre en aveugle au destin qui m'entraîne. » S'il doit s'y livrer, ce sera les yeux grand ouverts et de racinien il deviendra cornélien. Une fois perdu le contrôle de l'incontrôlable, il devra contrôler ce qui peut encore l'être.

Le 15 mars 2021, le président Macron avait fait à Montauban l'aveu de son impuissance : « Le maître du temps, c'est le virus. » En ajoutant aussitôt : « malheureusement. » Le coronavirus s'était-il réjoui de cet aveu tout en lui envoyant une pique ? Roselyne Bachelot, sa propre ministre de la Culture, que l'on avait cessé de moquer pour son fiasco de la grippe H1N1, rejoignait quelques jours plus tard le lot croissant des covidés hospitalisés pour s'être fendue d'une bise de trop à un chanteur. Elle venait pourtant de recevoir sa première dose de vaccin. Or deux semaines plus tard, dans son discours du 31 mars 2021, suivi par trente millions de Français – record d'audience battu –, Macron redevenait jupitérien : « Le maître des horloges, c'est moi. » Cela nous donnait deux « en même temps ». Le premier, façon coupé-décalé, était suivi d'un second où le président annonçait à la fois la mauvaise nouvelle d'un nouveau confinement et la bonne nouvelle de la fin du supplice, fixée à la date du 15 mai suivant.

Est-ce en souvenir de sa classe de philo que le président avait trouvé cette martingale ? Il avait dû y apprendre la célèbre sentence du philosophe Jules Lagneau : « L'étendue est la marque de ma puissance. Le temps est la marque de mon impuissance. » Or l'étendue, dans le jargon philosophique, n'est autre que le réel compris comme l'espace où se déploie la science de l'ordre et de la mesure. Ce qui nous offre un moyen d'avoir prise sur le temps en l'enfermant dans la cage du calendrier.

Le calendrier, la formule quasi magique qu'ont trouvée les humains pour ne pas rester à l'état du fétu de paille charrié par le torrent du temps. En lui substituant une représentation calquée sur le mouvement circulaire et cyclique du soleil, aussi de la lune, ils enrayent sa fuite vers l'avant en la référant à des points de repère fixes. Des repères chiffrés, donc calculables et assignables.

Alors que la situation sanitaire semblait hors de contrôle, le président faisait ainsi du 15 mai l'épingle qui plantait d'un geste, sur le calendrier, le terme de l'épisode en cours, comme on le ferait d'un papillon sur un panneau de liège. Le 15 mai, nous sortirions enfin du tunnel pour retrouver « notre art de vivre à la française ». Pour le citoyen-consommateur, le retour au temps des cerises, des chopes de bière, des restaurants, des spectacles et de la fête.

L'écart entre les projections contradictoires fournies par les modèles mathématiques et les demandes adressées aux responsables du pays disparaissait alors comme par miracle. Exactement ce que réclamait l'opinion à grands cris. Les objectifs de la campagne de vaccination en cours ? chiffrés ! Le nombre de lits de réanimation à créer ? chiffré ! Les dispositifs de soutien aux entreprises et aux particuliers à la peine ? chiffrés ! La durée du prochain confinement ? chiffrée !

Tout se passait donc comme si le chiffrage était le sceau apposé par le président au bas d'un parchemin pour valoir renouvellement de notre contrat social. Comme si le chiffrage présidentiel avait valeur de prophétie autoréalisatrice.

Comme si l'on pouvait arrêter par décret la propagation d'un virus qui n'en faisait qu'à sa fantaisie.

Bruno Le Maire, son maître des finances, avait eu beau afficher son scepticisme à propos de la date libératrice du 15 mai, Jean Castex, son maître des horloges en second, pouvait dérouler le calendrier de réouverture des établissements encore fermés comme on le fait d'un tapis rouge à l'entrée d'un festival de cinéma.

En ce joli mois de mars, quand fleurissaient les crocus, il s'était même mis à poétiser en nous sortant un slogan en alexandrins, coupé comme il se doit en deux hémistiches : « Dedans avec les miens / Dehors en citoyens. » Un vers salué par nos commentateurs patentés, qui ont cependant négligé celui qu'avait pondu notre agence de la Santé : « La seule solution / C'est la vaccination. » Une manière élégante de nous faire avaler de bonne grâce la potion amère des mesures imposées. Des mesures assorties de jauges et de protocoles à respecter, avec des horaires d'ouverture et de fermeture variant selon les jours de la semaine. Le tout chiffré au poil près.

Seules les boîtes de nuit resteraient closes, comme si on les tenait pour les maisons du même nom.

Pour une fois, notre président démontrait qu'il pouvait se montrer raisonnable et pas uniquement rationnel. Mais en ce qui concerne l'appareil gouvernemental et administratif qui gérait la situation, dont il se disait qu'il le houspillait quotidiennement, Macron ne pouvait que faire comme Napoléon, qui demandait à ses généraux qu'en plus de leurs compétences guerrières, ils aient de la chance.

Les limites de cette opération de haute voltige, que l'on pourrait qualifier de *numérologie technocratique*, étaient pourtant évidentes. Mais Macron aimait les paris, et sans doute aussi les exorcismes. Tandis que du côté du public primait la croyance que la maîtrise du calendrier vaut maîtrise sur le temps. Une croyance qui n'avait rien de neuf dans l'imaginaire collectif des Français. Les révolutionnaires de 1793 n'avaient-ils pas cru qu'en instaurant le calendrier républicain, ils faisaient table rase du passé pour faire redémarrer l'histoire de la France à l'an I de la République ?

En 1949, Marcel Aymé avait publié une plaisante nouvelle, *Rechute,* pour moquer ce type de prétention. Une Assemblée nationale ayant un jour voté que l'année comporterait désormais vingt-quatre mois au lieu de douze, la totalité de la population s'était trouvée tout à coup rajeunie de la moitié de son âge. La grand-mère de soixante-douze ans s'était réjouie de n'en avoir plus que trente-six, mais la jeune fille de dix-huit ans qui s'apprêtait à se marier ne pouvait plus le faire, âgée qu'elle était de neuf ans. Autant de fictions inventées par les hommes pour se rendre maîtres de ce sur quoi ils n'ont aucune prise.

Qu'en aurait dit La Fontaine ? Que si le virus est le maître du temps, et notre président celui du calendrier, ces deux maîtres en ont un autre, infiniment plus puissant, qui est la nature elle-même, maîtresse du temps de la vie. Une nature réglée par une horloge dont le parcours, bien que cyclique, fait avancer le temps de la vie sans jamais revenir en arrière. Au lieu de faire comme nos horloges à nous, qui tournent en rond dans un espace clos. Cette horloge n'est autre que le soleil :

> Le soleil nous luit tous les jours,
> Tous les jours sa clarté succède à l'ombre noire,
> Sans que nous en puissions autre chose inférer
> Que la nécessité de luire et d'éclairer,
> D'amener les saisons, de mûrir les semences,
> De verser sur les corps certaines influences[2].

Pour nous, cela signifie que le virus, issu de la nature, aura sa saison, une seule ou plusieurs, on ne sait. Comme les séries télévisées qui ont égayé nos confinements. C'est le soleil qui aura sa peau, en dépit de son caractère lunatique. Ce qui veut dire aussi que cette pandémie s'éteindra nécessairement un jour, comme toutes celles que nous avons connues dans le passé.

15.

La fronde

À la fin du mois de juillet 2021, quand on se demandait si le virus allait, ou pas, prendre lui aussi des vacances, nous avons assisté à une poussée de fièvre collective qui ressemblait fort à une fronde, comme celle qu'avait vécue le jeune roi Louis autrefois. Une fronde dont la cible était Macron, mis au pilori avec, accrochée à son cou, une pancarte l'accusant d'instaurer sa dictature sur la France. Qu'est-ce qui avait bien pu déclencher cette flambée d'hostilité ? Juste un discours, celui du 12 juillet.

Redevenu le Jupiter tonnant qu'il aimait parfois être à la télévision, ses foudres n'avaient épargné personne : tous les personnels de notre système de santé publique devraient se faire vacciner ; tous les adultes devraient présenter un « passe sanitaire » pour pouvoir aller au restaurant, entrer dans des lieux de culture ou de loisir, voyager en train sur une longue distance, etc.

Un discours qui faisait immédiatement de Macron un traître à la parole donnée. Une parole en forme d'engagement, pris le 26 avril 2021 devant la presse régionale : « Le passe sanitaire ne sera jamais un droit d'accès qui différencie les Français. Il ne saurait être obligatoire pour accéder aux lieux de la vie de tous les jours, comme les restaurants, théâtres et cinémas. » Comment expliquer pareil revirement ?

Satisfait de son tour de France en joueur de flûte, comme il l'avait fait après la crise des Gilets jaunes, Macron devait penser avoir compris ce qui tracassait les gens et que les gens l'avaient compris. Sachant qu'il ne faut pas « emmerder les Français », selon l'adage de Georges Pompidou, il pensait pouvoir leur éviter un confinement pendant le temps des vacances s'ils se faisaient vacciner et maintenaient les mesures sanitaires. Mais pas question de rendre la vaccination obligatoire pour tous, comme avaient osé le faire des pays tels que le Tadjikistan et le Turkménistan – également le Vatican.

Sauf que les informations remontées du terrain révélaient que le relâchement de l'été 2020, suivi d'une nouvelle vague de contaminations, était en passe de se reproduire en 2021. Le nombre de covidés montait en flèche et la vaccination patinait ferme. Soit par hostilité à l'égard du vaccin, soit pour ne pas gâcher ses vacances en devant revenir à son domicile pour sa seconde injection, trois semaines après la première. Un raté, rectifié bien trop tard. Bref, les Français se comportaient à nouveau en Cigales qui ne voulaient que chanter tout l'été et se trouveraient reconfinées quand le virus serait revenu.

Sachant qu'il n'avait pas réussi à « gagner par raison les esprits », Macron n'avait qu'une solution : prendre les Poissons demeurés sourds et aveugles à la pédagogie dans les rets du passe sanitaire. L'électronique aidant, est ainsi né le fameux « QR code », version informatisée du « en même temps ». Carotte puisqu'il permettrait d'accéder aux bars, restaurants, magasins et lieux de loisir, en même temps bâton puisqu'il en interdirait l'accès à ceux qui n'en disposent pas.

Personne n'a été dupe. Contre l'avis naïf (ou hypocrite) du Conseil d'État qui en autorisait l'usage à condition qu'il ne serve pas à imposer le vaccin, ce passe était un piège tendu aux refuzniks de la vaccination. Un « passe » que l'Académie française, toujours vigilante, recommandait d'écrire au masculin, pour éviter l'anglicisme du « *pass* ». Un piège qui fonctionnait cependant à rebours des pièges ordinaires, tapettes à souris ou à rats, puisque seuls ceux qui acceptaient l'appât évitaient de déclencher le ressort qui foudroyait le piégé.

Pour tout dire, ce passe était un coup de maître que Macron devait à son côté Renard, mais que son côté Lion avait imposé d'autorité. Il avait juste oublié que souffler le froid après avoir soufflé le chaud, fût-ce en décalé, vous fait forcément mal voir. Accoutumé qu'il était à associer les contraires, il croyait que nous lui saurions gré de nous présenter « en même temps » le poison d'un nouveau confinement et son antidote. Or l'opinion avait surtout compris que ce deal ne nous ferait pas sortir du filet qui nous tenait captifs. Ou bien on acceptait le passe et l'on pouvait aller partout où cela nous chantait ; ou bien on le refusait, ce qui revenait à se confiner soi-même. Sans que le gouvernement y soit pour rien.

L'éruption

Sans jamais engendrer un mouvement de masse comparable à celui des Gilets jaunes, ce n'était pas rien de faire descendre 100 000 puis 200 000 personnes dans la rue plusieurs samedis de suite, en plein été, pour protester contre ces mesures. Pas rien, pour des médecins qui défendaient le vaccin, de se faire agonir d'insultes et de recevoir des menaces de mort par tweets vengeurs. Pas rien de découvrir au petit matin que des centres de vaccination avaient été ravagés, alors que l'on avait tellement critiqué la lenteur avec laquelle ils avaient été mis en place.

Pourtant, dès le lendemain du discours présidentiel, 800 000 personnes s'étaient précipitées sur Doctolib pour prendre rendez-vous afin de se faire vacciner. Ils étaient quatre millions quelques jours plus tard, et la montée en flèche allait se poursuivre ultérieurement.

Victoire des clics de souris sur la rue ? Pour bien des observateurs, l'affaire était pliée, Macron avait vaincu. Mais comme souvent en France, on pouvait se demander si l'on ne déléguait pas aux manifestants le soin de décharger ce que l'on avait sur le cœur.

Battus aux clics, les frondeurs n'avaient pas désarmé pour autant. Ils avaient même réussi à agglomérer un ensemble hétéroclite de protestataires de tous bords. Et pour une fois, ce n'était pas la gauche, manifestante par nature, qui menait la danse. Mais Florian Philippot, sorti des catacombes où l'avait condamné son éviction du Rassemblement national. C'est lui qui présidait le grand rassemblement du 24 juillet au Trocadéro, là où François Fillon, en 2017, avait réussi son ultime show avant de sombrer corps et biens.

Le conflit s'inscrivait donc sur un terrain politique. Philippot n'avait pourtant rassemblé autour de lui qu'un équipage hétéroclite. Mais ses arguments avaient fait mouche. En qualifiant le passe de « passoire sanitaire », donc inefficace et inutile, il accréditait l'idée que l'imposer d'autorité était liberticide dans son principe même. Et que l'informatique aidant, cela valait embarquement dans une société de surveillance à la chinoise. Tandis que des juristes sérieux nous rappelaient que le Portugal et la Grande-Bretagne se passaient fort bien de passe sanitaire, et que la Cour constitutionnelle espagnole, le 14 juillet 2021, venait de déclarer inconstitutionnel l'état d'alerte sanitaire qui avait permis au gouvernement du pays d'instaurer un confinement strict au printemps précédent.

Ils n'étaient pas les seuls en piste. Des particules d'extrême gauche et des syndicalistes de la CGT s'étaient également mobilisés, comme le faisaient aussi les catholiques radicaux de Civitas, tandis que l'Église officielle donnait parfois de la bande quand certains de ses pasteurs déclaraient « comprendre » les doutes et le scepticisme de leurs paroissiens.

Qu'est-ce qui faisait l'unité de cet agrégat de protestataires ? Le refus de la « tyrannie sanitaire ». Mot d'ordre qui convenait aux anti-passe, aux antivax pro-passe comme aux anti-passe provax. Mais mot d'ordre à double emploi car sa face « contre », une fois retournée, devenait un combat « pour » la défense de la liberté.

Dès lors le deal macronien ne pouvait apparaître que comme un marché de dupes, comparable à celui qu'avait conclu Ésaü en troquant son droit d'aînesse contre une platée de lentilles. Il revenait à échanger *la* liberté contre *des* libertés, elles-mêmes restreintes à ce que le gouvernement avait obtenu d'une Assemblée nationale rétive. Or à partir du moment où la liberté était en cause, la démocratie l'était aussi. Et du « non » à la tyrannie sanitaire on passait au « non » à la dictature, comme l'attestaient les pancartes « Macron dictateur ».

Pourtant aucun leader des grands partis n'avait battu le pavé avec les frondeurs. N'étaient vraiment engagés que des troisièmes couteaux de la politique, tels Philippot, Nicolas Dupont-Aignan et François Asselineau, pour eux l'occasion de retrouver un peu de lumière médiatique.

Macron avait-il quand même gagné la partie ? Oui puisque la ruée vers la vaccination se poursuivait. À la date du 15 septembre 2021, tous ceux qui se trouveraient en contact avec le public devraient être vaccinés. Le 17 de ce mois, le passe sanitaire deviendrait obligatoire pour les adolescents de douze à dix-sept ans. Et le 15 octobre, il serait mis fin à la gratuité des tests « de confort » qui servaient d'échappatoire à la vaccination pour obtenir son passe. La seule bonne nouvelle était que dans certaines zones, les élèves des écoles primaires seraient dispensés du port du masque. Compensée par une autre, jugée détestable, qu'était l'ouverture de la vaccination aux enfants à partir de douze ans, alors qu'ils ne risquaient pas grand-chose. Les réduire à de la chair à vaccin pour protéger les adultes ? Des Crapauds déjà bien implantés dans l'imaginaire franco-français pouvaient reprendre du service pour cracher leur bave.

Que signifiaient ces pancartes qualifiant le passe sanitaire de « paSS nazitaire » ? Que la France s'offrait à nouveau une orgie de « point Godwin ». Comme cela s'était déjà passé en Mai 68 avec les slogans « CRS-SS » et « pères collabos », scandés en chœur par les étudiants gauchistes. Retour au temps de l'Occupation et de ses horreurs.

On avait plutôt ri quand Brigitte Bardot avait juré qu'elle n'irait jamais « réclamer son *Ausweis* à la *Kommandantur* » – son passe sanitaire à l'Élysée. Mais à entendre les plus enragés, dont certains portaient une étoile jaune sur la poitrine (ce qui se faisait également en Italie), les résistants au passe étaient les nouveaux Juifs, marqués d'infamie et promis à l'extermination par un pouvoir totalitaire et raciste. Ceux qui acceptaient le passe devenaient en conséquence les collabos de l'occupant et même du virus – des « pétainistes ». Et pour que les traîtres ne soient pas oubliés, de courageux anonymes masqués placarderont dans le métro parisien, le 22 août, les noms et les visages des députés qui avaient voté en faveur du passe sanitaire. Une logique qui aboutissait à une seule conclusion : une fois le passe sanitaire nazifié, Macron était hitlérisé.

Pour compléter ce tableau, il ne manquait que la géopolitique. Elle se mettra de la partie le 15 août 2021 quand Kaboul tombera aux mains des talibans, porteurs d'un variant particulièrement virulent de la peste islamiste, issu du bouillon de culture des madrasas de Kandahar, au Pakistan.

Dès le 17, Macron se fendait d'un discours bien balancé, marqué au sceau du « en même temps » : « oui » à l'accueil sans réserve des Afghans dont la vie était menacée, « non » à celui d'une vague massive de réfugiés à la syrienne, dont certains pourraient être porteurs du virus. Signe que même s'il la négligeait, cette guerre, il y pensait quand même.

Ce joli coup de communication avait rassuré la majorité de l'opinion et provoqué en réplique l'ire des belles âmes, qui avaient traité Macron de « renégat » et de « honte de la France ». Il avait même été surnommé « Emmanuel Le Pen » par le célèbre lanceur d'alerte Edward Snowden, qui aurait dû y regarder à deux fois avant de se transformer en Crapaud. Quand on profite soi-même de l'asile politique accordé par Poutine, le grand démocrate que l'on sait, la décence impose de faire profil bas.

Pour en rester aux symptômes, il y avait pire encore. Avant même sa mise examen par la Cour de justice de la République, Agnès Buzyn, issue d'une famille juive ashkénaze d'origine polonaise, avait été symboliquement mise à mort par l'inscription : « Crève, Buzyn ! » Suivie d'une autre, placée sur une autoroute, où elle était traitée d'« empoisonneuse de puits », comme cela se faisait en d'autres temps pour accuser les Juifs d'avoir propagé la peste. Des attaques qui consonaient avec celles dont

Macron faisait l'objet. N'avait-il pas travaillé pour la banque Rothschild et ensuite été élu avec le soutien de la finance mondialisée ? Et maintenant il lui renvoyait l'ascenseur en soutenant Big Pharma, qui faisait fortune en vaccinant en masse les moutons humains apeurés.

Quoi qu'il dise ou fasse, Macron était donc attaqué en sa propre personne, où fusionnaient le corps public et le corps privé du roi. Ses deux prédécesseurs à la présidence avaient subi des entartages, mais jamais provoqué pareilles manifestations d'hostilité. Il n'y avait finalement que les supporters du Paris Saint-Germain à ne rien lui reprocher puisque le 12 août, le Messi (Lionel) était arrivé au club en sauveur.

Le collier de chien

L'opinion de Macron selon laquelle les Gaulois n'étaient pas des Danois était-elle confirmée ? Pourtant, si le dissensus prime en Gaule, c'est aussi le signe que la liberté y est toujours bien vivante. Mais quelle liberté ? Elle pourrait être celle de ces Grenouilles qui, repoussant la démocratie à la scandinave, avaient troqué un président-Soliveau nommé Hollande pour un président-Grue nommé Macron. Toujours cette contradiction qui pousse les Français à réclamer de l'autorité contre l'anarchie et à se retourner contre elle sitôt qu'elle s'exerce.

Ils restaient néanmoins attachés à l'égalité, sinon plus. Quand les frondeurs mettaient en avant la défense de la liberté, une bonne partie de la population était surtout troublée par les nouvelles fractures qui venaient de s'ajouter aux anciennes : entre les vaccinés et les non-vaccinés, entre les détenteurs de passe et les autres. On avait même entendu parler d'« apartheid » à ce propos. Une métaphore outrancière, mais qui révélait pourquoi ces mesures étaient mal vécues. Parce qu'elles engendraient de l'exclusion, de la discrimination et de la stigmatisation, les seuls péchés mortels qui produisent encore de l'effet sur les Français.

Il y avait cependant quelque chose de paradoxal dans cette affaire. Quand le premier confinement avait été imposé, assorti de mesures terriblement contraignantes, ces mêmes Français s'étaient contentés de râler. Maintenant que la vaccination et le passe sanitaire leur permettaient de recouvrer la plupart de leurs libertés, ils ne râlaient plus, ils s'indignaient.

C'était encore plus net aux Antilles, où en dépit du nombre des morts, la population traînait toujours les pieds pour se faire vacciner. Devant la résistance des personnels hospitaliers face à l'obligation vaccinale, le ministère de la Santé avait même été provisoirement contraint de caler. Une résistance due à de multiples raisons, dont la liberté d'opter pour la phytothérapie traditionnelle au lieu du vaccin. Et pour les plus religieux d'entre eux, de remettre son sort entre les mains de Dieu plutôt qu'entre celles des hommes. Ajoutons le poids de l'imaginaire, et la piqûre dans l'épaule pouvait évoquer le marquage des esclaves – l'équivalent du collier de la servitude. Aussi le scandale de la chlordécone, cet insecticide ayant servi à traiter les bananiers, interdit partout mais qui avait bénéficié d'une dérogation officielle de Paris pour continuer à être utilisé aux Antilles. Et par association d'images, le vaccin pouvait être assimilé à une nouvelle injection de ce poison. Donc tous en même temps moutons et « mutins de Panurge », pour parler comme Philippe Muray ?

Cette affaire du collier de la servitude est le point culminant de la fable de La Fontaine que nous connaissons tous : *Le Loup et le Chien* [1]. Dont nous tirons généralement un peu vite que La Fontaine est un défenseur inconditionnel de la liberté.

Quand il met face à face un Loup qui « n'avait que les os et la peau » et un Chien « aussi puissant que beau, / Gras, poli », la balance coûts-bénéfices penche d'abord en faveur du Chien. Ce dernier vante avec une telle conviction les avantages de la vie de jouissance et de plaisirs parmi les hommes que le Loup en bave d'envie. Mais payée à quel prix, cette félicité ? Pas grand-chose, dit le Chien, juste servir son maître dans les tâches qu'il lui ordonne, entre deux caresses de sa part.

Or sitôt que le Loup a aperçu « le col du Chien, pelé », la fable bascule. Qu'est-ce là ? La marque du collier par où je suis attaché, dit le Chien. Mais as-tu le droit de courir où tu veux ? reprend le Loup. « Pas souvent, mais qu'importe ? », répond le Chien. Ce n'est plus de la même oreille, qu'il a longue et pointue, que le Loup entend ce marché. Dès lors son choix est fait : à la félicité du Chien dans la servitude, il préfère la liberté dans la misère.

Il en va de même pour le Cheval qui, jaloux de la vitesse du Cerf qui le bat à la course, accepte le mors, la selle et le cavalier pour triompher du Cerf à la chasse. Mais bien que la vengeance lui cause du plaisir, il réalise un peu tard qu'il n'a pas su refuser le marché à temps. Il a beau être logé, nourri, et bichonné par son maître, il ne lui reste que le repentir : « Hélas que sert la bonne chère / Quand on n'a pas la liberté[2] ! » Et La Fontaine d'en conclure, par la voix du Cheval, que la liberté n'a pas de prix et que « C'est l'acheter trop cher, que l'acheter d'un bien / Sans qui les autres ne sont rien ».

Mais peut-on comparer le passe sanitaire à un collier de chien ? Bien qu'il ne soit pas celui de la reine, rendu célèbre par Alexandre Dumas, il a mobilisé les mousquetaires de la liberté. À les entendre, l'accepter revenait à se mettre au cou le collier de la servitude, qui permet d'y accrocher une laisse. Un simple QR code avait beau ne pas marquer le cou, il faisait pire. Parce que les moyens qu'offre l'informatique pour servir des objectifs attentatoires à la liberté n'ont rien à voir avec ceux d'un maître qui promène son toutou.

Sachant que la révolution numérique court plus vite que son ombre, l'argument pouvait porter. Si minimaliste soit-il, ce passe ne saurait nous faire oublier ce que l'on sait déjà faire. Par exemple imposer le « puçage » à ses employés pour remplacer le badge, comme le font certaines entreprises. Or une puce électronique sous la peau, cela ne se chasse pas comme la petite bête du même nom, elle implante dans le corps les fers de la servitude. Et si l'on recourt aux caméras d'identification faciale, il faut savoir qu'un visage n'est pas détachable de soi comme on le ferait d'un masque.

Il est vrai que nous avons accepté une foule d'innovations qui nous facilitent l'existence, comme payer ses achats ou se guider sur la route. Mais qui ne sait qu'un vulgaire smartphone, devenu un organe exorganique de nos corps, a déjà fait de nous des chiens en laisse ? Ce qui se dit en bon latin « addiction », qui évoque au départ la « contrainte par corps ».

Pour ses détracteurs, accepter le passe revenait donc à mettre le petit doigt dans un engrenage qui engloutira successivement la main, le bras, le cerveau, la personne tout entière. Comme le veulent les Gafam, qui exploitent pour leur plus grand profit les données qu'ils capturent, stockent et exploitent à notre insu, jusqu'à dicter nos comportements à grand renfort d'algorithmes. Comme le fait déjà la Chine, qui en a tiré un système de contrôle politique et social des citoyens infiniment plus efficace que le télécran imaginé par

George Orwell dans *1984*. Et si l'on se projette dans l'avenir, c'est à un projet mondial que l'on a affaire, celui du *Great Reset* – rien moins que la numérisation de la vie du monde –, mis en place dès 2019 au Forum de Davos. Autant de pestes, dues à des virus infiniment plus redoutables que celui de la Covid !

Pour les défenseurs du passe, ces arguments ne faisaient que mobiliser le marteau-pilon de la révolution numérique en cours, qui menace effectivement la liberté de multiples façons, pour écraser une mouche. Tenir le passe sanitaire pour le symbole de la servitude volontaire, décrite par La Boétie, relevait même du contresens. Parce que cette dernière se caractérise par le renoncement à la responsabilité, tandis que le recours au passe revient à agir de manière responsable pour limiter la propagation du virus dans la société.

Quant à l'appui que certains croyaient trouver dans la décision de la Cour constitutionnelle espagnole, mieux valait en rire. Ce n'est que rétrospectivement, du bout des lèvres, par six voix contre cinq, qu'elle avait jugé liberticides les mesures de confinement appliquées au printemps précédent, votées dans les règles par les députés du pays. Au lieu de voir dans cet épisode un coup de pied juridique de l'Âne espagnol à la France, mieux valait relire Pascal : « Plaisante justice qu'une rivière borne ! Vérité en-deçà des Pyrénées, erreur au-delà. »

Entre Chien et Loup

Connaissant notre La Fontaine, il fallait s'attendre à ce qu'il équilibre sa position. Il l'a fait dans *Le Chien à qui l'on a coupé les Oreilles*[3]. Un acte dont ce Chien se plaint d'abord amèrement, tant il est attentatoire à son intégrité physique et à son look de bel exemplaire canin. Un acte exécuté sans le consentement libre et éclairé du patient, ajouterions-nous aujourd'hui.

Pourtant, avec le temps, ce Chien se rend compte que cette mutilation lui a été avantageuse. Parce que les Chiens sont d'humeur batailleuse, la suppression de ses pavillons d'oreille, sans le rendre sourd, lui a évité qu'ils soient déchirés par d'autres. Et s'il porte un collier comme le Chien précédent, ce n'est pas celui de la servitude mais de la protection. Parce qu'il est tellement hérissé de pointes qu'« Un Loup n'eût pas su par où le prendre ». Ne pouvait-on pas estimer que la contrainte du passe sanitaire, pour nous défendre de ce Loup qu'est le virus, était un sacrifice bien moindre que celui de ses oreilles pour un Chien ?

Comme le suggèrent les métaphores guerrières dont use La Fontaine dans cette fable, nous devons admettre que nous vivons dans un monde où le Loup est un Loup pour le Chien, un Loup pour l'Agneau, et l'homme « un loup pour l'homme ». Formule déjà connue car tirée de Plaute, puis vulgarisée par Hobbes, dont le *De Cive* avait été publié en latin en 1642. De sorte que notre monde se réduirait à une guerre de tous contre tous si ceux qui le peuplent ne s'imposaient pas des limites, donc des sacrifices. Ce qui s'appelle la civilisation. Dont fait aussi partie le Chien de la première fable, qualifié de « poli » – entendons « policé », « civilisé » autant que peut l'être un Chien.

En revanche, ce n'est pas du tout ce que représente le Loup pour La Fontaine. D'abord peint en champion de la liberté, il figure en réalité la sauvagerie de la nature dans tous ses états, ce qui en fait un fauve sans foi ni loi.

C'est ce qu'a compris le Cheval qui, au lieu de se laisser piéger par un Loup qui prétendait lui soigner le pied pour le tenir à portée de croc, lui a défoncé le portrait d'une ruade « Qui vous lui met en marmelade / Les mandibules et les dents[4] ». Et le Loup, penaud, se parlant à lui-même, d'avouer qu'il ne fut jamais « que Boucher ».

Un Boucher donc. Mais il arrive que le Loup, pourtant sans foi ni loi dans la nature, trouve bon de légitimer ses actes. Car cette fois, le Loup représente l'homme. Au lieu de se jeter sur l'Agneau qu'il s'apprête à dévorer, il entreprend de lui intenter un procès inique. Sauf que l'Agneau se défend si bien que le Loup, à bout d'arguments, lui crache ce qu'il a sur le cœur : des Bergers et des Chiens qui le traquent, « il faut que je me venge[5] ». Un aveu qui en dit long sur les ressorts qui nous font agir, évoqués par l'adage qui trône au début de la fable : « La raison du plus fort est toujours la meilleure. » La raison du plus fort contre la force de la raison, c'est la perversion de la raison, corruptrice du droit. Ce qui place le Loup du côté le plus noir de la force.

Dans une autre fable, La Fontaine va plus loin. De prototype de la sauvagerie, le Loup devient celui de la barbarie – celle dont seuls les humains sont capables, pas les bêtes. Nous sommes chez Homère, dans l'épisode de la métamorphose des marins d'Ulysse en bêtes pour avoir bu le philtre empoisonné que leur offrait la magicienne Circé[6]. Ulysse, qui n'a rien bu, a échappé à ce triste sort. Grâce au pouvoir de séduction qu'il exerce sur Circé, il a obtenu d'elle un antidote. Ainsi équipé, il peut offrir à ses hommes la chance de redevenir humains. Or à sa grande surprise, le Lion et l'Ours refusent.

Quand vient le tour du Loup, Ulysse lui tient ce langage : « Quitte ces bois, et redevien / Au lieu de Loup, Homme de bien. » Refus du Loup qui lui rétorque : « Que scélérat pour scélérat, / Il vaut mieux être un Loup qu'un Homme ». Terrible réponse, qui vise en réalité l'homme sitôt qu'il est tenté par une liberté de Loup. Une liberté de fauve, égoïste et prédateur :

La liberté, les bois, suivre leur appétit,
C'était leurs délices suprêmes :
Tous renonçaient au los des belles actions.
Ils croyaient s'affranchir suivant leurs passions ;
Ils étaient esclaves d'eux-mêmes.

Le meilleur ennemi de l'homme, c'est l'homme. Assez fou pour se dresser contre sa propre humanité, sa condition, et même sa spécificité.

16.

Le procès du Berger

Cette épineuse question des relations entre l'homme et les animaux, qui enveloppe celui des rapports que l'homme entretient avec sa propre animalité, La Fontaine l'a posée en bonne place dans le discours que tient le Renard pour voler au secours du Lion :

> Et quant au Berger l'on peut dire
> Qu'il était digne de tous les maux,
> Étant de ces gens-là qui sur les animaux
> Se font un chimérique empire.

Un moment de bravoure de la part du fabuliste, tant il est chargé de messages de première importance, encore plus valides aujourd'hui qu'ils ne l'étaient à l'époque. Pourtant, c'est à d'autres fables qu'il faudra se référer pour en détailler la teneur. Car il ne sert pour l'heure qu'à blanchir le Lion. Quant au Berger, il ne perdra rien pour attendre.

En l'état, que veut nous dire le Renard en condamnant le « chimérique empire » que l'homme exercerait sur les animaux ? Que cet empire est une illusion ? Il est vrai que c'est le Lion qui a mangé le Berger et non le Berger le Lion, mais ce n'est là qu'une conséquence d'un rapport de force, purement physique. Ou pas plutôt que l'homme est victime de ce que nous appelons aujourd'hui l'« illusion spéciste », qui lui fait croire qu'il jouit d'une essence supérieure à celle des bêtes, alors qu'il est un animal comme les autres ? D'ailleurs le fait est que le Berger est aussi « mangeable » que les moutons. Tous de la viande ! Cela ne suffit pourtant pas à réduire le discours du Renard à une menterie de plus, car il ne manque pas de fables pour confirmer pour partie ses accusations.

Dominateur, l'homme ?

En ce qui concerne les relations que l'homme entretient avec la nature en général et les animaux en particulier, c'est en effet La Fontaine qui est le premier à reconnaître que « De tous les animaux l'homme a le plus de pente / À se porter dedans l'excès [1] ». Parce qu'à la différence des animaux, il ne se contente pas de satisfaire ses besoins naturels, qui sont limités, mais vit sous la pression du désir qui, lui, ne souffre aucune limite. Il ne faut donc pas s'étonner de la démesure dont il fait preuve en maintes circonstances, y compris quand il s'imagine pouvoir donner des leçons au Créateur.

Ainsi faisait le villageois nommé Garo qui reprochait à Dieu d'avoir mal créé le chêne [2]. Au lieu d'y faire pendre le Gland, n'aurait-il pas mieux fait, pour notre commodité, d'y accrocher la Citrouille ? Mais Garo se repentira immédiatement d'avoir médit du Créateur quand, endormi sous cet arbre, c'est un Gland et non une Citrouille qui lui tombera sur le nez.

C'est encore plus vrai pour le climat. Un Métayer, le jugeant mal fait, avait ainsi obtenu de Jupiter le pouvoir de le gérer à sa guise. Devenu maître de la pluie et du vent, il pouvait se fabriquer « Un climat pour lui seul [3] ». La première année, sa récolte fut mauvaise. Pour la suivante, où il avait modifié ses paramètres, le résultat ne fut pas meilleur. Que devait-il en conclure ? Que « la Providence / Sait ce qu'il nous faut, mieux que nous ». Climat, pas touche !

La Fontaine savait aussi que personne n'écouterait les Cassandre. Quand l'Hirondelle, experte en climat et saisons, a voulu convaincre les Petits Oiseaux du danger qu'ils couraient à rester dans les champs pour picorer les graines, elle n'a pas été crue. Le moment de la moisson étant arrivé, ceux qui s'étaient maintenus dans les blés seront tués ou mis en cage[4].

Les hommes ne font pas mieux. À l'exemple de ce Scythe qui avait vu un philosophe, réputé sage, « corrigeant partout la nature » en taillant à mort ses arbres fruitiers. S'armant à son tour d'une serpe, le voilà qui « tronque son verger contre toute raison, / Sans observer temps ni saison[5] ». Il sera puni en ne récoltant pas de fruits.

Il en va de même pour ce bûcheron qui avait supplié la forêt de lui prêter une branche pour remplacer le manche de sa cognée. En échange du cadeau, il avait promis à la forêt de ne plus rien abattre chez elle. Or sitôt son fer emmanché « Le misérable ne s'en sert / Qu'à dépouiller sa bienfaitrice / De ses principaux ornements[6] ». Une déforestation aveugle pour un avantage immédiat qui se paiera dans l'avenir.

Les hommes se conduisent-ils mieux avec les animaux ? Ils peuvent entretenir de bons rapports avec eux, en particulier avec les chiens, capables de leur rendre la pareille. Mais avec ceux qu'ils élèvent pour leur seul profit, c'est une autre affaire, comme le démontre la fable de *L'Homme et la Couleuvre*[7].

Une fois capturée par l'homme, sachant sa mort certaine, la Couleuvre peut s'offrir un dernier luxe : celui de lui cracher à la figure que « le symbole des ingrats / Ce n'est point le serpent, c'est l'homme ». Appelée à en témoigner, la Vache le confirme : « Tout n'est que pour lui seul ; mon lait et mes enfants. » Devenue vieille, son maître ne la laisse même pas paître paisiblement. Le Bœuf n'est pas plus tendre : après avoir assumé, sous les coups, les travaux les plus rudes, il sait que sous couvert de lui faire honneur, il finira sa vie sur un autel, sacrifié par les hommes pour acheter « de son sang l'indulgence des Dieux ».

Reste la chasse. La Fontaine la condamne quand, évoquant la « douce société » dans laquelle « La Gazelle, le Rat, le Corbeau, la Tortue, / Vivaient ensemble unis », il fait du chien du Chasseur le « maudit instrument / Du plaisir barbare des hommes [8] ». Jugement qu'il tempère en souhaitant qu'au moins, la chasse soit pratiquée avec modération. Ce que n'a pas su faire ce Chasseur qui, au lieu de se contenter du daim et du faon qu'il avait déjà abattus, se fait tuer par le Sanglier qu'il avait blessé [9].

Mais sauvage, la nature...

La Fontaine serait-il de ceux qui opposent la « bonté » de la nature à la malignité des humains ? Or s'il est convaincu que la Création est « bonne » et même « très bonne », comme le disait Dieu en contemplant son œuvre, il ne confond pas la nature avec la Création, qui désigne la totalité de l'univers. Au lieu de « bonté », ce qui le frappe dans la nature est qu'on n'y voit aucune créature « se comporter modérément [10] ». Quand le blé devient trop touffu, il épuise les guérets. Pour corriger ses excès, Dieu a permis les moutons, mais ils broutèrent tout. Pour limiter les moutons, Dieu a créé le Loup, mais il les a tous mangés.

Cela ne fait pas de La Fontaine un darwinien d'avant Darwin. Il lui suffit d'être un bon observateur qui a appris d'Héraclite que c'est Polémos, le conflit, qui régit tout ce qui existe : « La Discorde a toujours régné dans l'univers [11]. »

Polémique par essence, la nature régit donc tous les êtres vivants de la même manière : « Qu'importe qui vous mange ? homme ou loup ; toute panse / Me paraît une à cet égard [12]. » Ce qui fait des humains « l'abrégé de ce qu'il y a de bon et de mauvais dans les créatures irraisonnables [13] ».

Mais qu'entend-il par « irraisonnables » ? Si cela veut dire privées de « raison », selon la thèse attribuée un peu vite à Descartes, qui réduisait les animaux à des machines ou des montres, c'est une erreur. La preuve par la fable où l'on voit un Hibou désespérer de conserver captives, mais vivantes, les Souris qu'il capturait. Un jour, il a trouvé la solution :

> Pour y remédier, le drôle estropia
> Tout ce qu'il prit ensuite. Et leurs jambes coupées
> Furent qu'il les mangeait à sa commodité [14].

Et La Fontaine de s'enflammer contre le cartésien qui « s'obstine / À traiter ce Hibou de montre et de machine ! », avant de s'exclamer : « Si ce n'est pas là raisonner, / La raison m'est chose inconnue. » Déjà reconnus comme êtres sensibles, capables de souffrir et de craindre pour leur vie, les animaux jouissent donc d'une forme de raison qui leur permet d'inventer des stratégies et des tactiques de survie. Mais si le Hibou nous en présente une version particulièrement affûtée, c'est au prix du traitement d'une cruauté absolue qu'il inflige aux Souris, à seule fin de remplir son garde-manger en attendant de le faire pour son estomac. Que manquait-il à ce Hibou ? La moralité, tout simplement. L'autre sens du qualificatif « irraisonnable » comme pouvoir de juger du bien et du mal, et pas seulement du bon et du mauvais.

Mais faut-il loger tous les animaux à la même enseigne ? Si le Hibou n'est qu'un prédateur, ne dit-on pas du Dauphin, réputé capable de prévenir des marins des risques d'un naufrage, qu'il est « fort ami / De notre espèce[15] » ? Et l'on comprend l'enthousiasme de nos contemporains qui aspirent à nager parmi les dauphins pour éprouver à leur contact la bonté de la nature.

Il se trouva ainsi un jour où un Dauphin, s'apercevant qu'il venait de récupérer par erreur un Singe qui se noyait, l'avait lâché pour aller « trouver / Quelque homme afin de le sauver ». Vraiment philanthrope, ce Dauphin ! Il a pourtant laissé se noyer le Singe qu'il venait de sauver... Un salaud, ce Dauphin ? Non plus. Aucune morale là-dedans, juste une inclination de sa nature.

Serait-ce par manque d'éducation que les animaux ne sont pas « raisonnables » ? Il n'y faut pas compter. Quand le Chat, pourtant élevé avec un Moineau, en a croqué un autre qui cherchait querelle à son ami, il a trouvé qu'il avait « un goût exquis et délicat[16] ». L'appétit lui étant venu en mangeant, il a croqué son ami Moineau dans la foulée. Un Chat, ça ne se refait pas.

Et un Loup, pourrait-il se refaire ? Ce serait « Un Loup rempli d'humanité / (S'il en est de tels dans le monde)[17] ». Tel ce Loup qui, ne supportant plus d'être universellement haï, prit un jour la décision de devenir végétarien : « Ne mangeons plus de choses ayant eu vie. » Mais en voyant des Bergers et leurs Chiens se régaler d'un agneau, alors qu'ils sont chargés d'empêcher le Loup d'en manger, il y a renoncé. Pour un Loup, se faire scrupule de dévorer des moutons alors que les hommes n'en ont aucun, n'est-ce pas le comble du ridicule ? Chassé de sa meute de carnassiers, un Loup végétarien serait condamné à vivre « en ermite ». La loi de sa nature est donc la plus forte : « Quiconque est Loup agisse en Loup ; / C'est le plus certain de beaucoup[18]. » Le Loup est même le prototype de ces « ennemis sans foi » auxquels il faut faire « guerre continuelle[19] ».

Nous ne savons pas ce que La Fontaine aurait pensé de la réintroduction du loup dans des régions où les moutons broutaient enfin en paix, les hommes ayant mis des siècles pour venir à bout de ce prédateur aussi redoutable que redouté...

Pour l'ours, c'est différent. Au XVIIe siècle, il ne survivait plus que dans quelques montagnes, et ceux que l'on connaissait étaient exhibés dans les foires. Plus bête que méchant, l'Ours « à demi léché » qui a tué l'Amateur des jardins n'est au fond qu'un ours de foire qui a foiré.

La peau de l'homme

Quelle conclusion tirer de tout cela ? C'est une Perdrix qui nous la livre. Cette Perdrix à laquelle un homme avait coupé les ailes pour l'empêcher de s'enfuir de l'enclos où il l'avait enfermée avec des Coqs harceleurs et violents. Les Coqs ? « Ce sont leurs mœurs, dit-elle, / Ne les accusons point ; [...] C'est de l'homme qu'il faut se plaindre seulement[20]. »

Une condamnation de nature morale, qui implique que l'homme aurait pu et dû agir autrement. Or comme l'a montré Hans Jonas, si l'homme n'était qu'un animal comme les autres, tous régis par leur propre égoïsme, au nom de quoi reprocherait-on à l'homme d'en faire autant ? Le reproche-t-on à l'ours ou au requin, que nous nous sommes mis en tête de protéger, en oubliant au passage que ces animaux ne sont pas en peluche ?

En relayant la critique que le Renard a faite de l'homme sous la figure du Berger, La Fontaine n'a donc pas oublié qu'il restait fondamentalement un menteur. Et pas seulement un corrupteur de la morale, mais aussi de l'anthropologie. Or qui est réellement le Renard ? N'est-il pas étrange qu'un Animal de fable se mette soudain à parler des relations que l'homme entretient avec les animaux, cette fois les bêtes ? Cette sorte de mise en abyme prouve que ce Renard n'est autre qu'un homme qui s'est revêtu de sa peau pour nier la spécificité de l'homme, donc la supériorité de sa condition par rapport à tous les autres êtres vivants. C'est un homme qui veut la peau de l'homme.

On pourrait comparer ce procédé du fabuliste à celui dont a usé Vinciane Despret dans son *Autobiographie d'un poulpe* (Actes Sud, 2022). Une fiction supposée écrite à l'encre de poulpe, puis traduite par un linguiste, destinée à nous faire prendre la peau d'un poulpe pour « penser en poulpe », seul moyen de nous faire adopter un point de vue débarrassé d'anthropocentrisme sur la nature et les êtres vivants. Or cette affaire de point de vue, La Fontaine l'a déjà réglée dans une fable antérieure à celle de « la Peste ».

Il y est question d'un Lion qui passait par hasard dans une exposition de peinture et avait trouvé choquant de constater que les visiteurs humains, présents dans la salle, « tiraient gloire » d'une toile représentant un homme qui terrassait un Lion (sans doute Hercule face au Lion de Némée, dont il revêtira la peau). Le Lion s'était gaussé : sans sa « liberté de feindre », jamais un artiste n'oserait représenter pareille scène. Un homme abattant un Lion, impossible ! Si ce tableau disait la vérité, il nous présenterait un Lion terrassant un homme et qui en revêtirait la peau. Mais comme le reconnaissait le Lion en lâchant un grand soupir, ce tableau-là est un tableau impossible : « Avec plus de raison nous aurions le dessus, / Si mes Confrères savaient peindre[21]. » La vérité, la voilà : les animaux ne savent pas peindre... Seul un homme peut peindre un Lion terrassant un homme, donc se mettre dans la peau d'un Lion pour vouloir la peau de l'homme. Mais ce sera un point de vue humain, et non léonin.

La Fontaine ne s'était pas contenté de cette mise en bouche. Il voulait la peau de ces hommes qui veulent la peau de l'homme. À commencer par ces philosophes qui nient la spécificité de l'homme en le dissolvant dans ses conditions élémentaires d'existence.

Sont visés les adeptes de la théorie de « l'âme du monde », dont faisait probablement partie Gassendi. Théorie inspirée de la doctrine hindouiste de la métempsychose, selon laquelle il faut « Que l'homme, la souris, le ver, enfin chacun / Aille puiser son âme en un trésor commun[22] ».

Pour la réfuter, rien ne valait une bonne fable : celle de la Souris qu'un brahmane avait mise à l'abri dans un corps de Fille pour la sauver des griffes d'un Hibou. À quinze ans, devenue belle et bonne à marier, on lui avait présenté de beaux partis. Mais curieusement, aucun d'eux ne voulait l'épouser, de peur d'entrer en conflit avec le peuple des Rats. Or qu'a fait la jeune fille sitôt qu'elle a entendu prononcer le mot « Rat » ? Elle a réclamé qu'on lui donne un Rat pour époux.

Qu'avait voulu démontrer ce brahmane ? Qu'il y a une différence radicale entre « Les âmes des Souris et les âmes des belles ». À chaque âme correspond donc une nature bien déterminée, qui détermine la fin vers laquelle elle tend. Son aspiration à épouser un Rat, la Souris la tenait donc de sa nature, inchangée malgré la métamorphose de son corps en Fille : « Parlez au diable, employez la magie, / Vous ne détournerez nul être de sa fin. »

Sachant que cette fable n'épuisait pas le sujet, La Fontaine l'a complétée avec une autre. Cette fois la cible est Empédocle, ce philosophe présocratique pour qui les êtres vivants n'ont nul besoin d'âme puisqu'ils sont constitués par agglomération de particules élémentaires communes à tout l'univers. Une thèse déjà critiquée par Aristote, mais que La Fontaine a préféré tourner en dérision en se servant de la manière dont Empédocle avait mis fin à ses jours en se jetant dans la fournaise de l'Etna.

Par cet acte, il révélait pour quoi il se prenait : pour un Cierge qui « se savait grain de philosophie[23] ». Mais convaincu qu'il n'était rien d'autre que l'ensemble de ses éléments de base, il a voulu nous en donner la preuve expérimentale en se jetant dans l'Etna, où « L'Empédocle de cire au brasier se fondit ». Une vraie performance d'artiste... Et pour preuve que l'expérience avait réussi, puisqu'il s'était fondu en ses éléments, il avait laissé ses sandales au bord du cratère comme témoins de son acte.

Un délire philosophique, mais un délire tout de même. Si La Fontaine avait connu la biologie moléculaire, sa fable serait une belle tape sur le museau de ceux qui veulent faire de nous des Cierges fongibles dans nos composantes génétiques. Mieux vaut donc en revenir au bon sens, qui parle comme Leibniz, le philosophe de la différence : « Tout en tout est divers : ôtez-vous de l'esprit / Qu'aucun être ait été composé sur le vôtre. »

Finalement, qu'est-ce que l'homme ? La Fontaine nous a résumé sa position, que l'on peut qualifier d'humaniste, dans son *Discours à Mme de la Sablière*[24]. Puisque tous les êtres vivants ont une âme, définie depuis Aristote comme principe qui donne vie et forme à une matière, qu'est-ce qui fait la spécificité de l'homme ? La manière dont se manifeste chez lui l'esprit à l'œuvre dans la nature. Or chez les animaux cet esprit « n'agit pas, l'homme seul est son temple » (allusion à saint Paul, qui voit dans le corps humain le « temple de l'Esprit-Saint »). Et c'est grâce à cette activité de l'esprit que l'homme dispose de la volonté, ce « principe intelligent » qui fait de lui « l'arbitre suprême » de son action. Autrement dit, le seul être au monde qui soit doué de moralité.

Au moins une chose est sûre : pour faire de La Fontaine un animaliste antispéciste et un écologiste antihumaniste, il faudra repasser.

Un empire nécessaire, mais limité

Qu'en résulte-t-il ? Que si l'on élimine l'homme, ne fût-ce qu'en niant sa spécificité, le point de vue moral disparaîtra avec lui. Et c'est uniquement l'existence de la moralité, dont l'homme a le monopole, qui fait de la préservation de la nature une *obligation* morale. Sans l'homme, celle-ci disparaît.

Il s'ensuit qu'il y a analogie entre le travail que l'homme doit accomplir sur lui-même pour s'humaniser, et celui qu'il doit assumer sur « la nature » pour la cultiver. Analogie bien présente dans la fable du *Philosophe scythe,* où la critique que fait La Fontaine du jardinier massacreur de vergers vise en réalité un philosophe stoïcien (Anacharsis ?) massacreur des âmes humaines. Pour transformer un homme ordinaire en sage, il le traite comme il le ferait d'un arbre fruitier, il « retranche de l'âme / Désirs et passions, le bon et le mauvais[25] ». Avec pour résultat qu'il faut « cesser de vivre avant que l'on soit mort ».

Quelle faute majeure a commis ce philosophe ? Celle d'*hubris*, de démesure, alors que l'adage qui devrait s'imposer est celui des Grecs, « rien de trop », dont La Fontaine a fait le titre de l'une de ses fables[26]. Une démesure à laquelle l'homme ne pourra opposer que la morale, qui le rend responsable de ses actes. Ce qui fait de La Fontaine un précurseur de cette « éthique de l'avenir » qui permettra à Hans Jonas d'ériger la *responsabilité* en principe de pensée et d'action, notamment en écologie. Tandis que de l'« écologie » telle que nous l'entendons aujourd'hui, il ne pourrait retenir que sa dimension fondatrice. Elle est présente dans la manière dont Ernst Haeckel, en 1866, avait fabriqué ce mot en associant *oikos*, la maison, et *logos*, le discours. Ce qui place au premier plan le discours à tenir sur le « monde », la « maison » commune de l'humanité, qu'il est de notre devoir de rendre humainement habitable. Pas vraiment ce que voulait Haeckel, qui professait un évolutionnisme darwinien où primait la dimension biologique, assortie de considérations racialistes. Mais grâce à l'« effet Pinocchio », les mots échappent généralement à leurs créateurs. Qu'est-ce que cela nous donnait sur le terrain ?

Au XVIIe siècle, ce qui servait de bible à ce qui ne se nommait pas encore « agronomie », et encore moins « écologie », était *Le Théâtre d'agriculture et mesnage des champs* d'Olivier de Serres. Publié en 1600 sous Henri IV, constamment réédité jusqu'en 1675, ensuite repris après la Révolution, il prône une approche raisonnée, fondée sur l'intuition et l'expérience pratique. Comme Hippocrate, qui ne parlait pas de « la nature » mais « des natures », celles de ses patients, on s'en tient aux seules réalités concrètes que sont les terroirs, les sols, les arbres, la vigne, les forêts, les animaux domestiques, pour savoir comment l'homme doit agir.

À rebours de ce « chimérique empire » dont parlait le Renard, l'empire de l'homme était donc tenu pour aussi nécessaire que bienfaisant. Nécessaire à l'homme car sans les pierres, les bois, les métaux, les plantes et les animaux, il ne pourrait pas se construire des abris, fabriquer des outils, se vêtir, se nourrir et s'offrir des moyens de jouissance. Bienfaisant pour les végétaux et les animaux qui, livrés à eux-mêmes, en resteraient à une compétition violente et stérile. Bien loin de dénaturer la nature, l'art de l'homme permet au contraire d'épanouir le potentiel que recèle chaque espèce, et même d'aller au-delà en « surnaturant » la nature. Ce qui nous donne une nature « humanisée », celle des campagnes bien ordonnées, des champs bien cultivés, des vergers produisant des fruits améliorés par sélection, des animaux domestiques jouissant des avantages de vivre en paix en échange de ce qu'ils fournissent aux hommes.

En ce qui concerne la forêt, n'oublions pas que c'était le métier exercé par La Fontaine, qui a assumé pendant une vingtaine d'années la charge de Maître des eaux et forêts sur une zone de 10 000 hectares située à l'ouest de Château-Thierry. On plantait des espèces sélectionnées, éclaircissait, nettoyait les sous-bois, procédait à des régénérations quand il le fallait. Colbert diffusait régulièrement des instructions, notamment à propos des bois dont la marine royale avait besoin. La chasse était également contrôlée avec soin. On veillait à l'équilibre des espèces, opérait des prélèvements sur celles qui étaient en excès, réintroduisait celles qui manquaient. La chasse à courre, qu'Olivier de Serres considérait comme un « apprentissage de la guerre » pour les nobles, était devenue un art strictement codifié.

On pourra évidemment juger que le jardin « à la française », introduit en France par Le Nôtre, qui s'inspirait des jardins italiens, poussait à l'excès la métamorphose de la nature en œuvre d'architecte, guidée par l'esprit de géométrie. Pour la gloire du maître des lieux, celle de Fouquet à

Vaux, et le plaisir des visiteurs. Ce qui a fait dire à Paul Morand que le XVIIe siècle était « le siècle antinature ». Et poussé Rousseau à trouver « plus naturel » le jardin à anglaise, pourtant tout aussi cultivé que le précédent. Mais dans tous les cas, c'est à l'homme qu'incombe l'obligation de garder en tout la mesure dans sa « domination », celle du maître de la *domus* – sa maisonnée, son petit monde au sein du grand monde. Le pire restera toujours possible s'il exerce son pouvoir sur le mode de la *potestas*, la puissance brute, source de violence et de malfaisance ; le meilleur s'il s'en tient à l'*auctoritas*, du verbe « augmenter », d'où se tire son droit de commander.

Mais ce droit de commander, sur quoi se fonde-t-il ? Sur un anthropocentrisme radical, comme nous le disons volontiers aujourd'hui ? Ce serait vrai si l'on oubliait que toute cette construction est *théocentrée*. Ce que Descartes a résumé en évoquant la possibilité que l'homme se rende « comme maître et possesseur de la nature ». Formule restée célèbre, mais citée à contresens quand on oublie ce petit « comme », qui interdit d'en faire l'emblème du prométhéisme technoscientifique. Il signifie en effet que l'homme ne peut exercer sa maîtrise qu'en second, le premier et le seul vrai maître étant Dieu, créateur de l'univers. L'homme sera donc seulement son intendant – bon ou mauvais.

On peut en conclure que ce qu'il y a de pré-écologique dans les fables de La Fontaine s'inspire de la sagesse biblique : « La terre m'appartient, dit le Seigneur, et vous n'êtes pour moi que des étrangers et des hôtes » (Lévitique, 25, 23). D'où des recommandations comme celle d'aider à se relever l'âne ou le bœuf tombés en chemin, ou de ne pas prendre la mère oiseau posée sur ses oisillons. À l'homme revient donc de ne pas trahir sa mission de gardien et de protecteur de la Création, sans la réduire à cette abstraction, devenue idole, qu'est aujourd'hui « la nature ».

On retrouvera une partie de ces thèmes dans les *Fioretti* de François d'Assise, qui sera érigé en saint patron des écologistes par le pape Jean-Paul II. Et c'est d'un poème de ce même François que le pape François tirera le titre de son encyclique sur l'écologie : *Laudato si'*.

17.

Sur deux fronts

Les temps ont bien changé depuis La Fontaine. Mais on ne saurait en conclure que son discours n'a aucun intérêt pour nous aider à penser l'écologie, sachant qu'elle était divisée en tendances inconciliables dès sa fondation. Et comme il mise sur la permanence du caractère des humains, on retrouvera toujours des réactions similaires face à des situations inédites.

Il est vrai que nous avons à relever des défis quasiment impossibles à imaginer à son époque. Rien de plus normal car comme l'écrit Hans Jonas, « nous savons seulement *ce qui* est en jeu quand *cela* est en jeu [1] ». La population de la planète n'était alors peuplée que de 600 millions d'habitants, une paille, et la nature sauvage se portait à merveille. Bien loin de faire pression sur elle, on la redoutait et se tenait à l'écart. Seuls des aventuriers un peu fous se risquaient à la pénétrer, en affrontant les fauves, les fièvres et des tribus de « sauvages » possiblement hostiles. En revanche, on vivait dans les villes et les campagnes en proximité avec les animaux, qui étaient partout et servaient à tout (tirer la charrue, les voitures, les charriots, fournir le lait, le cuir, la viande, etc.). D'industries polluantes il n'y en avait pas et les sources d'énergie étaient pratiquement toutes renouvelables. Donc nul besoin d'exploiter ce gaz et ce pétrole dont on voudrait se libérer aujourd'hui. Les bateaux étaient à rame ou à voile et les moulins à eau ou à vent. On s'éclairait à la bougie et se chauffait surtout au bois. Le charbon ne servait qu'à la forge, à la cuisine, aux poêles quand ils se sont répandus, et ce n'est qu'avec l'apparition de la machine à vapeur qu'il deviendra indispensable. Dans cette France majoritairement paysanne, ignorant les OGM et les pesticides, on mangeait local et bio et les déchets organiques étaient recyclés. Quant à ces faux besoins consuméristes engendrés par une offre industrielle de masse, relayée par un marketing de haute intensité, désormais informatisée et gérée par des algorithmes, l'incapacité de les satisfaire ne pouvait frustrer personne, vu qu'ils n'existaient pas.

Cela suffit-il à faire de ce tableau un rêve d'écologiste ascétique et décroissant, cherchant à reconstituer dans sa Zad, sans le savoir, l'économie de landes de la Bretagne du XVIIe siècle ? Une vie dure, mais viable et festive, c'est vrai, mais idéalisée pour la mauvaise raison qu'elle ne souffrait pas des maux dont nous nous plaignons le plus aujourd'hui, alors que ce sont ceux dont nous pâtissons le moins qui menaçaient la population. Ils se nommaient famines, épidémies, mortalité élevée (surtout des enfants et des femmes accouchées), manque d'hygiène (l'eau était réputée nocive), et bien entendu impuissance de la médecine face aux épidémies de peste, de typhus ou de choléra.

Quant au climat, personne ne pouvait s'inquiéter de son réchauffement anormal, dû à l'industrie humaine. Si l'on s'en plaignait, c'était plutôt de cet interminable « petit âge glaciaire » commencé au XIIIe siècle pour ne prendre fin qu'au début du XIXe. Sous le règne de Louis XIV, on avait même vu les blés geler en Anjou au mois d'août... Du climat on n'espérait qu'une chose, qu'il se réchauffe !

S'il revenait parmi nous, La Fontaine aurait certainement été accablé d'apprendre que nous avons fait pire que ce

Métayer qui avait obtenu de Jupiter le pouvoir de modifier le climat. Lui avions-nous même demandé son autorisation, à Jupiter ? Nous avons préféré prendre le parti du Prométhée « définitivement déchaîné » pour satisfaire notre volonté de toute-puissance et de toute-jouissance. De quoi faire beaucoup mieux que ce pauvre Garo qui voulait que les chênes produisent des citrouilles au lieu de glands. Ne sommes-nous pas déjà capables de modifier génétiquement les espèces vivantes existantes, voire d'en créer de nouvelles ?

La Fontaine n'avait pas pour autant oublié qu'une catastrophe majeure, définitive celle-là, restait toujours possible. Son Jupiter tenté d'en finir une bonne fois avec cette engeance qu'était l'humanité servait à nous rappeler que la menace était fondée dans la Bible. Quand Yahvé avait constaté à quel point la méchanceté des hommes et la violence s'étaient répandues sur la terre, il s'était repenti d'avoir créé l'homme et avait déclenché le Déluge pour noyer sa propre Création (Genèse, 6, 11). Il avait cependant limité son geste en donnant mission à Noé de sauver sa famille, ainsi qu'un couple mâle et femelle de chaque espèce vivante, pour que sa Création reparte sur de nouvelles bases. De quoi inspirer Elon Musk, qui se voit bien en nouveau Noé, capable de fabriquer l'arche qui transportera sur une autre planète, devenue inhabitable, un échantillon de notre vie terrestre.

Politique d'abord !

Pour comprendre comment la crise écologique a fini se tailler une place croissante au sein de la crise sanitaire, il faut rembobiner le film des événements pour repartir du bon pied.

Où en étions-nous en 2019 ? À une phase de haute tension entre les deux partis les plus extrémistes du moment. Avec d'un côté les écologistes radicaux, nourris d'antispécisme, qui veulent « diminuer » l'emprise de l'homme au point, pour certains, de souhaiter sa fin. De l'autre côté les transhumanistes, qui veulent au contraire « augmenter » l'homme, voire le « recréer », à moins de le métamorphoser en avatars numériques pour le libérer définitivement de son incarnation, cause de sa vulnérabilité et de sa mortalité. De cette bipolarisation, juste avant l'apparition du virus, nous avons vécu un épisode significatif en septembre 2019.

Le 23 de ce mois, que faisait le président Macron à New York ? Un beau discours sur l'urgence climatique devant l'assemblée de l'ONU. Là où Greta Thunberg, l'égérie de la jeunesse écologiste, venait de faire son propre show la veille (refusant de prendre l'avion, elle s'était rendue sur place en voilier « zéro carbone »). Or le lendemain, 24 septembre, était lancé à l'Assemblée nationale le débat sur la nouvelle loi de bioéthique, qui accroissait l'empire de la technique en matière de reproduction des humains, de recherche et d'expérimentation sur les espèces vivantes. Deux événements concomitants que l'ironie de l'histoire semblait calquer sur le « en même temps » macronien, mais qui révélaient à quel point notre monde était devenu schizophrène : « écolo » et « techno » à la fois. Pendant que les lycéens en « grève climatique », mobilisés par Greta, défilaient derrière le slogan « Pas de nature, pas d'avenir ! », le camp « techno » campait sur le sien : « À bas la nature ! » Armé du « projet NBIC » (pour nanotechnologies, biotechnologies, informatique et sciences cognitives), il misait sur la convergence de ces disciplines pour assurer la domination totale de l'homme sur la nature et sur lui-même.

À la figure emblématique de Greta Thunberg on pouvait donc en opposer une autre : celle d'Elon Musk, patron de

SpaceX (pour coloniser Mars), de Neuralink (pour « augmenter » l'homme), et de Tesla (voitures électriques). Deux figures antagonistes dont le seul point commun était le syndrome d'Asperger, susceptible de rendre incontrôlables ceux qui en sont atteints. Figures toutefois moins célèbres que celle de Kim Kardashian, qui régnait toujours sur des pans entiers du consumérisme mondialisé. Où se situait Macron ? Son parcours et son action le classaient chez les « technos ». Quand il parlait d'écologie, il faisait de la politique. Du blabla, dirait Greta Thunberg.

Nous en étions là quand la pandémie de Covid nous a fait basculer dans une situation inédite. Sorti sans trop de casse de l'épisode de la fronde, c'est un nouveau variant du « tous contre un » qui attendait Macron. Un nouveau front à ouvrir alors que la guerre qu'il menait contre le virus était loin d'être gagnée, et celle qu'il aurait fallu mener contre l'islamisme peut-être ingagnable.

Pourtant la pression était forte. Dès les débuts de la pandémie de Covid, c'est revêtus de la peau du Renard que les écologistes avaient crié haro ! sur l'homme. C'est lui qui avait provoqué le réchauffement du climat, éliminé l'écosystème des bêtes sauvages et empêché la chauve-souris de vivre en paix. Si elle avait transmis le virus au pangolin, à qui la faute ? Aux Chinois qui les mangeaient et aux avions qui diffusaient le virus dans le monde. Et si ce virus était une création de laboratoire, il était de toute façon l'instrument de la vengeance de la nature, révoltée contre le « chimérique empire » que les humains croyaient exercer sur elle.

Pour le parti du progrès technoscientifique qui se croyait déjà « maître et possesseur de la nature », cette pandémie équivalait au contraire à un coup de massue sur la nuque. Comment un simple virus pouvait-il enrayer à ce point la

Machine du monde moderne, insultant au passage la science et la médecine, contraintes d'avouer leur ignorance et leur impuissance ?

Du côté des écologistes, on ne boudait pas son plaisir. Ce qu'ils réclamaient en vain, ce virus tombé du Ciel venait leur offrir sur un plateau : les avions étaient cloués au sol, l'économie productiviste en berne, l'hyperconsumérisme éliminé au profit de nos « besoins essentiels ». Lors du premier confinement, ils s'étaient réjouis de voir réapparaître des baleines dans les calanques de Marseille, des loups à Berlin, des coyotes dans les rues de Vancouver et de San Francisco. Pour Vinciane Despret, le virus était même « une chance pour nos oiseaux »... La nature, étouffée, reprenait ses droits ! Mais là on s'emmêlait un peu, puisque les mêmes qui nous recommandaient d'éloigner l'homme de la nature, pour la préserver, nous conseillaient en même temps de nous rapprocher d'elle pour apprendre à l'aimer et à la respecter.

Ils ont vite déchanté. Car sitôt lancée la guerre contre le virus, c'est cette dernière qui a pris toute la place. Sa première victime a été la COP 26, prévue à Glasgow, qui a été repoussée d'un an pour cause de Covid[2]. Report qui démontrait que « sauver des vies » primait le fait de « sauver la planète ». Parce que la planète, elle, n'en avait rien à faire de nos vies. Peu importe que la température de l'atmosphère gagne trois degrés de plus en 2100 si le virus nous a déjà envoyés au tapis. Comme dirait Arletty, est-ce que cela nous fera une gueule d'atmosphère ?

Les hymnes à la nature retrouvée ont donc vite fait long feu. Si les Rats des villes qui le pouvaient se transformaient en Rats des champs, ce n'était pas pour contempler la nature mais pour fuir l'infection. Quant à ceux des grandes villes, ils répugnaient à utiliser les transports en commun, bondés et dangereux. Sans profiter au vélo, un must écolo, puisque son usage n'était autorisé que pour faire ses courses alimentaires, pas pour le sport et les loisirs.

On a vu le résultat : désertant la cause de la nature, nous sommes passés en masse à l'ennemi en nous accrochant, tels des noyés, aux bouées que nous offrait la technosphère. Nous avons tous repris le discours d'Anuja Sonalker, directeur général de Streer Tech, selon lequel « l'homme représente un risque biologique, pas la machine ». L'impératif sanitaire du « sans contact », qui nous a vite tenu lieu de morale, a fait le reste. Google, triomphant, en a tiré un gros titre dans son magazine gratuit : « Comment le numérique a aidé à maintenir le lien. » Pour continuer à nous parler et à nous voir, pour travailler à domicile, assurer l'enseignement à distance et organiser des apéros skype, nous avons fui le monde réel, devenu inhabitable, pour nous réfugier dans un monde virtuel. Et c'est de l'industrie médico-pharmaceutique de pointe, pas de l'écologie, que nous attendions vaccins et traitements pour nous tirer de ce mauvais pas.

Bref, entre crever du virus dans la semaine ou de la surchauffe du climat dans un siècle, il n'y avait pas photo. Toutes les urgences sont des urgences, mais il en est qui sont plus urgentes que d'autres. Et pour notre Berger-président, poussé par la population, la priorité était évidemment à la guerre à mener contre le virus. Mais puisqu'il était en guerre, il aurait dû prendre à son compte le conseil que son fils donnait au roi Jean le Bon lors de la bataille de Poitiers : « Père, gardez-vous à droite, gardez-vous à gauche ! » Il aurait su qu'à l'issue de cette bataille perdue en 1356 contre les Anglais, notre roi s'était retrouvé prisonnier de l'ennemi et les Français contraints de verser une énorme rançon pour sa libération. D'où une augmentation des impôts qui avait provoqué des jacqueries, une révolte à Paris et une guerre civile à suivre.

Or si Macron s'était gardé à droite, il ne l'avait pas fait à gauche. Négligé le fait que la crise écologique, doublée d'une crise de l'écologie elle-même, était partie prenante de celle que vivait notre société. Donc capable de produire des effets qui ne manqueraient pas de se combiner à ceux de la pandémie. Et cela au moment où il devait consacrer une bonne partie de son attention à un autre sujet, d'ordre politico-électoral cette fois, puisque les élections municipales devaient avoir lieu en mars 2020. Ce qui mobilisait tous les partis politiques, où l'on commençait à affûter discrètement les couteaux en prévision de la prochaine présidentielle.

Responsables ou coupables ?

Si la guerre contre le virus profitait objectivement aux maîtres de la technosphère, devenus des bienfaiteurs qui ne réclamaient ni coupables à punir ni victimes à sacrifier, c'était l'inverse pour ceux qui refusaient de sacrifier l'urgence climatique à l'urgence sanitaire. À leurs yeux, plus insupportable encore était de constater que les sacrifices imposés par nos gouvernants, acceptés bon gré mal gré par la population pour lutter contre la pandémie, étaient repoussés par les mêmes quand il s'agissait d'éteindre le feu qui menaçait la planète.

Mais comment mener une guerre contre un ennemi encore plus insaisissable que le virus ? Du réchauffement anormal du climat, nous étions globalement responsables sans que personne soit vraiment coupable. Sauf qu'en laissant tomber l'urgence climatique au profit de l'urgence sanitaire, nos gouvernants le devenaient, coupables !

L'inertie dont ils faisaient preuve depuis des années venait enfin de dévoiler leur intime conviction : que le combat pour le climat était impossible à gagner. À moins de soulever des montagnes d'hostilité qui leur retomberaient dessus, fort démocratiquement d'ailleurs, sous forme de défaites électorales. Tandis qu'en se concentrant sur la pandémie, gérable et limitée dans le temps, ils s'en sortiraient toujours.

Donc bons pour le *name and shame,* la version américaine du haro, nos gouvernants ! Comme l'avait fait Greta Thunberg pour tous les dirigeants du monde lors de son intervention à l'ONU en septembre 2019. Relayée par des directives de la Commission de l'Union européenne et un certain nombre de décisions juridiques. Ce qui permettait à notre Conseil d'État, depuis 2017, de houspiller nos gouvernants. En juillet, puis en novembre 2020, l'État se trouvera ainsi sommé, sous astreinte financière, de respecter ses promesses concernant la pollution de l'air et les émissions de gaz à effet de serre.

Pour soulever cette chape de plomb qu'était la guerre contre le virus, les écologistes étaient d'autant plus contraints à la surenchère que leur parti politique était divisé depuis toujours. À ses militants et ses activistes, accoutumés à hystériser les débats et à multiplier les coups d'éclat pour faire avancer le schmilblick, la campagne des municipales offrait l'occasion de donner de la voix. À l'image de la Mouche de La Fontaine qui, voyant un coche peiner en côte en dépit de ses six chevaux, « pique l'un, pique l'autre, et pense à tout moment / Qu'elle fait aller la machine[3] ». Un modèle d'action vulgarisé par Greta Thunberg, la reine des Mouches.

Pas de chance ! Le 14 février 2020, voilà que Benjamin Griveaux, candidat du parti présidentiel à la mairie de Paris, explosait en vol pour une pantalonnade. Les médias n'en avaient plus que pour lui, ce qui rendait les écologistes inaudibles.

Pris comme une vulgaire mouche dans la toile d'internet, Griveaux avait été remplacé au pied levé par Agnès Buzyn, ministre de la Santé, qui y avait gagné de se débarrasser de sa peau de chèvre émissaire pour sa gestion jugée calamiteuse de la pandémie. Pas pour longtemps, car après son cuisant échec électoral, elle confessera avoir pleuré à la perspective du désastre sanitaire qui s'annonçait, avoir trompé la population, mais averti qui de droit sans être entendue. À la fois responsable, coupable et victime, Buzyn... Donc dotée d'un haut pouvoir de contamination pour tous les politiciens du parti présidentiel (elle sera discrètement exfiltrée du pays, début 2021, pour occuper un poste peinard à l'OMS, à Genève).

Le premier tour des municipales s'étant payé d'un supplément de covidés, notamment dans les équipes électorales, le second tour avait été reporté au mois de juin. Un mauvais moment à passer, mais un contre-feu avait vite été allumé dans les médias. Dès le 18 mars 2020, l'émission grand public de Mathieu Vidard, « La Terre au carré », vouée par France Inter à la défense des grenouilles, requins et petits oiseaux en péril, était rebaptisée « Le virus au carré ». Pour nous rappeler que tout virus pouvait en cacher un autre. À commencer par celui de l'impérialisme des humains, qui les poussait à étendre leur empire sur les zones sauvages où les virus, qui y vivaient tranquilles, les attendaient au tournant.

Un discours déjà bien rodé, tenu par un intervenant qui faisait le job. Mais il avait été suivi d'un autre qui avait dû laisser perplexe une bonne partie de ses auditeurs. Il soutenait que l'Inde traditionnelle avait bien raison d'abandonner n'importe où les carcasses de ses vaches sacrées une fois mortes, parce que grâce aux vautours qui les nettoyaient à l'os, on pouvait respirer un air plus sain. Sauf qu'en recourant aux antibiotiques pour sauver ces vaches et en diffusant partout des pesticides, on avait éliminé les vautours. Fin des nettoyeurs prévus par la nature ! Par la faute de l'homme. L'intervenant n'avait pas précisé s'il était hindouiste.

Un effondrement du nombre de contaminations s'étant produit en avril, on ne sait pourquoi, c'était une fenêtre offerte aux écologistes pour revenir sur le devant de la scène en faisant donner l'artillerie lourde des influenceurs d'opinion.

C'était donc au tour des Belles Âmes et des Grandes Consciences professionnelles que sont les artistes et vedettes du showbiz de donner le ton. Ce qu'elles ont fait sous la forme d'une tribune publiée le 6 mai 2020. Issue d'un collectif international, cosignée par Juliette Binoche, Madonna, Jean-Louis Trintignant et autres célébrités, accompagnés on ne sait pourquoi de Christian Louboutin (l'homme qui chausse les femmes en rouge), cette tribune faisait acte de repentance pour le consumérisme aggravé du monde d'avant-Covid, cause de la crise écologique. Yann Arthus-Bertrand, qui en était, et dont nous admirons les splendides photos de notre planète, ajoutait à la radio qu'il avait lui-même abusé de l'avion et de l'hélicoptère, et émis un tel tonnage de CO_2 qu'il mériterait les flammes de l'enfer s'il y croyait.

Mais de qui se moquaient-ils ces repentants, soudain convertis à la «*jet-ecology*» ? Ils cachaient comme Nicolas Hulot leurs voitures de luxe à la campagne, prenaient l'hélicoptère aux Antilles pour contempler du ciel les ravages des sargasses, puis atterrir à Saint-Barth pour visiter Johnny Hallyday dans sa tombe, et ils accusaient de tous les maux le consumérisme des humbles. Cette « racaille », cette « sotte espèce » qui fume des cigarettes, mange de la viande, roule au diesel et vote populiste. Des misérables dont Marie-Antoinette disait en son temps « s'ils n'ont plus de pain, qu'ils mangent de la brioche ! », et qui dirait aujourd'hui : « S'ils manquent de nouilles et de riz, qu'ils mangent local et bio ! »

Quant à l'arrêt du tourisme de masse, les mêmes ne pouvaient que s'en réjouir. Finies les bétaillères volantes ou flottantes déversant des hordes de touristes chinois mitraillant à tout va, finis les Français en marcel, les familles Tuche et Bidochon. À nous Angkor, le pôle Nord et ses ours blancs libres !

Ce manifeste des flagellants avait été pris pour ce qu'il était : un numéro de tartufferie de haute volée. Dont le seul résultat avait été d'exciter la verve de nos blagueurs sur internet. Une nouvelle version de la confession du Lion rattrapée par la fourberie du Renard. Pour une célébrité qui veut préserver son pouvoir médiatique et son mode de vie, confesser avoir écologiquement fauté était le meilleur moyen de prévenir les critiques et de déclencher un processus de contagion mimétique. Aux grands fourriers du consumérisme mondialisé d'avouer à leur tour leurs forfaits ! Et aux moins coupables, mais les plus nombreux, ces Ânes qui ne voyaient que peccadille à brouter chacun leur petite part de planète, de sacrifier leur mode de vie.

De la belle matière à fable pour un nouveau La Fontaine.

18.

Le sacrificiel dans tous ses états

Les défenseurs de la biodiversité et du climat avaient beau faire, la Covid restait le principal sujet de préoccupation, charriant avec elle les plaintes déposées par diverses associations devant les tribunaux. Le bruit courait que nos gouvernants, lassés de se voir reprocher l'incurie de pouvoirs qu'ils n'avaient pas, ou si peu, pensaient surtout à « gérer leur risque judiciaire ». De fait, le 3 juillet 2020, Édouard Philippe présentait sa démission et celle de son gouvernement. Et l'on apprendra en octobre que des juges de la Cour de justice de la République se livraient à des perquisitions aux domiciles de l'ex-Premier ministre, d'Olivier Véran et d'Agnès Buzyn.

Emmanuel Macron, que sa fonction présidentielle juchait au sommet de la pyramide des responsables, sans pouvoir ouvrir le parapluie pour se couvrir d'une autorité supérieure, avait dû comprendre qu'il était sommé d'inverser l'ordre des priorités entre les deux guerres à mener. Or laquelle d'entre elles était la plus dangereuse pour lui ?

La réponse nous sera donnée le 14 septembre 2020, quand il sortira du bois et de ses gonds en accusant publiquement les écologistes de vouloir nous faire revenir à la bougie et à la civilisation des Amish. En bon Berger, n'avait-il pas promis aux Français qu'une fois gagnée la guerre contre le virus, ce serait le retour de l'art de vivre à la française ? Et voilà que ces zozos d'écolos le lui démontaient pièce par pièce, cet art de vivre !

Les destinataires de la boutade avaient poussé des cris d'orfraie, mais elle avait fait mouche auprès de la majeure partie de la population, pourtant convaincue qu'il fallait opposer au réchauffement climatique des mesures d'endiguement et d'adaptation. Qu'est-ce qui défrisait la plupart d'entre nous ? La manière dont les écologistes s'y prenaient pour nous faire la leçon, alors que nous ne nous jugions ni responsables ni coupables.

Quand le prêchi-prêcha moralisateur d'un Yannick Jadot nous exhortait à adopter des « comportements vertueux », nous entendions que les nôtres étaient vicieux. Alors quoi ? Allait-on instaurer en France une « police du vice et de la vertu », comme il en existe en Iran ou en Arabie ? Dès lors les écologistes ne pouvaient plus être qualifiés de « Khmers verts », ou accusés d'être, comme les pastèques, verts à l'extérieur et rouges à l'intérieur pour leur engagement plus politique qu'écologique. Ils n'étaient plus que des « talibans verts », appliquant leur « charia verte », selon laquelle il n'y avait plus que du hallal et du haram – surtout du haram. Le moyen le plus efficace, à leurs yeux, de transformer l'enfant gâté et gâcheur qu'était l'*homo economicus economicus* en *homo ecologicus ecologicus*. Mais cela justifiait-il de parler d'écologie « punitive » ? Pour mériter une punition, il faut s'être rendu coupable de quelque chose.

Haro pour tous !

Il est vrai que depuis les débuts de la pandémie, nous n'avons pas cessé de balancer entre la recherche de coupables à punir et de sacrifices à faire, les deux composantes du haro. Mais comme les avocats des plaignants l'avaient eux-mêmes reconnu, les plaintes concernant la gestion de la Covid semblaient vaines. On aura beau déférer Agnès Buzyn et quelques autres devant la Cour de justice de la République pour « mise en danger de la vie d'autrui », cela nous fera une belle brochette de boucs émissaires, mais une belle jambe pour les victimes de la Covid et leurs familles éplorées.

En irait-il de même en matière de réchauffement du climat ? Greta Thunberg semblait y croire puisqu'elle avait porté plainte contre plusieurs États, coupables de ne pas prendre les mesures qui s'imposaient. On en retrouvera d'ailleurs un écho, en style « jeune », dans la revue *Biosphère* de septembre 2021 : « Tous coupables, on a pourri grave la planète. » Mais la justice fera-t-elle mieux que Greta en Mouche du coche ? Elle pourra toujours harceler le cocher pour qu'il se remue, le sanctionner au besoin, mais ce qui manquera encore au coche, ce sont des chevaux. S'il existait un jour une Cour pénale internationale de l'écologie, mettra-t-elle en examen les États les plus émetteurs de gaz ? Leur infligera-t-elle des amendes ? Autant de cautères sur jambe de bois. La Fontaine nous avait prévenus : on peut toujours invoquer les lois, mais « encore leur ministère / A-t-il mille longueurs [1] ». Et tout homme qui sera atteint de « cette folle et détestable envie » de recourir à la justice » y perdra tout ou partie de sa vie, en vain [2].

Alors que peut-il arriver ? Ce qui arrive quand ne pouvant mettre fin à une « peste », on se rabat sur la crise qu'elle a provoquée dans la société, que l'on purgera de sa violence en la faisant endosser par un fauteur de troubles. Exactement ce qui s'est passé dans la fable : grâce au sacrifice de l'Âne, les Animaux ont été guéris, mais uniquement de la crise qui ébranlait leur société et non de la peste, dont on n'a plus entendu parler. Avait-elle même existé ?

Après le haro lancé contre le Berger comme Pasteur de son peuple, à qui le tour ? Au Berger comme figure type de l'homme en général, qui asservit les animaux pour son seul profit, mais dont les bêtes consomment trop de végétaux, trop d'eau et émettent trop de gaz à effet de serre. Des bêtes qui finiront à l'abattoir pour y subir des traitements inhumains, prouvés par les militants de L214.

Par là c'est en réalité le consumérisme comme tel qui est visé, car symboliquement fondée sur le « manger » – ce « trop de mangeurs ici-bas », comme l'écrivait La Fontaine. D'où l'enjeu obsessionnel qu'était l'alimentation pour les écologistes les plus marqués par l'animalisme, l'antispécisme et le véganisme. Sans le savoir ils en revenaient à Feuerbach, ce philosophe pour qui « l'homme est ce qu'il mange ». En y ajoutant une dimension quasi religieuse, à l'image de ces sectes qui font des prescriptions et interdits alimentaires un instrument d'allégeance et de discrimination.

Donc haro sur les éleveurs, les bouchers et les mangeurs de viande, tous des « viandards » ! Un hors-d'œuvre pour le haro général lancé sur tous les « mangeurs » de planète... Avec un pic pour les pétroliers, gaziers, charbonniers et autres extracteurs. Mais tous les consommateurs d'énergie, pour rouler en voiture, voler en avion, se chauffer et s'éclairer avaient aussi leur paquet.

Tout cela, nous l'entendions seriner depuis des lustres. Mais le parti écologiste venant de gagner un certain nombre de grandes villes à l'issue des municipales, de nouvelles voix avaient fait leur apparition.

Le 3 avril 2021, c'était à la maire écolo de Poitiers, fraîchement élue, de signaler son existence par une forme inédite de haro. Critiquée pour avoir supprimé la subvention à un aéroclub qui offrait des baptêmes de l'air à des enfants handicapés, elle avait répliqué que « L'aérien ne doit plus faire partie des rêves d'enfants aujourd'hui ». Elle avait réussi son buzz, la maire, mais elle ne disait pas comment éliminer Icare de l'imaginaire des enfants pour qu'ils se rêvent désormais en chenilles vertes et décarbonnées.

Ce même mois d'avril, une pétition réunissant plus de 40 000 signatures avait lancé un haro contre l'« écocide » que représentait l'utilisation de poutres de chênes pour reconstituer la charpente de Notre-Dame de Paris. Pour un forestier comme La Fontaine, il y avait de quoi s'étrangler. Fournir des poutres à une cathédrale, n'était-ce pas le meilleur moyen de séquestrer les tonnes de CO_2 que les mêmes chênes, pourrissant sur pied, auraient forcément recrachées ? Donc écologiques, ces poutres !

On retrouvait cette contradiction dans le haro lancé sur le moteur thermique, tenu pour responsable de bien des maux, donc à remplacer d'urgence par le moteur électrique. Sauf qu'en l'état de nos techniques, il avait besoin de batteries, cet excellent moteur. Et ces batteries réclamaient du lithium, du nickel, du cuivre, autant de ressources à extraire de la terre, autant de mines à exploiter et de nouvelles à ouvrir. Ce que refusaient les associations militantes, aussitôt mobilisées. Or vouloir en même temps une chose et son contraire, ce n'est pas rien vouloir, c'est vouloir le rien.

Mais puisque sous la figure du Berger c'est l'homme tout court qui était visé, il fallait considérer que ce mangeur de planète était en même temps un émetteur de gaz à effet de serre. Au lieu d'être seulement « ce qu'il mange », l'homme n'était plus que « son empreinte carbone », mesurée en tonnes de CO_2 qu'il émet par an. Tonnage qu'il était sommé de réduire à tout prix. Mais jusqu'où ? Jusqu'à refuser l'existence de l'humanité future, au motif qu'elle accroîtra encore nos émissions de CO_2 ?

Il était difficile d'interpréter autrement le mouvement d'hostilité à la naissance de nouveaux êtres humains qui se dessinait de plus en plus nettement, particulièrement chez les jeunes adultes, les plus atteints par le syndrome d'écoanxiété. C'est la position que soutenait depuis longtemps Yves Cochet en France, fort d'avoir calculé ce que coûtaient les bébés en émissions de gaz carbonique. Richard Powers, auteur célèbre de l'*Arbre-Monde*, avait ainsi décidé, en plein accord avec son épouse, de ne pas avoir d'enfants.

Or si l'on suit Hans Jonas, refuser qu'existe une humanité future relève du nihilisme. Parce que l'homme est le seul être de moralité existant sur cette planète, il est le seul être au monde qui se situe dans la région de l'être. Ce qui fait de lui un « existant » et pas seulement un être vivant. Et parce que l'être vaut toujours mieux que le non-être, c'est au nom de l'« impératif ontologique » que doit exister l'humanité future. L'homme jouissant du privilège exclusif de cette relation à l'être, il se trouve dans l'obligation morale de s'en faire le gardien. Heidegger en a tiré la seule vraie définition qui convient à l'homme : celle de « Berger de l'être. »

« Sauver la planète »

Que démontraient ces surenchères ? Que l'écologie oscillait entre deux tendances contraires : l'une humaniste, l'autre antihumaniste. Opposition qui devait beaucoup à l'approche adoptée au départ : ou bien on partait du monde, donc de l'homme, pour envisager les rapports qu'ils doivent entretenir avec leurs conditions primaires d'existence, ou bien on partait de « la nature » ou de « la planète » – ce qui n'est pas la même chose –, et ces dernières se trouvaient érigées en références normatives auxquelles le monde et l'homme étaient sommés de s'ajuster. Et inévitablement, l'idée que l'on se fait de l'homme ne pouvait que se rétrécir comme peau de chagrin pour revêtir celle du prédateur, tandis que le monde devenait l'ennemi de la biosphère.

Au début de l'année 2021, il fallait s'attendre à ce que le télescopage de nos préoccupations écologiques par la pandémie engendre un effet de « percolation ». Comme cela se passe quand de l'eau chaude sous pression traverse la poudre de café pour en produire une tasse.

En l'occurrence, cette tasse-là avait le goût amer de notre impuissance sur les deux fronts. Impuissance à mettre fin à la pandémie de Covid, impuissance à répondre à des défis d'ordre écologique relevant des travaux d'Hercule. Avec un privilège croissant accordé au climat, puisque l'année 2020 s'était révélée la plus chaude jamais enregistrée en France depuis le début du XXe siècle. Ce qui provoquait mécaniquement un échauffement général des esprits, en particulier chez les jeunes.

L'un des rares à penser le lien entre la pandémie de Covid et nos préoccupations écologiques était Bruno Latour, qui en avait tiré un conte philosophique publié dès le mois de janvier 2021 [3].

Que nous disait-il ? Que l'expérience du confinement et du masque chirurgical évoquait en lui la métamorphose de Gregor Samsa qui, dans la nouvelle éponyme de Kafka, se réveillait un beau matin confiné dans une carapace de termite ou de cancrelat. Mais qu'en sortant faire ses courses, il ne pouvait pas s'empêcher de penser que le café qu'il achetait ruinait les sols, et que le steak saignant qu'il se réjouissait de manger était la cause des bouffées de méthane qui accéléraient le réchauffement du climat. Le confinement imposé par le virus lui apparaissait alors comme un modèle pour nous familiariser avec le confinement généralisé qu'imposait à tous la « crise écologique » – un « doux euphémisme » puisqu'il faudrait en passer par une mutation, une métamorphose de nos corps et de notre monde pour y mettre fin. Une perspective terrifiante pour tous, mais vécue différemment selon les générations. Pour les jeunes, qui négligeaient le virus, le confinement était cette bulle d'air de plus en plus chaud dans laquelle nous étions tous enfermés, tandis que pour leurs parents, le plus cruel était de se trouver empêchés de vivre comme des humains « modernes ».

Or ce clivage entre les générations se trouvait doublé d'un autre. Car de quel climat parlait-on ? Celui de la terre ou celui de la planète ? Pour Latour seule importe la terre, à laquelle il préfère donner le nom propre de « Terre », pour signifier qu'elle n'est pas une planète parmi d'autres. Une planète relève en effet de l'Univers, dont les lois nous sont extérieures. Tandis que « Terre », qui fait de nous des « terrestres » et des « terriens », est devenue ce qu'en ont fait tous les êtres vivants qui la peuplent, humains compris. Irréductible à « la planète », elle l'est également à ce que nous appelons « la nature » : « Terre n'est pas verte, elle n'est pas primitive, elle n'est pas intacte, elle n'est pas "naturelle"[4]. »

En privilégiant la planète, on changeait d'optique. De terrestre, l'affaire prenait une dimension cosmique. Le slogan « Pour une humanité durable », cher aux écologistes qui prônaient adaptation et transition, n'était plus à l'ordre du jour. Il était remplacé par un autre, « Sauver la planète ». Mais en quel sens ? Pour faire de nous de simples « sauveteurs », ou carrément des « sauveurs » de planète ? Ce qui revenait à nous doter de cette même toute-puissance que celle que l'on refusait aux « technos », qui misaient sur elle pour « sauver » la planète des maux qu'ils avaient eux-mêmes provoqués.

Pour éliminer ce rival qu'était le loup techno-industriel, il suffisait d'instaurer un face-à-face direct entre nous et la planète. Au prix de l'élimination du monde, pourtant le seul lieu possible du déploiement des mesures d'endiguement du réchauffement climatique et d'adaptation à ses conséquences. Ce qui passerait par une période de transition qui prendrait du temps. Car à suivre Latour, les difficultés à surmonter sont telles qu'au lieu de « Sauveteurs » et de « Réparateurs », nous ne serons probablement que de modestes « Ravaudeurs ».

Pour les militants les plus jeunes, qui n'avaient que l'« urgence climatique » à la bouche, il n'était pas question de donner du temps au temps. Alors que Latour échangeait sa carapace de cancrelat contre celle de la Tortue, ils prenaient la peau du Lièvre de la fable. Oubliant que « Rien ne sert de courir ; il faut partir à point[5] ». Ils se projetaient d'avance vers le « jour du dépassement », prévu pour le 28 juillet 2021 (ce sera le 29, un jour de gagné pour cause de ralentissement de nos activités par la pandémie). Le jour fatidique où nous aurons « mangé » toutes les ressources de la planète par rapport aux avantages que nous en tirons. Pour vivre ensuite à crédit, sur le dos de la bête, le reste de l'année, jusqu'à extinction définitive de ses ressources à force de cumuler ces reports.

Et après ? Ils feraient mieux de relire Chateaubriand, qui avait imaginé ce qui se passerait si une pandémie de peste nous avait laissé une planète vide d'hommes : « Si tous les hommes, atteints d'une contagion générale, venaient à mourir, qu'arriverait-il ? Rien : la terre, dépeuplée, continuerait sa route solitaire, sans avoir besoin d'autre astronome pour compter ses pas que celui qui les a mesurés de toute éternité ; [...] nos villes, nos monuments seraient remplacés par des forêts rendues à la souveraineté des lions ; aucun vide ne se manifesterait dans l'univers[6]. »

Or c'est précisément ce genre de spéculation qui expliquait pourquoi le discours des sauveurs de planète était inaudible. La cause de la planète n'était pas la nôtre, seule comptait celle du monde, où nous habitons ici et maintenant.

Nous avions au moins compris qu'en nous sommant de sauver la planète, parce que sa « santé » à elle était infiniment plus importante que la nôtre, on nous demandait d'accepter des sacrifices d'une tout autre ampleur que ceux qui nous étaient imposés par le combat contre le virus.

Nous savions qu'ils ne se réduiraient pas aux appels à la modération et à la sobriété, fort légitimes au demeurant. Nous étions déjà accoutumés aux discours sur les « petits gestes », réputés « bons pour la planète », censés modifier en douceur, par contagion mimétique, nos comportements les plus nuisibles. Un bon coup de lessiveuse écologique pour nous débarrasser de notre crasse consumériste. Mais les confinements successifs dus à la Covid ne nous en avaient déjà imposés que trop, de ces petits gestes. Et nous pressentions que les sacrifices dus à l'arrêt partiel de l'activité du monde ne se paieraient pas d'une diminution sensible de nos émissions de gaz à effet de serre (ce sera de l'ordre de 8 %, chiffre dérisoire par rapport à l'objectif « zéro émission » en 2050).

Pour en finir avec ce qui était « mauvais pour la planète », il nous fallait de « grands gestes » contre tout ce qui était énergivore, pollueur et émetteur de gaz : voitures, avions, navires, etc., sans oublier la côte de bœuf. S'attaquer aux besoins qui alimentaient la machine consumériste, sans oublier le désir qui les rendait si impérieux (d'où l'hostilité particulière à l'égard des SUV et des 4×4, qui cumulaient toutes les tares). Le slogan fétiche de Mai 68, « il est interdit d'interdire », devait être inversé en son contraire : « Il est obligatoire d'interdire. »

Mais jusqu'où ? Jusqu'à prôner la « vie nue », comme on l'avait reproché aux mesures draconiennes imposées par la guerre contre le virus ? Jusqu'à « cesser de vivre avant que l'on soit mort », comme le disait La Fontaine du philosophe stoïcien qui élaguait les âmes de tous leurs désirs[7] ? Une démesure tout aussi condamnable que celle dont notre monde industriel et consumériste s'était rendu coupable. Car en bon vivant et bon jouisseur qu'il était, La Fontaine nous aurait laissé la bride sur le cou pour que l'adage « rien de trop » puisse aussi se traduire, comme chez les Grecs, par « un rien trop ». Tant il est vrai que sans ces grands et menus plaisirs qui en font le poivre et le sel, surtout s'ils nous sont interdits, une vie n'a plus rien d'humain.

À ce stade, parler d'écologie « punitive » ne convenait plus. Ce punitif-là, qui reposait sur l'idée de culpabilité, était en réalité de nature sacrificielle.

19.

L'homme à abattre

Quand le rapport du Giec, publié le 9 août 2021, avait sonné l'alarme, le seul sujet de préoccupation était la promulgation de la loi qui prolongeait l'état d'urgence sanitaire, avec retour en force du passe du même nom. Dès lors nos préoccupations vacancières ne pouvaient qu'étouffer les planétaires. Il était déjà assez dur de sauver notre bain estival de « nature », alors la planète... D'ailleurs avait-elle vraiment besoin d'être « sauvée », la planète ? N'avait-elle pas déjà vécu des périodes de glaciation et de réchauffement extrêmes, des épisodes d'extinctions massives des espèces ? Au Paléolithique, quand les hommes ornaient les grottes de peintures, le niveau de la mer Méditerranée était à 120 mètres au-dessous de son niveau actuel, et il y a 6 000 ans, il lui en manquait encore cinq ou six pour atteindre son niveau actuel. Fallait-il vraiment croire à la fin du monde si la température du globe montait de trois degrés, et la mer de quatre-vingts centimètres en 2100 ? Ce serait sans doute difficile à vivre dans bien des parties du monde, mais elle ferait avec, la planète. Comme elle a toujours fait.

Impeccable, cette démonstration, dont le seul défaut était de nous faire oublier que nous ne vivons pas *sur* une planète quelconque dont le sort nous serait étranger, mais *dans* la planète nommée Terre, parce que l'atmosphère en fait partie. Que la Terre cesse d'être respirable et vivable et c'est notre monde qui en fera les frais. Pour « la nature » ce sera différent. Quantité d'espèces vivantes disparaîtront, d'autres s'adapteront, de nouvelles apparaîtront.

En ce qui concerne le monde, La Fontaine n'aurait pas manqué de rappeler à tous ceux qui soutenaient qu'à l'impossible nul n'est tenu, ou qui comptaient sur l'intervention d'Hercule pour remédier à leur place aux dégâts infligés à la Création, que c'était à eux de retrousser leurs manches : « Aide-toi, le Ciel t'aidera[1]. »

Or si les écologistes les plus raisonnables nous conviaient à les entreprendre sans tarder, ces travaux dignes d'Hercule, il en était d'autres qui ne cherchaient qu'à désigner l'Âne contre lequel lancer le haro pour en faire une victime expiatoire. Non pour endiguer le réchauffement climatique et nous adapter à ses conséquences, contre lesquels cette procédure sacrificielle n'aura aucun effet, mais pour mettre fin à une situation de crise vécue comme insupportable.

L'Apocalypse pour demain

Parce que la polarisation sur la planète avait donné à l'affaire une dimension cosmique, Bruno Latour avait compris que les thèmes de l'effondrement et du collapsus allaient faire l'objet d'une diffusion virale chez les jeunes générations. Au point de donner à l'écologie une dimension proprement mystique.

Que nous disaient-ils, ces jeunes ? Que nous, les vieux, avions notre avenir derrière nous, alors que cet avenir qu'ils devraient avoir devant eux, nous l'avions sacrifié à notre hyperconsumérisme jouisseur, mangeur de planète et perturbateur du climat. Un message fort, accueilli avec compréhension et sympathie, car nous savions qu'une bonne moitié de la jeunesse souffrait du syndrome d'écoanxiété. Mais que penser de ces lanceurs d'alerte quand ils se muaient en activistes menant des opérations coup de poing ?

Apparu en 2018, le mouvement « Extinction Rebellion », voué à la défense des espèces menacées, du climat et de nos sociétés par les moyens de la désobéissance civile, continuait à s'illustrer dans de spectaculaires actions de blocage de la circulation. Mais quand ses militants se collaient au sol ou sur les murs avec de la glu, les bras en croix, ne pouvait-on pas y voir une nouvelle version de la figure christique de Che Guevara ? Pour suggérer que le sacrifice qu'ils exigeaient du monde, ils l'assumaient en premier, eux les innocents, en offrant leur personne à la cause (on apprendra plus tard qu'un jeune sur cinq se disait prêt à donner sa vie pour la planète).

Le slogan « *No Future* » prenait donc une dimension proprement « apocalyptique ». Dépassant même le manifeste des « collapsologues », qui avait marqué les esprits en 2015, qu'était le livre de Pablo Servigne et Raphaël Stevens, *Comment tout peut s'effondrer*[2]. Car bien loin de se réduire au sens latin du mot *collapsus*, « tombé en un seul bloc », l'effondrement dont il parlait se traduisait de manières différentes selon qu'il s'agissait d'économie, d'énergie, de finance ou de géopolitique. On pouvait redouter leur convergence, mais les auteurs admettaient que l'on ne s'en tirerait pas à coups de formules incantatoires sur fond d'apocalypse. La seule bonne méthode consistait au contraire à pratiquer un « catastrophisme éclairé », optimiste et pragmatique. Et au lieu de parler de « crise écologique », mieux vaudrait reprendre le terme anglais de *predicament* pour nous éviter de penser qu'à tout « problème » il y a une « solution ». Parce qu'il suggère que lorsqu'il n'y a pas de solutions, il reste encore des choses à faire, pour vivre avec et s'adapter.

Cela n'empêchait pas Yves Cochet, l'un des initiateurs du mouvement des collapsologues, de prophétiser un « effondrement du monde ». À l'entendre, la civilisation thermo-industrielle s'effondrerait en 2025. Et en 2040, voitures et avions ayant disparu, nous assisterions au retour triomphant du cheval pour nous transporter et tirer nos charrues. Il y avait du prophète chez Cochet, aussi chez Greta Thunberg quand le 25 janvier 2019, au forum de Davos, elle avait lancé aux puissants de ce monde : « Je veux que vous paniquiez ! »

On se retrouvait dans l'album de Tintin, *L'étoile mystérieuse,* publié par Hergé dès 1946, quand personne ne parlait encore de réchauffement climatique. Les habitants de Bruxelles, accablés par la vague de chaleur provoquée par cette boule de feu visible à l'œil nu, suaient tout comme nous à grosses gouttes dans des rues dont le goudron fondait. Tandis qu'un homme barbu, enrobé d'une toge blanche, qui se proclamait Philippulus le Prophète, frappait sur un gong en criant : « C'est le châtiment ! Faites pénitence !... La fin des temps est venue !... »

On apprendra plus tard que c'était un savant fou échappé de l'asile psychiatrique, mais peu importe. Le thème de l'astéroïde qui menace notre planète de destruction, comme dans *Melancholia*, le film de Lars von Trier (2011), permet d'extérioriser ce qui se passe dans notre imaginaire quand il se polarise sur la fin de tout. Hergé se moquait évidemment du professeur Hyppolite Calys, qui avait su déterminer l'heure précise du cataclysme en ajoutant : « Demain, je serai célèbre ! » Ce qui ne se produira pas puisque seule une petite partie de l'étoile tombera en mer, nous laissant en cadeau un minerai inconnu que l'indécrottable Calys a baptisé « calystène », dont le premier effet avait été de transformer une vulgaire araignée en monstre atteint de gigantisme.

Hergé voulait-il nous mettre en garde contre les OGM à venir, ou contre l'appétit des « technos » pour des métaux inconnus à exploiter sous la mer, sur Mars ou sur la lune ? Mais puisque Tintin avait d'abord rêvé de cette araignée avant d'aller la combattre, le message était clair : cette araignée échappée de notre inconscient nous l'avions « dans le plafond », comme on le dit de ceux dont la cervelle nous paraît dérangée.

Chez nos activistes les plus extrémistes, cette dimension apocalyptique ne pouvait que transformer leur écoanxiété en névrose, provoquant des décompensations qu'ils compensaient par des passages à l'acte pulsionnels. Parler de « conversion » écologique renvoyait d'ailleurs à des figures très anciennes. Celle du prophète Jonas, modèle possible de Philippulus, annonçant que dans quarante jours, Ninive serait détruite si elle ne se convertissait pas. Aussi au prophète Isaïe, dans la longue liste de ses versets apocalyptiques : les « écluses d'en haut sont ouvertes », « les fondements de la terre sont ébranlés », et sous le poids de son péché « la terre vacille comme un ivrogne » (Isaïe 24, 18-20). Et encore à saint Luc évoquant « des signes dans le soleil, la lune et les étoiles » qui affoleront les nations, tandis que « les hommes défailliront de frayeur dans la crainte des malheurs arrivant sur le monde » (Luc 21, 25-28). Pour en venir à l'appel de saint Pierre à la conversion de tous. Car quand la patience de Dieu sera épuisée, « Le jour du Seigneur viendra comme un voleur, jour où les cieux disparaîtront à grand fracas, où les éléments embrasés se dissoudront et où la terre et ses œuvres seront mises en jugement » (Pierre II, 3, 10).

Sauf que l'apocalypse qui nous menaçait se trouvait amputée de l'espérance chrétienne du renouvellement de la Création, avec de nouveaux cieux et une nouvelle terre. Pour nous, hors la planète, point de salut ! Pour la sauver, il ne restait qu'à lui offrir le monde et l'humanité en sacrifice. Mais pas touche aux smartphones, ces prothèses exorganiques des jeunes, pourtant gros mangeurs d'énergie, de métaux et de terres rares promis à l'épuisement ! Bruno Latour l'avait pressenti : « Le sentiment religieux peut engendrer des crises de folie, mais la religion sécularisée rend fou pour de bon[3]. »

En affirmant qu'il nous restait peu de temps pour réagir à l'aggravation de la situation, le rapport du Giec d'août 2021 aura au moins pour effet de faire avancer le processus de cristallisation des plus militants. Le 30 octobre, à l'occasion du sommet du G20 qui se tenait à Rome,les manifestants réclamaient : « Des résultats ! tout de suite ! » Comme si l'on pouvait agir sur le climat comme on le fait d'un frigo en manipulant le bouton on/off. Mais depuis La Fontaine, on sait que « la jeunesse se flatte, et croit tout obtenir ». Ce sera le mot d'ordre du mouvement « Just Stop Oil », fondé en février 2022 : on ferme les robinets, tout de suite ! Étrange retournement de l'imagerie du bouton sur lequel il suffirait d'appuyer pour déclencher une apocalypse nucléaire... Mais le bouton d'arrêt du réchauffement climatique, où se trouvait-il ? Qui l'avait à sa disposition ?

Andreas Malm, activiste suédois d'inspiration écolo-léniniste avait une solution plus directe : le sabotage des pipelines. En plein Covid, quand la voiture représentait le dernier symbole de la liberté, ce n'était pas le moment. Le collectif « Les Soulèvements de la Terre », lancé début 2021, saura s'en souvenir.

Ce n'est qu'au début de l'année 2022, avec le nouveau mouvement « Dernière Rénovation », capable de bloquer épisodiquement des autoroutes, qu'un avatar du professeur Calys, sorti de l'album d'Hergé, nous livrera le compte à rebours du temps qui nous restait pour agir : 1 028 jours... Soit deux ans, neuf mois et vingt-trois jours avant le *ground zero*. Serait-ce le moment de l'Armageddon, qui désignait chez les Hébreux la bataille finale entre le bien et le mal ? Ou l'annonce de la révolution à venir ? Les deux sans doute, puisque si le monde ancien était détruit, un monde nouveau pourrait naître de ses cendres. C'est ce que suggérait le mouvement international « A22 » (pour « avril 2022 »), dont était issue « Dernière Rénovation » : « Nous sommes la Dernière Génération. Mais nous sommes aussi la Première. »

Et après ? Quel monde nouveau surgira de la table rase qu'est devenu l'ancien ? Une fois posée l'Apocalypse, on la compense généralement par une vision millénariste du futur. Celle d'un monde tout neuf figé symboliquement à « mille ans » pour signifier que l'on échappera enfin à la temporalité. Parce qu'à rebours de l'idéologie du progrès, le temps est considéré comme un processus inexorable de dégradation. Tandis que la répétition à l'identique correspond à l'image que l'on se fait familièrement du paradis.

Milan Kundera s'est servi de cette imagerie pour expliquer pourquoi l'amour que l'homme éprouve pour le chien est « idyllique » : parce que l'animal, lui, n'a jamais été chassé du paradis. Tant qu'il y vivait, « l'homme n'était pas encore l'homme[4] ». Une fois chassé tout a changé, et Kundera d'en conclure que « La nostalgie du paradis, c'est le désir de l'homme de ne pas être homme[5] ».

Serait-ce ce désir qui anime tant d'écologistes animalistes et antispécistes ? La Fontaine avait fait de son Amateur des jardins un « prêtre de Flore ». Ensuite poussé plus loin l'idée en empruntant aux *Métamorphoses* d'Ovide l'histoire de

Philémon et Baucis[6]. De doux écolos campagnards qui vivaient dans une cabane rustique et cultivaient leur enclos sans aucun domestique. Quand paraîtra Zeus en tournée d'inspection, ils seront les seuls à se montrer hospitaliers à son endroit (le village voisin, qui ne l'avait pas reçu, sera noyé sous un déluge). Ils seront toujours amoureux une fois devenus vieux, et Philémon finira sa vie changé en arbre et Baucis en tilleul.

Nous retrouvons le même thème dans une étonnante nouvelle de Hermann Hesse, dont le héros est un certain Pictor qui, sitôt arrivé au Paradis, se met en quête de l'arbre de Vie pour trouver enfin le bonheur. Les plantes, les fleurs et les oiseaux lui sourient, lui parlent, tout en se métamorphosant les uns dans les autres. Mais quand un oiseau-fleur-papillon vient à se changer en un minuscule cristal tombé à ses pieds, voilà que le serpent enroulé sur son arbre lui conseille de le ramasser, en lui promettant qu'il trouvera enfin le bonheur. Pictor obéit et se transforma aussitôt en arbre. Enfin heureux !

Pourtant, comme rien ne changeait à sa situation, Pictor commença à vieillir et dépérir. Quand une belle jeune fille vint à passer, Pictor, éperdu de désir, n'aspirant plus qu'à la rejoindre pour se fondre en elle, comprit enfin que le serpent l'avait trompé. Par chance, la jeune fille tomba à son tour sur le cristal magique. Elle le ramassa et la magie opéra puisqu'elle devint à son tour un arbre. Pictor avait enfin sa Pictoria ! Enfin devenu un tout, « il put continuer à se métamorphoser autant qu'il le voulait. Le courant magique du devenir coula dans ses veines, inaltérable, il participa constamment et pour l'éternité de la création éternelle[7] ».

Une version infiniment plus modeste de cette métamorphose existe déjà : elle se nomme « humusation », opération consistant à composter nos cadavres pour nous transformer en engrais. Un moyen radical de nous recycler dans une nature, elle-même cyclique, dont nous n'aurions peut-être jamais dû sortir.

L'armée des douze Sphinges

À la fin de l'été 2021, vacances sauvées, c'est l'« écoféminisme », version radicale mais minoritaire de l'écologie, qui allait mettre le feu à la primaire des Verts chargée de désigner leur candidat à la prochaine présidentielle.

Équipé de son bestiaire, La Fontaine aurait continué à voir en Valérie Pécresse et Marine Le Pen les deux Belettes qui cherchaient à dévorer la Chauve-Souris Macron, et à tenir Éric Zemmour, qui se voulait Singe, pour un Moucheron. S'il avait pensé à Christiane Taubira (ce qui n'est pas sûr), il aurait pu en faire une Grenouille qui comptait sur son ensorcelante parole pour se faire plus grosse qu'elle n'était. On sait qu'elle attendra en vain qu'on la supplie d'offrir sa personne en sacrifice à la cause, perdue d'avance, d'une gauche dont elle se croyait l'icône. Quant à Jean-Luc Mélenchon, c'est lui qui citait La Fontaine dans le texte en se présentant en « Tortue électorale », et en répétant avec lui que pour gagner « Rien ne sert de courir, il faut partir à point ».

Chez les écologistes, Yannick Jadot, le plus sérieux des prétendants, était naturellement le Rat des champs. Mais que faire de cette nouvelle venue qu'était Sandrine Rousseau, sa seule vraie rivale ? Elle se rêvait en Belette face à Macron, mais pour avoir la peau du Rat des champs et se faire connaître du grand public, il lui fallait se métamorphoser en mangeuse d'hommes, donc en Sphinge. Ce monstre composé d'un buste et d'un visage de femme, d'un corps de lion et d'une queue de dragon, qui dévorait tous ceux qui ne répondaient pas correctement à ses énigmes, auquel s'était confronté Œdipe.

N'en allait-il pas de même pour l'écoféminisme ? Il ne posait qu'une question : qui est le fauteur de troubles, l'auteur de tous nos maux ? Et la seule bonne réponse était « le patriarcat ». L'anthropocène, qui désignait cette ère nouvelle où l'homme intervenait en perturbateur des époques géologiques, était en réalité un « androcène ». L'homme à abattre n'était donc plus l'homme générique, l'homme du prométhéisme déchaîné, l'*homo naturae lupus,* un loup pour la nature, mais uniquement l'homme mâle. Il était déjà un *vir feminae lupus*, un loup pour la femme, il en était aussi un pour la nature : *vir naturae lupus*. Le Berger « digne de tous les maux » était donc un mâle. Et au lieu du Renard, c'est une Bergère qui nous l'apprenait. À l'arrivée on obtenait ce raccourci saisissant, à nouveau digne d'une « compression » du sculpteur César, érigé en slogan : « Le patriarcat tue le climat. »

Un vrai Grand Méchant Loup que « le patriarcat », capable de disputer sa prééminence au « capitalisme » comme cause de tous les malheurs du monde, puisqu'il en était aussi l'origine. Ce qui explique pourquoi l'on pouvait tantôt invoquer l'un, tantôt l'autre, ou les fusionner dans le « patriarcapitalisme », selon que le mélange de vert et de rouge produisait diverses nuances de jaune, du verdâtre au rouge acajou.

Autant avouer qu'il n'était pas facile de s'y retrouver. Sandrine Rousseau avait beau concentrer sur elle tous les feux de la rampe médiatique par la virulence de son verbe, d'autres discours radicaux se mêlaient aux siens. Un cinéphile aurait pu se croire face à *L'Armée des douze singes*, film de science-fiction de Terry Gilliam (1995), où il était question d'une mystérieuse armée de défense des animaux et d'une non moins mystérieuse propagation d'un virus, capable d'éliminer la quasi-totalité de la population mondiale. Ce qui permettait d'imaginer qu'au lieu de singes, c'est à une armée de Sphinges que l'on avait affaire.

Si l'on se référait à la première version du féminisme, que l'on peut qualifier d'« historique », tout était simple. En revendiquant les mêmes droits pour les femmes que pour les hommes, elle admettait qu'il existait des hommes et des femmes. Mais depuis que l'idéologie du « genre » avait fait son œuvre, on n'en était plus à la lutte des sexes. Éliminés, ces sexes que l'on croyait fondés « en nature », biologiquement parlant. Remplacés par une « construction » d'ordre socio-culturel, voire strictement subjective, qui se disait « genre ». Dès lors n'y avait-il pas contradiction ? Comment accuser l'homme mâle d'être à l'origine du patriarcat si les sexes n'existaient pas ?

Chez Simone de Beauvoir la femme existait encore. Elle n'était certes que le « deuxième sexe », dominé par le premier, masculin. Mais depuis Judith Butler, pionnière du discours sur le « genre », qui avait osé poser la question « De quoi "femme" est-elle le nom ? », ce n'était plus évident. Et puisque les sexes n'étaient que des « constructions », ils pouvaient être « déconstruits ».

S'il n'y avait plus ni hommes ni femmes, la contradiction disparaissait. Ne subsistaient que des « non-binaires » face aux « binaires » résiduels, cramponnés à l'existence et à la différence des sexes. Avec pour effet paradoxal de recréer du binaire par cette opposition même, donc du conflit au sein d'une société déjà en crise. Sans en dispenser les féministes elles-mêmes, chez qui les tensions entre les générations successives persistaient, et dont les relations avec les gays, accusés de recréer à leur profit la domination

« masculine », pouvaient être tendues. Quant à celles qui tordaient le nez devant l'idéalisation du modèle « trans », elles écopaient du sobriquet de « TERF » (pour « *trans-exclusionary radical feminists* »).

Pour maintenir son unité, l'écoféminisme devait donc miser à fond sur le vert de l'écologie pour chapeauter tout son petit monde. Sans empêcher que le haro lancé contre le patriarcat, son bouc principal, interdise qu'on en désigne d'autres. Car en faisant de l'intersectionnisme l'une de ses composantes, l'écoféminisme prenait aussi en charge l'agrégation de toutes les minorités qui s'estimaient victimes d'une oppression quelconque.

Le recours à l'intersectionnisme avait en effet introduit une autre thématique : celle du racisme tel que le vivait l'Amérique, où l'esclavage des Noirs et le refus de reconnaître leurs droits par une société exclusivement blanche avaient donné une valeur paradigmatique. Avec pour effet de peindre le monde entier en noir et blanc, dans son histoire comme dans sa situation présente. Blanc était l'homme occidental, colonialiste, impérialiste, exterminateur d'Indiens, esclavagiste des Noirs, donc « structurellement raciste ». Ce qui par un violent effet dialectique, assurait le retour en force de la nature que l'on avait cru éradiquer, mais une nature réduite à la couleur de peau.

Or en 2021, le mouvement « Black Lives Matter » (« la vie des Noirs compte »), qu'avait ravivé le meurtre de George Floyd par un policier blanc, faisait toujours des vagues en France. Certains s'en servaient pour protester contre « les violences policières » de Macron, mais dès le 3 mai, au plus fort de la pandémie, le « Tout ça pour de vieux blancs malades » avait établi un lien autrement suggestif. Que pouvait-on en déduire ? Pour les plus radicaux, que le Loup du patriarcat était avant tout un Loup blanc.

20.

La Fontaine au rouet

Comment se priver du plaisir d'imaginer La Fontaine aux prises avec les Sphinges de notre époque ? Il se trouve en effet que l'année 2021, mitée par le virus, était celle du 400e anniversaire de sa naissance, qui tombait le 8 juillet 2021. Une année entièrement consacrée aux hommages que la France entière devait rendre à son fabuliste favori. Plus de deux cents manifestations avaient été programmées, avec mobilisation des enfants des écoles, lancement d'un concours, etc. Et voilà qu'en raison de la pandémie, presque tout ce qui était prévu passait à la trappe, avec report général aux journées du patrimoine des 18 et 19 septembre 2021 (qui seront pour partie annulées).

Pour l'auteur des *Animaux malades de la peste*, pâtir post-mortem d'une pandémie provoquée par un virus, c'était un comble. Pareil coup bas de la Fortune, il fallait le vivre pour y croire. La ville de Château-Thierry, sa patrie de naissance, avait néanmoins mis les petits plats dans les grands pour célébrer son grand homme le 8 juillet. Avec animations de rue, bougies allumées devant les maisons, pique-nique géant en soirée, émission d'un timbre et d'une médaille commémoratifs.

Une sculpture monumentale de Nathalie Talec, intitulée « La grâce, plus belle encore que la beauté », avait été inaugurée au bord de la Marne. Elle représentait un buste de jeune enfant, les yeux fermés, concentré sur l'effort de son imagination pour en faire émerger les sept animaux les plus représentatifs des fables. Pour l'écologiste aux aguets, un scandale que cette statue, faite de résine de polyester remplie de mousse de polyuréthane, quand l'urgence était à se libérer de toute matière issue du pétrole.

Au moins La Fontaine n'avait-il rien à redouter du côté de l'Académie française. Fermée pour cause de Covid, c'est avec l'hommage que lui rendra Hélène Carrère d'Encausse, dans son discours du 2 décembre 2021, qu'elle reprendra ses séances. Quant au fauteuil numéro 24 qui avait été le sien, il était occupé par François Sureau, juriste et écrivain, un défenseur de la liberté et un chrétien. Lors de son discours de réception du 3 mars 2022, s'adressant aux « ombres » qui l'ont précédé dans son fauteuil (car mortels sont les Immortels), il saluera en La Fontaine celui qui « reste à jamais le plus vivant d'entre nous, lui qui dormait vingt heures sur vingt-quatre et ne se réveillait que pour la poésie et pour l'amour ».

Mais que pesaient ces lampions et l'Académie dans la situation qui était devenue la nôtre ? Y projeter La Fontaine, n'était-ce pas le condamner « au rouet », comme le dirait Montaigne ? Car de deux choses l'une : ou bien il avait agi et écrit comme il le faisait parce que sa volonté était mauvaise, ou bien parce que sa volonté était bonne, mais voulait ce qu'il y avait de mauvais à son époque.

Le Lion « déconstruit »

Quel effet avait eu sur l'opinion publique ce grand moment de politique spectacle offert par nos écologistes à l'occasion de leurs primaires ? Pratiquement aucun.

Yannick Jadot l'avait emporté d'un cheveu sur Sandrine Rousseau au second tour, mais sa campagne électorale n'« imprimait » pas (il finira d'ailleurs avec un piteux 4,63 % à la présidentielle). En revanche, Sandrine Rousseau s'était taillé un beau succès chez les railleurs de tout poil. Un compte Twitter dédié à « Sardine Ruisseau », suivi par une foule d'abonnés enthousiastes, faisait le buzz en la hérissant d'épingles moqueuses. La réplique du Berger à la Bergère, mais sur des sujets qui n'avaient plus grand-chose à voir avec l'écologie.

Qu'une forme de « patriarcat » ait pu longtemps exister dans notre pays, on pouvait l'admettre. Mais en faire l'unique cause de tous nos maux, y compris de l'existence des centrales nucléaires, tenues pour des expressions du patriarcat viril et brutal, cela ne passait pas. On se retrouvait plutôt dans *Le malade imaginaire* de Molière, quand Toinette expliquait tous les maux d'Argan par « le poumon », répété dix fois.

Mais c'était bien plutôt son respect de la « nature » des êtres vivants, chacun selon son espèce, qui pouvait faire de La Fontaine une cible. Non que les écologistes d'aujourd'hui ne croient pas à « la nature », puisqu'ils n'ont de cesse de s'y référer. Mais pour nombre d'entre eux, il n'y a plus de « nature » que chez les êtres vivants autres que l'homme. La seule qui soit intouchable.

La Fontaine épinglé

Possible donc que l'infortune dont a pâti La Fontaine pour son anniversaire ait été aussi pour lui une chance d'échapper aux foudres de l'époque. Car à y regarder de près, ne cochait-il pas toutes les cases qui justifiaient un haro ?

Il avait déjà été accusé de misogynie, au motif que les femmes mises en scène dans ses fables étaient présentées comme querelleuses, avares, jalouses, infidèles et réputées incapables de tenir un secret. Pourtant la liste n'était-elle pas encore plus longue des défauts qu'il reprochait à ses personnages masculins ? Des Coqs querelleurs et violents, des Ânes qui se haussent réciproquement du col, des égoïstes régis par l'amour-propre, donc capables de tous les vices. Mais au lieu de parler de misandrie pour faire contrepoids à la misogynie, mieux aurait valu en rester à une forme de misanthropie. Tous les humains dans le même sac ! Quant aux traits misogynes, ils restaient dans les limites de la manière dont les hommes se plaisent communément à parler des femmes – lesquelles le leur ont toujours bien rendu, et aujourd'hui plus qu'avec usure.

Les raisons du haro, c'est paradoxalement dans la manière dont La Fontaine soutenait la cause des femmes qu'on les trouvera.

Que nous raconte-t-il dans *La Femme noyée*[1] ? Il y est question d'un mari qui recherche en vain le corps de sa femme en aval du fleuve où elle s'est noyée, mais auquel un témoin conseille de chercher plutôt en amont, tant cette femme était connue pour son « humeur contredisante ». Donc capable de remonter le courant une fois morte... Une vraie mauvaise blague misogyne, à laquelle La Fontaine répliquait ceci :

Je ne suis pas de ceux qui disent : Ce n'est rien,
C'est une femme qui se noie.
Je dis que c'est beaucoup ; et ce sexe vaut bien
Que nous le regrettions, puisqu'il fait notre joie.

Donc pas misogyne, La Fontaine, mais sexiste. Son péché mortel, le voilà : il croit mordicus à la « nature » de la femme. Ce que confirme une autre fable où ce n'est pas de s'exclamer « Ô volages femelles ! » qui est le plus pendable, mais d'ajouter aussitôt « La femme est toujours femme[2] ». La femme « essentialisée », pas moins !

Même la critique qu'il fait du mariage (en pensant au sien, raté) ne lui vaudra pas la moindre indulgence. Parce que de ses deux Pigeons qui s'aimaient d'amour tendre, il prenait le parti de Pigeon 2, le seul volage de ces deux volatiles : « Chez les amants tout plaît, tout est parfait ; / Chez les époux tout ennuie et tout lasse[3]. » Même le libertinage de ses *Contes*, où moines et nonnes forniquent en toute égalité des sexes, ne pouvait pas être inscrit à son crédit. Dans *Pâté d'anguille*, il se reconnaissait capable de délaisser une maîtresse pour une moins belle qu'elle, pour la seule raison qu'« elle est neuve ». Aveu confirmé par ce qu'il écrivait à Mme de la Sablière : « Je vais de fleurs en fleurs, d'objet en objet. » Car si « Je suis volage en vers comme en amours », je n'y puis rien, c'est tout moi[4].

Ayant atteint l'âge de soixante-huit ans, déjà bien vieilli, qu'a fait La Fontaine ? Ébloui par la beauté de Mademoiselle de Beaulieu, quinze ans, il l'a accompagnée à cheval pendant trois jours, est tombé amoureux d'elle et l'a poursuivie de billets enflammés.

Un lapin frénétique, La Fontaine ? Plutôt un galant qui opérait selon les règles de l'art en vigueur en son temps, rien de moins mais rien de plus. Un homme à femmes comme on dit, mais pas un homme de pouvoir à la Weinstein. C'est lui, au contraire, qui quémandait la protection des femmes puissantes de son temps, la Montespan, la Champmeslé, les duchesses d'Orléans et de Bouillon, Mme de Sévigné, Mme de La Fayette et Mme de la Sablière, la plus importante de toutes. Des femmes qui devaient leur pouvoir à leur position au sein de l'aristocratie, tandis que d'autres le tiraient indirectement du désir qu'elles suscitaient chez les hommes.

Crime de langue

Alors bon pour le haro, La Fontaine ? Pour lui régler son compte, il fallait encore ajouter que comme l'Âne de sa fable, il avait en plus péché par sa langue. Celle que l'on admire comme l'une des plus belles de la langue française tant que l'on n'a pas repéré à quel point elle était coulée dans une écriture rusant de la grammaire pour subordonner le féminin au masculin. Une arme d'exclusion massive des femmes sans qu'elles s'en rendent compte, puisqu'en l'adoptant, cette langue, elles intériorisent les normes du patriarcat pour les faire leurs.

Qu'aurait répliqué La Fontaine ? Il aurait dédaigné jouer au linguiste pour nous rappeler que les genres grammaticaux n'ont rien à voir avec les sexes. Peut-être aurait-il inventé une fable mettant en scène, par causalité grammaticale, une ampoule qui se prenait pour une femme et un ascenseur qui se prenait pour un homme. Ou encore un soldat placé en sentinelle, mot féminin, qui se serait cru pour cette raison métamorphosé en une femme. Et il n'aurait certainement pas fait amende honorable en adoptant l'écriture inclusive. Il nous aurait plutôt servi une fable entièrement tournée au féminin. Une idée de David Caviglioli, qui avait tenté l'expérience dans un billet d'humour publié par *L'Obs* en avril 2021. La figure type du « Salaud sartrien », décrite dans *La Nausée*, y devenait celle de « la Salope sartrienne ».

L'épreuve de la censure, La Fontaine l'avait déjà vécue en 1675, avec l'interdiction et la saisie de ses *Nouveaux*

Contes. Mais grâce à la complicité de la Champmeslé, une femme puissante, il était parvenu à les diffuser en douce. Aujourd'hui, ses contes passeraient pour des enfantillages. Ce qui ne serait pas le cas pour de nouveaux contes et même de nouvelles fables ajustées à notre époque, tant celles qui existent peuvent déjà lui valoir le haro. Au lieu du lieutenant de police de Paris, soucieux des « bonnes mœurs » telles qu'on les entendait à l'époque, c'est à d'autres modes de censure qu'il aurait affaire. Non plus à une police des mœurs mais à une police du verbe. Pour le punir d'un nouveau genre de crime, le « crime de langue », le *Speak-crime*. Crime dont George Orwell avait posé les fondements dans *1984* avec le « crime de pensée » (*Thoughtcrime*), qui consistait à penser le contraire de ce qu'imposait le pouvoir. D'où la création de la novlangue (*Newspeak*), composée d'un mélange d'obligations et d'interdits verbaux qui privaient la liberté de penser de tous ses moyens d'expression.

Cette situation, c'est celle que tente actuellement de nous imposer le *wokisme*, un virus importé d'Amérique, dont la lointaine origine est l'« éveil » de certaines Églises protestantes face aux crimes commis par les Blancs, massacreurs des Indiens et esclavagistes des Noirs. Il a gagné sa virulence et son pouvoir de contamination en s'imprégnant de cette « French Theory » qui a réduit les philosophies de Foucault, Deleuze et Derrida aux thèmes de la « domination » (à combattre) et de la « déconstruction » (à pratiquer).

Devenu un « esprit aux mille corps », représentés par une foule de grands et petits inquisiteurs, le woke cumule les fonctions du Renard, du Loup et des Chiens de la fable pour dénoncer publiquement, lancer le haro par hashtag, condamner et exécuter tout Âne qui aura péché par la langue contre sa novlangue. Ce qui se fera, selon les règles en usage dans la *cancel culture* (de l'ancien français

« canceller », rayer d'un trait de plume un acte juridique), par mise au pilori médiatique, harcèlement sur les réseaux sociaux, pressions et menaces, jusqu'à l'« annulation » du coupable, tenu pour contagieux. Une forme nouvelle de lynchage qui menace sa victime de se retrouver interdite d'expression, de publication, de relations sociales et parfois de son emploi. Une « peste » qui répand la terreur.

Malheur donc à qui se risque à parler de « sexe » au lieu de « genre », et peut-être plus encore à oser employer le mot « femme ». Comme c'est arrivé à J.K. Rowling, la célébrissime auteure de la saga Harry Potter. Le 6 juin 2020, ayant entendu parler de « personnes menstruées » dans une tribune, elle avait osé répliquer : « Je suis sûre qu'on avait un mot pour désigner ces personnes avant. Que quelqu'un m'aide : Femmes ? Femmes ? Femmes ? » Haro immédiat sur J.K. Rowling ! Elle avait ensuite aggravé son cas en se moquant de la « trans-identité », et le harcèlement n'avait plus cessé.

Est-il insensé d'imaginer que les fables de La Fontaine et leur auteur pourraient subir pareil sort ? Il est vrai que Jean-Jacques Rousseau déconseillait déjà le recours aux fables pour éduquer les enfants, au motif qu'ils risquaient de préférer les personnages les plus vicieux. Mais quand on en est à faire examiner toute œuvre par des *sensibility readers* (« lecteurs de sensibilité ») avant de la publier, comme la pratique s'en répand aujourd'hui, on passe à la rééducation collective. Pourquoi les fables ne pourraient-elles pas faire au moins l'objet de *trigger warning* (« traumavertissements » au Québec) pour prévenir l'éventuel lecteur qu'elles pourraient le perturber, provoquer chez lui une souffrance émotionnelle, réactualiser d'anciens traumas ou en provoquer de nouveaux ? Ceci au nom du *safetyism*, devenu une composante de la nouvelle culture occidentale. Mais on peut aller plus loin, en modifiant les œuvres elles-mêmes pour les épurer de tout ce qui évoque la violence, les races, le physique, la taille et le poids des personnages. Ceci afin de ne blesser personne et d'éviter à l'éditeur de se faire traîner en justice par une association quelconque. On connaissait le révisionnisme historique, le révisionnisme littéraire est en marche.

Nos enfants continueront-ils longtemps à jouir de se faire peur avec *Le Loup et l'Agneau*, ou bien récrirons-nous cette fable pour que le Loup, devenu végétarien, reconnaisse que c'était la raison de l'Agneau et non la sienne qui était la meilleure ? Encore un bon sujet de fable, pour qui voudra s'y atteler. Mais à ses risques et périls.

21.

D’une guerre l’autre

En cette fin d’année 2021, qui aurait pu imaginer qu’une nouvelle peste, qu’on peut qualifier de « poutinienne », menaçait de sortir toute armée de l’Est, ce point cardinal maudit d’où surgissaient depuis des siècles épidémies et invasions barbares ? Au lieu de prêter l’oreille aux rares Cassandre, nous ne pensions qu’à la dégradation de la situation sanitaire, et la France s’était à nouveau enflammée à propos de la troisième dose de vaccin et de la transformation du passe sanitaire en passe vaccinal, moqué comme « Pfizer pass ».

Nos « anti-tout » s’étaient plus que jamais déchaînés. À les entendre, ces dernières mesures revenaient à rejeter des millions de Français dans les marges de la vie sociale, à les sacrifier à Big Pharma, aux Gafam, au capitalisme ou au patriarcat. Des députés de la majorité présidentielle étaient insultés, menacés de mort sur les réseaux sociaux, et leurs permanences incendiées. Et l’on s’inquiétait de la montée en puissance du variant Omicron, réputé bien plus contaminant que le précédent.

Plus que jamais, Macron restait le principal responsable de la conduite des opérations. Une responsabilité à haut risque, comme l’avait vécue à ses dépens Georgina Dufoix, ministre des Affaires sociales à l’époque du scandale du sang contaminé – une autre « peste ». En se déclarant « responsable mais pas coupable » en 1991, elle avait immédiatement suscité le haro. Car un responsable qui n'est coupable de rien, ou de pas grand-chose, est un bouc émissaire potentiel – en l'occurrence une chèvre.

Une erreur similaire sera commise en 2003 par Jean-François Mattéi, alors ministre de la Santé. Ni responsable ni coupable de la canicule qui avait précipité la fin de 15 000 personnes âgées, c'est son interview télévisée depuis son jardin, lui en tenue d'été, qui l'avait fait désigner comme bouc. Surnommé « Canicula » par la presse niçoise, sa carrière politique avait été brisée net.

Ces affaires avaient dû laisser des traces dans l'imaginaire de nos gouvernants car tel le Lion de La Fontaine, quelques responsables européens s'étaient présentés en pénitents. S'avouer coupable d'avoir commis quelques conneries, cela ne pouvait pas faire de mal. En se requalifiant moralement, on oblige les furieux à se situer à la même hauteur. On évite le piège dans lequel s'était jetée Georgina Dufoix.

En janvier 2021, Ursula von der Leyen, présidente de la Commission européenne, avait ainsi présenté ses excuses pour les ratés des débuts de la campagne de vaccination. Le 24 mars, l'angélique Angela Merkel, une bonne protestante, avait fait mieux en demandant pardon aux Allemands de leur avoir interdit l'accès aux églises lors des fêtes de Pâques. Et à la fin du mois, pressé d'imiter sa cousine germanique pour calmer l'exaspération des Français, le président Macron avouait du bout des lèvres avoir commis « des erreurs », et glissé le mot « humilité » pour faire valoir les difficultés de son action.

Or à la fin de l'été, les grandes manœuvres en vue de la prochaine élection présidentielle étaient déjà lancées. Pour

Macron, une guérilla à mener contre ses concurrents potentiels.

La virologie au pinacle

Tout ceci se passait dans une ambiance où la virologie était définitivement sortie du lit où la maintenait la science biologique. L'intuition de Michael Harder selon laquelle la réalité elle-même était devenue virale allait se vérifier. Il suffisait d'ailleurs de changer un seul mot à la chanson des cactus de Jacques Dutronc pour savoir que « Dans la vie, il n'y a qu'des virus ». Aux anciens qu'étaient le capitalisme, le consumérisme, le terrorisme ou l'islamisme s'en étaient déjà ajoutés de nouveaux.

Ce qu'il était advenu de Didier Raoult confirmait le caractère invasif de cette *reductio ad virus*. Devenu le principal fauteur de troubles aux yeux de ses confrères, il fallait justifier le haro dont il faisait l'objet. Avec les résultats de l'étude publiée par le *Lancet* le 22 mai 2021, c'était fait : Raoult était certifié promoteur de traitements gravement nocifs. Sauf que quelques jours plus tard, la revue avait plaidé coupable et retiré l'étude. Ses promoteurs, qui se prenaient pour des mousquetaires arrêtant Fouquet, n'étaient que des pieds-nickelés. De coupable, Raoult venait de passer bouc émissaire. Une forme de promotion.

Mais à la fin août 2021, les autorités de l'Assistance publique-Hôpitaux de Marseille décrétaient que Raoult, atteint par la limite d'âge, cesserait de diriger l'IHU, l'institut qu'il avait fondé. On lui interdisait même d'y revenir pour ses recherches. Un règlement de comptes entre Marseillais, cette fois. Comme le faisaient les narcotrafiquants des quartiers nord, à la kalachnikov.

« Opération Z »

Ce qui était arrivé à un simple Raoult valait éminemment pour un président nommé Macron.

Quand le 1er octobre 2021, Éric Zemmour avait soudain jailli de la boîte à sondages en étant crédité de 15 % des voix, la Macronie avait cessé de rigoler. Mais si l'on se référait au bestiaire de La Fontaine, il était exclu de faire de Zemmour un Donald Trump à la française. Car si Trump était bien Lion, la preuve par ses rugissements tweetés, Zemmour se comportait en Singe, ce « Maître ès arts chez la gent animale [1] ». Celui qui distribuait ses leçons de civilisation aux Grands et aux petits.

En envoyant quelques macroniens controverser avec lui, Macron s'était fait accuser par le parti de Mélenchon d'avoir fabriqué de toutes pièces un candidat capable d'affaiblir Marine Le Pen, sa seule vraie rivale. Mais les sondages étant là, affolant les médias, il fallait passer à l'attaque frontale.

Profitant du campus des marcheurs LREM réunis en Avignon, c'est un certain Jean-Marc Borello, un proche de Macron, qui s'en est chargé. Et voilà Éric Zemmour décrit comme celui qui avait transmis « un virus nouveau à 15 % du corps électoral », provoquant une « maladie » qui « s'appelle la peste brune » (*sic*). À la *reductio ad hitlerum* se combinait donc la *reductio ad virus* pour signifier à quel point il était contaminant. Comme le résumait brutalement l'un des personnages de la série *Succession*, situé dans le terrible monde des affaires : « Il faut déshumaniser l'ennemi si on veut pouvoir le buter. »

Que se passait-il dans l'imaginaire des macronistes ? Ils savaient que tous les opposants à Macron étaient convaincus que le « tous contre le virus » n'était qu'un moyen trouvé par Macron pour nous détourner du « tous contre Macron », où ce dernier risquait d'occuper la position du virus. D'où la parade qu'ils avaient trouvée, consistant à substituer Zemmour à Macron. La technique du « roque » utilisée aux échecs, qui consiste à changer d'un coup la place d'une tour et celle du roi pour mettre ce dernier l'abri. D'ailleurs Zemmour n'avait-il pas quelque chose de la tour ? Comparé à Macron, adepte du « en même temps » dans ses discours, Zemmour est tout d'une pièce et de discours il n'en tient qu'un.

Il faut croire que l'opération avait connu un début de réussite puisque Zemmour faisait l'objet de toutes les attaques. À Nantes, ses affiches n'avaient pas seulement été recouvertes des inscriptions rituelles (raciste, nazi, etc.), mais assorties d'un « *wanted* », avec l'ajout d'une cible au milieu du front. Cet appel au meurtre venant d'un groupuscule d'antifas professionnels ne prouvait pas grand-chose. Mais s'il était dû aux porte-flingues de Macron, n'était-il pas contre-productif ? Ignoraient-ils que transformer Zemmour en victime, électoralement parlant, c'était cadeau ?

Emmanuel Macron, qui s'était bien gardé de participer à cette opération, avait plutôt entendu son *Ghost Operator* qu'est Alexis Kohler lui souffler, comme Colbert à Louis XIV, « Sire, vos sujets sont malheureux ». Et le 15 décembre 2021, il se fendait d'une interview fleuve à la télévision pour rassurer les Français angoissés. Deux heures de discours où il avait noyé quantité de poissons, dont on avait uniquement retenu qu'il regrettait d'avoir blessé des gens, et appris à « mieux aimer les Français ».

Ceux d'entre nous qui s'inquiétaient de la situation internationale en étaient pour leurs frais. Mais s'il fallait une image capable d'illustrer l'état de confusion qui était le nôtre, on pouvait la trouver sur l'esplanade du Mucem à Marseille, où depuis mars 2020 trônait l'« Oursjayet ». Un Ours géant de six tonnes et cinq mètres de haut, couleur citrouille, œuvre pop art de l'artiste Robert Jayet. Un panneau nous en livrait le sens écologique, avec le slogan « Sauvons les Ours » (les ours blancs, pas l'Ours russe). Suivi d'un autre, digne de l'Ours de la fable : « Protège ton soignant. »

De la bouillie pour les chats pour nous tenir lieu de réflexion.

Radoteuse, l'histoire ?

Le virus nous avait-il à ce point détraqué les neurones ? Ou étions-nous simplement victimes d'une overdose de mauvaises nouvelles ? Sans doute la coupe n'était-elle déjà que trop pleine, et à la seule idée qu'une guerre redevenait possible en Europe, elle débordait. Avait-on jamais assisté dans l'histoire à un tel cumul de « pestes » en si peu de temps ? À autant de « guerres » se chassant l'une l'autre ? Avant celle à mener contre le virus, nous avions déjà la « peste » islamiste et celle du réchauffement climatique sur les bras. Les vieux Athéniens radotaient peut-être en répétant qu'« avec la guerre dorienne, pestilence viendra ». Mais comment imaginer un seul instant qu'« avec le coronavirus, guerre russe viendra » ?

En l'occurrence, parler de « politique de l'autruche » était trop faible. Nous étions plutôt dans la position de la « dinde inductiviste » qui a passé des mois à se goberger et continue de se répéter chaque matin « jusque-là, tout va bien », alors que le Thanksgiving day, où elle finira déplumée et rôtie sur un plat de service, approche à grands pas.

Que lui manquait-il, à cette dinde ? D'ignorer l'histoire des dindes, qui se répète chaque année à l'identique. Ce qui peut également arriver chez les humains, alors menacés de se comporter en dindes et de finir comme elles. Tandis qu'éclairés par l'histoire, ils ne resteront pas « idiots » devant l'événement qui survient.

Nous étions tous sous l'influence du philosophe américain Francis Fukuyama, interprétant de travers l'idée de Hegel selon laquelle l'histoire est « finie ». Confondant l'histoire générale du monde, considérée d'un point de vue transcendant, avec l'histoire événementielle, nous avons cru qu'à la chute du mur de Berlin en 1989, l'histoire terrifiante du XXe siècle était terminée. Une thèse qui en a abusé plus d'un en Occident, qui n'a plus pensé qu'à jouir jusqu'à plus soif des « dividendes de la paix ». Mais Hegel ajoutait aussi que la seule leçon que l'on doit retenir de l'histoire est que l'on ne retient pas les leçons de l'histoire...

On comprend alors pourquoi la dinde inductiviste lâchera Hegel pour se réfugier chez Marx, qui soutenait que si l'histoire se répète, ce sera la première fois sous forme de tragédie, la suivante sous forme de farce. Oubliant que chez Marx cette formule ne servait qu'à moquer le coup d'État de Louis-Napoléon Bonaparte, futur Napoléon III, imitant sous forme de comédie le coup de force du 18 brumaire de Bonaparte.

Après la fin de l'URSS, nous pouvions croire que place était faite à la farce. Et qu'avec ses manœuvres militaires, l'Ours Poutine nous jouait la comédie. Un gamin faisant joujou avec ses soldats de plomb et ses chars miniatures. Au lieu de Marx, mieux aurait valu écouter Sándor Márai, témoin direct de la catastrophe vécue par l'Europe, écrasée entre Hitler et Staline, qui avait préféré en conclure que « l'histoire manque d'imagination ».

Ânes et Dragons

Qu'elle manque d'imagination, l'histoire, La Fontaine en était convaincu. Pour la raison que la Discorde règne dans la nature et dans le monde, ce qui pousse tous les êtres vivants, humains ou pas, à faire cause commune dans le « manger » : « Nous ne trouvons que trop de mangeurs ici-bas[2]. » Ce qui vaut bien sûr pour les États et les empires, puisque chez les humains, « toujours une moitié / Fournira des armes à l'autre[3] ».

La guerre est donc partie prenante de la nature des choses. Et puisque les épidémies sont « comme la guerre », ce sont deux calamités qui ont toujours accompagné la vie de l'humanité, tantôt séparément, tantôt en même temps quand les armées les propageaient. Pourtant jamais une épidémie n'a empêché une guerre. Pas plus que la pandémie de Covid ne l'a fait en Syrie, en Afghanistan, au Yémen ou au Sahel. Mais s'il est vrai que les pouvoirs en place profitent d'une épidémie pour renforcer leur emprise sur leur peuple, de manière limitée dans la France de Louis XIV ou de Macron, quasiment totalitaire dans la Chine de Xi Jinping, la guerre ou la menace de guerre priment tout. Question d'enjeu.

Ce que La Fontaine pense de la guerre, en s'inspirant de celles de son temps, il nous le livre en deux fables qui se suivent pour se compléter.

Dans la première, qu'il a placée non sans malice dans la bouche d'un Envoyé du Grand Turc, on se situe du côté des « mangeurs », eux-mêmes voués à se manger entre eux. Ils sont représentés par deux Dragons, qui correspondent aux deux grands types d'empires. Le premier correspond au Saint-Empire romain germanique, pourvu d'autant de têtes qu'il comporte de princes-électeurs, tandis que l'empereur, une fois élu, lui sert de queue. Mais que se passe-t-il quand il doit mobiliser toutes ses forces ? Chaque tête cherche à passer l'obstacle à travers un trou différent de celui des autres, et le corps de cette hydre reste coincé derrière. Tandis que le second Dragon, qui représente l'Empire ottoman, dispose au contraire d'une seule tête, le Sultan, et d'autant de queues que de composantes de son empire. Dès lors par un seul trou « Ce chef passe, et le corps, et chaque queue aussi[4] ».

Dans la seconde fable, c'est à nouveau un Âne, comme par hasard, qui est la victime. Cette fois comme figure d'une « pauvre province » menacée de se faire « voler » – comprenons « manger » – par deux princes qui se disputent cette proie. Profitant de leurs chamailleries, un troisième intervient qui peut être « le Transylvain, le Turc, et le Hongrois[5] ». Mais si « Un quart Voleur survient, qui les accorde net », c'est lui qui s'emparera du Baudet au nez et à la barbe des trois autres.

Que retenir de ces fables, pour notre édification ? À travers cette « compression » de la géopolitique de son temps, on repère comment la dialectique des « mangeurs » et des « mangés » arme la logique de la guerre. Une logique selon laquelle le monde se divise en deux types de pays : les Ânes et les Dragons. Division qui peut se produire parmi les Dragons, l'un devenant l'Âne de l'autre.

Qu'est-ce qui en décide ? La puissance dont dispose chaque pays, car dans la guerre, plus que partout ailleurs, « la puissance fait tout ». Que la guerre soit évitée ou pas, et quelle qu'en soit l'issue, tout dépend en effet du rapport de force qui s'est établi entre les belligérants. Raison pour laquelle ce sont généralement les gros qui « mangent » les petits (mais pas toujours, et Louis XIV se cassera le nez sur la Hollande), tout en suscitant des rivalités entre les gros. Car étant illimitée par nature, toute puissance tend spontanément à s'assurer la suprématie pour ne pas subir la pression d'une puissance adverse.

Se pose alors la question du type de pouvoir qui donnera sa forme la plus efficiente à la puissance brute. Serait-ce un pouvoir despotique, comme le croit l'Envoyé du Grand Turc ? Mais s'il est vrai que les grands conquérants qu'étaient Alexandre, Gengis Khan et Napoléon jouissaient d'un tel pouvoir, c'est la démocratique Athènes qui l'a emporté sur l'Empire perse. Et ce sont les démocraties alliées contre le Reich hitlérien, puis contre l'URSS, qui ont eu la peau de ces empires totalitaires. La preuve, si l'on suit La Fontaine, que la puissance brute ne fait pas tout. Pour l'emporter, elle a besoin de « la morale » au sens le plus englobant qui soit. En font partie le sentiment patriotique d'un peuple, les vertus d'un chef, le « moral » des troupes, mais aussi les versions perverses de la morale quand elle est instrumentalisée pour servir une cause. Comme nous le disons aujourd'hui, le *hard power* requiert le *soft power*, qui modèle nos us et coutumes par contagion mimétique. Y compris ceux de la population du pays ennemi.

Symbiotique, la guerre

Or parmi les passions qui nous font agir, fût-ce contre nos intérêts, les plus puissantes sont d'ordre religieux au sens large. Elles font l'âme des peuples et même si les princes sont mus par la soif de pouvoir, le désir de gloire et l'esprit de conquête, ils doivent au moins composer avec elles, ou mieux encore s'appuyer sur elles. Quand La Fontaine évoque « le Turc » dans la fable de l'Âne volé, il nous rappelle que la principale menace qui planait sur les pays chrétiens était celle de l'Empire ottoman, symbiose d'impérialisme et d'islam à la turque, qui n'avait jamais cessé, depuis des siècles, d'agrandir ses territoires pour y faire triompher la religion du Prophète.

Cela n'empêchait pas les États et empires chrétiens d'être eux-mêmes confrontés aux divisions entre catholiques et protestants. Le souvenir des guerres de religion du siècle précédent avait beau être cuisant, ces divisions ont provoqué la guerre de Trente Ans, qui n'a pris fin qu'en 1648 avec les traités de Westphalie. Une forme de suicide pour l'Europe (l'Allemagne est passée de 40 à 18 millions d'habitants). Pour en finir, les États protestants ont opté pour l'adage *ejus regio, cujus religio* : la religion d'un peuple est celle de son prince. Louis XIV en fera autant avec l'édit de Fontainebleau de 1685, qui révoquait l'édit de Nantes. Ne laissant aux protestants du royaume d'autre choix que de rentrer dans le rang ou de changer de pays.

Cette politisation de la religion était fort éloignée de l'esprit du christianisme, résumé dans l'adage « Rendez à César ce qui est à César, et à Dieu ce qui est à Dieu » (Matthieu 22, 21). À l'inverse de l'islam, où le Prophète était en même temps chef de guerre, ce qui expliquait pourquoi les détenteurs du pouvoir tiendront à établir une forme de filiation avec lui pour se légitimer. Un pouvoir autocratique chez les Ottomans, appuyé sur les gardiens de la loi coranique qu'étaient les Oulémas. Aux yeux des Européens du temps, un régime aussi redoutable que redouté pour sa violence.

On en aura une idée en se référant au panégyrique de saint Pierre Nolasque, fondateur de l'ordre Notre-Dame de la Merci, destiné à racheter les captifs esclaves des musulmans, prononcé par Bossuet en 1665. Un discours qu'il avait répété à Louis XIV, où il présente l'Empire ottoman comme une entreprise destinée à établir par la force l'empire de Satan sur le monde. Ceci au nom d'une « religion monstrueuse, qui se dément elle-même, a pour toute raison son ignorance, pour toute persuasion sa violence et sa tyrannie, pour tout miracle ses armes, armes redoutables et victorieuses, qui font trembler tout le monde[6] ».

Plus modéré sur le ton, Pascal n'était pas plus tendre sur le fond. Par quelles raisons Mahomet veut-il nous persuader de le suivre ? « Que dit-il donc ? Qu'il faut le croire[7]. » Dès lors « il n'est pas juste de prendre ses obscurités pour des mystères, vu que ses clartés sont ridicules[8] ». Une référence à Montaigne, qui en disait autant du paradis de Mahomet, « peuplé de garces d'une excellente beauté ». Et en guise de conclusion, Pascal établissait un parallèle : « Différence entre Jésus-Christ et Mahomet. – Mahomet, non prédit ; Jésus-Christ, prédit. Mahomet, en tuant ; Jésus-Christ en faisant tuer les siens. Mahomet, en défendant de lire ; les apôtres, en ordonnant de lire[9]. »

Dominante au XVIIe siècle, cette critique des Ottomans et du « mahométanisme » se retrouvera pratiquement à l'identique dans les siècles suivants. Pour Hegel, qui prendra cette affaire de haut, tout découle du culte exclusif du Dieu Un, une abstraction pour le croyant, mais qui a pour effet de dévaluer tout ce qui est terrestre. Il explique par-là l'esprit de conquête des Mahométans, qu'il juge à la fois sublime et dévastateur. Mais contraint d'en conclure que pour agir, « Leur principe était la religion et la terreur, comme celui de Robespierre la liberté et la terreur[10] ».

Chateaubriand, cette fois en voyageur, sera tout aussi sévère. Après sa visite d'Istanbul, il écrira ceci : « Ce qu'on voit n'est pas un peuple, mais un troupeau qu'un iman conduit et qu'un janissaire égorge[11]. » Texte bien moins connu que le poème de Victor Hugo, *l'Enfant*, qui évoque les massacres de Chios. Il commence ainsi : « Les

Turcs sont passés par là. Tout est ruine et deuil. » Pour se terminer par cette demande de l'enfant, qui refuse de pleurer : « Je veux de la poudre et des balles. »

Face au péril bien réel représenté par les Ottomans, les nations et empires chrétiens ne pouvaient que faire taire un moment leurs rivalités. Au Dragon à une seule tête, ils opposaient un Dragon à têtes multiples. Deux blocs antagonistes, préfigurant les thèses de Samuel Huntington sur le « choc des civilisations », devant lesquelles nous nous bouchons généralement le nez.

Pour un Français d'aujourd'hui, comment imaginer un seul instant que la ville de Vienne, en Autriche, où il s'offre des week-ends culturels, pourrait se trouver assiégée par les Turcs ? Or la ville l'avait déjà été en 1529, et c'est de justesse que les Ottomans perdront en 1664 la bataille de Saint-Gothard, en Hongrie, contre une coalition d'Impériaux et d'Autrichiens, assistée d'un contingent français. Revenus à la charge contre Vienne en 1683, ils seront écrasés par les Polonais de Jean Sobieski. Formée juste après, en 1684, la Sainte-Ligue finira le travail. Rejointe par la Russie en 1686, elle libérera de l'emprise turque la majeure partie de l'Europe centrale (dont la Hongrie et la Transylvanie).

Et la France ? Elle faisait déjà entendre sa différence. Ce n'est que pressé par le pape que Louis XIV enverra en 1669 une flotte au secours de la ville de Candie, en Crète, assiégée par les Ottomans depuis vingt ans. Une affaire entretenue par les gazettes et les illustrations, qui avait soulevé d'émotion tous les pays d'Europe. Pour Louis XIV, ce fut sa « croisade » ou sa « guerre turque », menée sous pavillon du pape pour ne pas trop fâcher les Ottomans, avec lesquels la France avait des intérêts commerciaux. Une assistance trop tardive, l'explosion de la soute à poudre de la *Thérèse*, le navire amiral, ayant achevé de décourager les Français. Qui se feront à nouveau mal voir en ne participant ni à la défense de Vienne ni à la Sainte-Ligue.

Nos voisins ne se souvenaient-ils pas que François Ier avait fait alliance avec les Ottomans, en 1536, pour prendre l'empire de Charles Quint à revers ? En tout cas ils redoutaient les ambitions hégémoniques de Louis XIV, qui se serait bien vu empereur du Saint-Empire. Couronné « roi des Romains », il aurait assumé les destinées de l'Europe « par la grâce de Dieu » (tentative avortée, il restera roi). Et le philosophe Leibniz conseillera à la France de se contenter de jouer un rôle d'arbitre en Europe au lieu d'en prendre la tête.

Face aux menées guerrières de Louis XIV, qui profitait de la perte d'influence de l'Espagne pour agrandir la France, La Fontaine fera le service minimum. Au jeune duc de Bourgogne, qui étudiait l'histoire romaine, il dira du roi qu'il se le « figure comme un conquérant qui veut mettre des bornes à sa gloire et à sa puissance », et qu'il saura faire preuve de modération au moment de négocier la paix (ce sera le traité de Ryswick de 1697) [12].

En revanche il n'y avait personne pour modérer les ambitions de la Russie. En 1709, battue par Pierre le Grand à Poltava, en Ukraine, la Suède de Charles XII ne sera plus en état de le faire (son roi se réfugiera chez les Ottomans). Une Russie qui était un Dragon à une seule tête, dont l'impérialisme était dopé au messianisme depuis que le moine Philothée lui avait instillé le virus du mythe de la « troisième Rome ». Moscou remplacerait la deuxième, Constantinople, prise par les Turcs en 1453, et l'Empire russe succéderait à celui de Byzance. Pour conforter le mythe, Ivan IV le Terrible avait pris le titre de « tsar », c'est-à-dire de « César », qui dans la première Rome désignait le détenteur de l'*imperium*, les pouvoirs militaire et civil. Auxquels Ivan IV avait ajouté le pouvoir religieux en se séparant de l'Église orthodoxe grecque pour avoir son Église russe à lui. D'où cette « sainte Russie » qui n'aura de cesse de poursuivre les Ottomans « jusque dans les chiottes » d'Istanbul (elle en sera empêchée au XIXe siècle par les Occidentaux, qui préféreront maintenir en survie un Empire ottoman affaibli plutôt que de le voir remplacé par une Russie toute-puissante).

Au XVIIe siècle, on n'en était pas là. Utile contre les Ottomans, la Russie avait cependant maille à partir avec la Pologne-Lituanie. Mais en 1652, les Cosaques zaporogues d'Ukraine, orthodoxes, demanderont l'aide du tsar Alexis Ier contre le trop catholique roi de Pologne. Le conflit s'achèvera en 1667, et la Pologne y perdra tout l'est de l'Ukraine au profit de la Russie.

La suite, c'est Catherine II qui l'écrira en créant la *Novorossia*, avec le Donbass à l'Est, la fondation de Marioupol et d'Odessa au Sud, et la Crimée arrachée à l'emprise des Ottomans.

22.

Les beaux draps

« Comme on fait son lit, on se couche », dit le proverbe. Mais que se passe-t-il quand on se tire les draps sur les yeux pour ne pas voir comment il a été fait, ce lit ?

Or cela faisait un bon moment que nous, à l'Ouest, ne voulions rien savoir de ce que l'on savait, ni voir de ce qui se donnait à voir. À croire que le « plus jamais ça ! » qui avait ponctué la fin de la Grande Guerre de 1914-1918 avait pris la forme d'un bail renouvelé par tacite reconduction.

Les virus fondamentalistes

Il est vrai que l'Europe s'était définitivement débarrassée de l'Empire ottoman. Dépecé en 1923, il n'en restait que la Turquie, où le Grand Turc avait cédé la place au Petit Turc nommé Recep Tayyip Erdogan. Il y régnait en sultan et se serait bien vu en calife des sunnites tout en nourrissant quelques velléités néo-impériales. L'un de ses coups d'éclat avait été de retransformer en mosquée la basilique Sainte-Sophie, dont Atatürk avait fait un musée. Mais l'islam conquérant n'avait pas disparu pour autant, il avait muté. Au lieu de la peste turque, c'est au virus de l'islamisme radical, surgi du wahhabisme rigoriste d'Arabie saoudite, assisté d'une débauche de pétrodollars, que nous avions affaire. Il avait gagné l'Égypte avec la fondation des Frères musulmans par Hassan al-Banna en 1928, pour se propager ensuite un peu partout. Avec des variants puisque les djihadistes étaient plutôt formés dans les madrasas de Peshawar, au Pakistan, devenues un vrai foyer d'infection. Pour partie le berceau d'Al-Qaïda apparu en 1987, inspirateur de l'éphémère califat de Dae'ch.

Au lieu du Dragon ottoman à une seule tête, c'est un Dragon à têtes multiples qui était sorti de l'œuf coranique. À l'exception de l'Iran, le Dragon à une seule tête des chiites depuis 1979, avec la révolution islamique de Khomeiny. Mais tous ces Dragons avaient pour point commun de se référer à un Coran réduit au juridisme maniaque de la charia.

Par rapport à l'époque de l'Empire ottoman, le changement était considérable. C'est par la conquête guerrière qu'il diffusait l'islam et c'est par les armes qu'on le combattait. Une « guerre sainte » des deux côtés. Tandis que l'islamisme radical fonctionnait comme notre coronavirus : sa protéine *spike* investissait des cellules familiales, des clans, des réseaux, pour faire revenir les « mauvais musulmans » du monde entier, les premiers visés, au véritable islam. Ensuite convertir ou soumettre les mécréants occidentaux, « juifs et croisés », mis sous pression par tous les moyens.

Sur ce point, les Frères étaient les meilleurs au point de vue stratégique et tactique, puisqu'ils jouaient sur deux plans « en même temps ».

Côté *soft power* ils investissaient les mosquées, les écoles coraniques, les associations et les réseaux sociaux pour colporter la bonne parole, condensée dans une formule qui en disait long : « Le Coran est notre constitution. » Ils étaient soutenus par le richissime Qatar, qui diffusait partout les émissions d'Al Jazeera et jouait double sinon triple jeu en finançant d'autres opérations (le Paris-Saint-Germain, club de foot rutilant, lui devait sa fortune). Et comme le Renard de la fable, ils n'hésitaient pas à tenir un double langage. Par exemple sur la question du hidjab, où ils utilisaient la langue des libéraux d'Occident pour dire à la femme « tu es libre de le porter ou pas », tandis que la langue de l'islamiste lui soufflait en sourdine : « Tu n'es pas libre de ne pas le porter si tu es une bonne musulmane. » Avec ce coup heureux consistant à faire financer par la Commission de l'Union européenne une campagne de promotion du voile, avec des slogans tels que « La liberté est dans le hidjab », ou : « Apportez de la joie, acceptez le hidjab ! » Pendant qu'en Iran les femmes risquaient de subir les pires violences en faisant tout pour s'en libérer.

Tout n'était pas *soft* pour autant dans cet « entrisme » tous azimuts, digne de Gramsci. Les Frères faisaient tout pour se rallier cette partie de l'extrême gauche et des intellectuels qui n'ayant plus de prolétariat ouvrier à se mettre sous la dent pour défendre les damnés de la terre, l'avaient remplacé par « les musulmans ». Leur victimisation, le meilleur moyen de se rallier ceux d'entre eux qui s'estimaient à tort ou à raison victimes de quelque chose (la colonisation, le racisme, etc.). Qui comportait cependant son versant agressif, représenté par la lutte contre l'« islamophobie », concept construit de toutes pièces pour servir d'arme de dissuasion massive contre toute critique de l'islam. Une forme de haro assorti de plaintes en justice à l'appui.

Pour le côté le plus *hard*, c'est au terrorisme qu'il fallait en venir. Officiellement récusé mais « expliqué », donc justifié quand il y avait moyen de le légitimer. Pour trouver des exécutants, il suffisait de nourrir l'atmosphère adéquate.

Une vraie nouveauté par rapport au comportement direct des Ottomans. Étrange renvoi à la fable de La Fontaine, quand le Lion mélangeait le « se » sacrifier et le « soit » sacrifié. René Girard y a vu « une inversion monstrueuse des sacrifices primitifs » : « Au lieu de tuer des victimes pour en sauver d'autres, les terroristes se tuent pour en tuer d'autres[1]. » Mais s'ils le font, c'est pour devenir des « martyrs », parce qu'au regard du paradis promis par Dieu, la mort n'est rien et la vie non plus. À l'inverse de ces mécréants qui, comme l'a démontré la pandémie, ne pensent qu'à « sauver des vies » – de misérables petites vies matérielles et matérialistes.

Du point de vue des islamistes de toutes obédiences, ce n'était qu'une forme nouvelle de « guerre sainte ». Pas pour nous. Il nous a fallu du temps pour cesser de voir dans chaque terroriste un « loup solitaire » ou un fou à psychiatriser d'urgence. Quand Emmanuel Macron a été élu président en 2017, il n'a fait que monter dans le train-train mis sur les rails par ses prédécesseurs. Pendant sa campagne, il avait pris sa flûte pour enjôler la population du 9-3 en déclarant que « la Seine-Saint-Denis, c'est la Californie sans la mer ». Méritant pour ce joli coup d'être qualifié de « Justin Trudeau français », ce Canadien qui ne jurait que par les minorités injustement discriminées. En 2018, il avait ignoré l'avertissement de Jean-Louis Borloo, qui redoutait qu'à ce train-là, nous risquions une guerre civile dans dix ans. Et plus encore celui de Gérard Collomb, son propre ministre de l'Intérieur, déclarant le 3 octobre, en quittant son poste : « Aujourd'hui, on vit côte à côte, je crains que demain, on ne vive face à face. » Selon les sondages du moment, la moitié des jeunes musulmans soutenait que les lois coraniques étaient supérieures à celles de la République.

Seul le terrorisme islamiste était vraiment pris au sérieux. Affaire de police à l'intérieur et d'opérations militaires ponctuelles à l'extérieur. Telle l'opération Serval qui avait sauvé Bamako en 2013, mieux que Louis XIV ne l'avait fait de Candie, sans empêcher la poussée des islamistes au Sahel. Un terrain où Macron, cette fois, faisait ce qu'il pouvait, avec des moyens limités, dans des guerres qualifiées d'« asymétriques » puisqu'elles ne se livraient pas contre des pays constitués. À l'exception du califat de Dae'ch, écrasé en 2019 pour avoir commis la bêtise de s'implanter sur un territoire pour s'ériger en État. Avec un mélange des genres en Afghanistan, où la longue guérilla menée par les talibans s'était achevée avec la prise de Kaboul en août 2021.

Ce que nous ne voulions décidément pas voir, surtout nous, les Français, accoutumés à une laïcité de choc, c'est la part des passions religieuses dans une grande partie des conflits qui se produisaient dans le monde. C'est pourtant dès 1979, avec la fondation de la « République islamique » d'Iran, que la religion en costume et toute armée avait fait son grand retour, face à une Amérique qualifiée de « Grand Satan ». Mais pour que le paysage se précise, il faudra attendre le 11-Septembre 2001, avec l'attentat de masse perpétré contre les tours jumelles du World Trade Center de New York (« deux razzias contre New-York et Washington » dans le jargon djihadiste). Un attentat religieux visant cette nouvelle tour de Babel à visée matérialiste qui défiait Dieu, mais dont le mode opératoire pourrait passer pour une métaphore de l'égorgement rituel. Les avions y figuraient des couteaux géants envoyés par le Ciel pour décapiter les tours, avant qu'elles s'abîment dans un brasier infernal.

Pour ne pas parler de « guerre sainte », mais quand même, le président George W. Bush, un *born-again*

Christian du pasteur Graham, se gargarisera d'« axe du Mal » et d'« Empire du Mal ». Expressions inspirées de Roosevelt pour sa « croisade » contre l'« axe de la haine » (Allemagne, Italie et Japon), puis de Ronald Reagan pour qui l'« Empire du Mal » désignait l'URSS. Mais cette fois le « Mal » avait vraiment deux sens : opposé au « Bien » il relevait de la morale ; en évoquant le Malin, l'autre nom du Diable, il mobilisait la religion. George W. Bush pouvait donc rendre à l'Iran la monnaie de sa pièce en le qualifiant à son tour de « Grand Satan », et en traitant les auteurs d'attentats islamistes de « démons terroristes ».

Malraux n'a sans doute jamais dit que « le XXIe siècle sera religieux ou ne sera pas ». Une prophétie baroque puisque ce siècle ne pouvait faire autrement qu'exister. Mais depuis qu'il était là, il confirmait néanmoins ce qu'il devait être.

Le djihad poutinien

Entretemps, les choses avaient bien changé. Cette même Amérique qui faisait bloc après le 11-Septembre s'était coupée en deux. Une sorte de nouvelle guerre de Sécession, au nom de passions à forte teneur religieuse. Celles qui dressaient l'« Amérique profonde », une bonne partie des chrétiens évangéliques et des catholiques traditionalistes contre ces progressistes libéraux qui avaient adopté les revendications victimaires des minorités raciales, ethniques ou sexuelles, et remplacé la Bible et le colt par le wokisme et la *cancel culture* pour imposer leurs « valeurs ». Avec pour point commun entre les deux partis le bon vieux messianisme américain, qui se vit comme le modèle et l'avenir du monde, à exporter partout par *soft power*, à moins qu'il ne soit imposé par les armes.

Mais de cette dimension religieuse, le discours d'un Occident qui se voulait propre sur lui ne voulait plus rien savoir. Il la laissait aux pays dont la religion faisait l'identité. Pour continuer à se présenter comme le dépositaire de l'universel, il ne voulait plus connaître que l'opposition entre démocratie et autocratie. D'où le grand écart entre George W. Bush et Joe Biden, après l'interlude Trump. Qu'était d'autre l'assaut du Capitole mené en janvier 2021 par une bande d'énergumènes trumpistes ? Un attentat contre la démocratie. Et les menaces que Poutine faisait peser sur l'Ukraine ? Celles d'un autocrate contre une jeune démocratie dont le président Volodymyr Zelensky avait immédiatement adopté le « dress code » des valeurs démocratiques occidentales.

Or si l'on se souvenait de ce que les journaux avaient rapporté du discours prononcé par Poutine le 19 octobre 2018 à Sotchi, devant le cercle international Valdaï, c'est un tout autre son, provenant d'autres cloches, qu'il fallait entendre : celles de la cathédrale du Christ-Sauveur de Moscou, siège du patriarche Kirill, ancien du KGB et grand soutien de Poutine. Qu'avait donc déclaré Poutine ? Qu'en cas de guerre nucléaire lancée par les Occidentaux contre la Russie : « L'agresseur doit comprendre que le châtiment est inévitable, qu'il sera détruit. Et nous en tant que victimes d'une agression, en tant que martyrs nous irons au Paradis. Eux ils crèveront tout simplement, ils n'auront même pas eu le temps de se repentir. »

Bien étrange, ce discours, dont on avait surtout retenu que Poutine reprochait aux Américains leur nouvelle doctrine des mini-frappes préventives (celle du *Bloody nose*, « le nez ensanglanté »). Mais négligé le ton sur lequel il nous le chantait. Alors qu'avec son histoire de martyrs allant au paradis et de leurs ennemis crevant comme des chiens,

Poutine parlait à peu près comme le chef d'un mouvement djihadiste. Un djihad lancé contre l'Occident corrompu et décadent. Contre l'islamisme aussi, comme les Tchétchènes l'avaient appris à leurs dépens, puisqu'il était allé « les buter jusque dans les chiottes » pour y gagner son personnage d'homme fort. Après quoi il avait chargé son Mâtin Kadyrov, bon musulman, de mâter ce qui restait des wahhabites du pays.

Un peu plus tard, c'est le patriarche Kirill, sorti de son bénitier tel un diable en soutane, qui crachera le morceau : l'Amérique est « l'Empire de l'Antéchrist », l'Occident un « Satan », et la guerre de civilisation que doit mener la Russie est une « guerre sainte ». Et il sera dit de Poutine qu'il avait senti le doigt de Dieu pointé sur lui pour qu'il lance sa croisade contre l'Antéchrist.

Retour brutal de ce virus du messianisme qui avait toujours accompagné l'impérialisme des tsars ? La vérité est qu'il n'avait jamais disparu. Pendant l'ère soviétique, il avait juste pris la forme de l'internationalisme, un simple variant.

D'où sortait donc cette Russie tellement différente de celle que nous avions cru voir naître après la disparition de l'URSS ? À la débâcle provoquée par Gorbatchev, qui avait mis fin à une longue période glaciaire, avait succédé le dégel voulu par Eltsine. Nous y avons cru, à cette fureur de revivre qui allait définitivement transformer la Russie en annexe de l'Occident libéral et consumériste. Sans voir que la captation des entreprises d'État par l'ancienne nomenklatura avait surtout produit ces oligarques qui déjeunaient à Moscou sur des corps de filles nues, ces « nouveaux Russes » qui avaient envahi Nice, tandis que la grande masse du peuple était plongée dans la misère et la vodka trafiquée.

Tout cela, Poutine l'avait compris. Une fois élu, il incarnera l'âme russe au pouvoir. Dans son grand discours du 16 mars 2022, il parlera de ces Russes contaminés par cette peste occidentale qui valorise la vie de luxe et la « liberté de genre » comme de « racailles », des traîtres à l'esprit russe et au peuple russe. Mais que ce dernier saura recracher « comme on le fait d'une mouche qui entre accidentellement dans notre bouche ». Retour à ces « insectes » qui servaient à Lénine pour désigner les « ennemis du peuple ». À éliminer ou à mettre au pas.

Alors vraiment religieux, Poutine ? S'il multipliait tous les signes extérieurs de la dévotion, imitait-il les tsars en leur temps, convaincus qu'il n'y a de pouvoir absolu que soutenu par le Tout-Puissant ? Ou comme en usait Tartuffe, pour tromper son monde ? À moins que Poutine ne soit qu'un avatar du Grand Inquisiteur de Dostoïevski, lui aussi un ardent défenseur de l'âme orthodoxe russe contre les perversions de la modernité.

C'est dans *Les Frères Karamazov* qu'apparaît ce personnage. Informé que le Christ est revenu sur terre, le Grand Inquisiteur l'a aussitôt fait mettre au secret dans un cachot en attendant de le faire exécuter. Venu le visiter, il lui expose ce qu'il lui reproche : d'avoir refusé le pouvoir que le Diable lui offrait sur le monde et d'avoir fait pour toute l'humanité le choix de la liberté contre le bonheur matériel – le « pain céleste » au lieu du « pain terrestre ». Un choix insupportable pour les hommes tels qu'ils sont, incapables d'assumer le fardeau de la liberté. Et c'est à nous, détenteurs du pouvoir, qu'ils sauront gré de le porter à leur place. Mais pour qu'ils acceptent leur servitude, « nous dirons que c'est à Toi que nous obéissons et que c'est en Ton nom que nous régnons sur eux. Et de nouveau nous leur mentirons[2] ». Cet empire sera donc celui du mensonge – celui du Diable, qui en est le père.

Des « pestes » à foison

Nous pouvions au moins être certains qu'au lieu de cette « morale » qui permet aux rois de combattre leur « amour-propre », père de tous les défauts, c'est l'art de la fourbe que l'Ours Poutine aura appris du Singe à l'académie du KGB. Et s'il avait lu La Fontaine, retenu de lui l'art de faire face à une noria de « pestes » menaçant son pouvoir.

La première était la Covid, et l'on savait Poutine obsédé par la crainte du virus. La preuve par la manière dont il protégeait son corps privé à travers son corps public. Pour le rencontrer physiquement, ce corps, il fallait avoir été soumis à un test certifié russe (on ne sait jamais...), puis subir quatorze jours de quarantaine sous la garde du FSB. Les dirigeants internationaux en étaient dispensés, mais ils devaient respecter la distance imposée par une table de six mètres de long. On savait aussi que Poutine ne vivait pas au Kremlin mais dans sa bulle de Novo-Ogaryiovo ou son palais de Sotchi. De bonnes raisons de se demander si ce même Poutine, qui aimait s'exhiber chevauchant un ours, n'était pas devenu cet Ours « solitaire et caché » décrit par La Fontaine. Courant peut-être, comme lui, le risque que sa raison ne survive pas longtemps à la séquestration.

Nous n'avions pourtant aucun doute sur la manière dont Poutine et la plupart des Russes vivaient la perte de cette « couronne » de territoires et d'États tampons qui constituaient les marches de l'empire des tsars, devenus les États satellites de l'URSS. Une fois passée à l'ennemi qu'était-elle devenue, cette « couronne » ? Un coronavirus, d'ordre géopolitique celui-là, contraignant la Russie, un empire qui se déclarait officiellement sans limites, à se confiner dans celles d'un pays de second ordre.

Pour l'Ukraine, c'était simple : en proclamant son indépendance, elle méritait le haro pour prise illégale de terre russe. L'Ukraine, l'Âne brouteur du pré sacré de la sainte Russie. En 2013, devant le cercle Valdaï, Poutine avait dit de l'Ukraine, pourtant devenue indépendante, « nous sommes un seul peuple ». Et en 2014 on parlait déjà en Russie de « solution finale du problème ukrainien ». La facile annexion de la Crimée, « volée » à la Russie en 1954 lorsque Khrouchtchev en avait fait cadeau à l'Ukraine (pour faire oublier sa participation aux crimes commis contre elle sous Staline), n'était qu'un retour au bercail. Et logiquement, la reconstitution de la Novorossia de Catherine II était à suivre, du Donbass aux rives de la mer Noire. Voire plus, car l'appétit vient en mangeant. Aussi un bon moyen de compenser la dépopulation de la Russie par le rassemblement de toutes les nations slaves dans une Grande Russie redevenue impériale.

Pour couronner le tout, l'Ukraine s'était aussi transformée en chauve-souris, réservoir de ces mêmes virus qui avaient provoqué la déliquescence de l'Occident. À commencer par son « variant Maïdan », le virus de la démocratie libérale, du nom de la place de Kiev où s'était produite en 2014 la « révolution de la dignité ». Mais comme l'Ukraine n'était pas censée exister comme nation séparée de la Russie, cela signifiait que le virus était déjà à l'intérieur, avec son redoutable pouvoir de contamination.

Comment retourner la situation ? Le Renard de La Fontaine pouvait reprendre du service. De conseiller du Lion il passait à celui d'un Ours qui avait revêtu une peau de Lion. Mais pour légitimer l'éventuel recours à la force, il fallait tordre la morale dans le sens requis. Dès 2014 c'était fait : l'Ukraine était noircie comme nazie pour que la Russie soit blanchie. Et si l'on devait en venir aux mains, l'Ukraine serait l'agresseur et la Russie l'agressée.

Dans la tête de Poutine

À la fin de l'année 2021, l'inquiétude aidant, la grande question était celle-ci : que se passait-il dans la tête de Poutine ? Si l'on avait écouté Clio, la muse de l'histoire, on aurait su que sa tête ressemblait à une matriochka, faite de poupées emboîtées les unes dans les autres. La plus ancienne représentait le mythe de la troisième Rome, la suivante l'impérialisme traditionnel des tsars, la dernière la « Grande Guerre patriotique » contre les nazis. Avec pour résultat la réincarnation du tsar Alexis Ier, de Catherine II, et de Staline en la personne de Vladimir Poutine Ier.

Que Poutine ait lu ou pas La Fontaine à l'académie du KGB, en tout cas il avait déjà suivi point par point les préceptes que ce dernier distillait à l'intention du Prince, en particulier dans *Le Lion s'en allant en guerre*[3]. Ce qui nous apprend également, à nous les Occidentaux, quelles cases nous aurions dû cocher en temps et en heure, ce que nous n'avons pas fait.

L'art du renseignement ? C'est Poutine qui avait le mieux poursuivi la pratique soviétique de la Pie-espion, dont il avait multiplié les nids dans le monde entier. Seul l'Aigle américain faisait mieux. L'art de diviser ses ennemis ? C'est lui qui semait la discorde entre les Occidentaux et certains pays d'Afrique dominés par des hommes forts, avec l'assistance de ses mercenaires de Wagner, qui ne jouaient pas que du violon et se payaient sur la bête. Discorde aussi au sein des pays occidentaux, en se présentant en allié objectif de ceux qui tiennent les « avancées sociétales » des démocraties libérales pour une régression morale et civilisationnelle. Sans oublier non plus le débauchage à prix d'or de personnages d'influence, dont des politiques de premier plan. Autant de pions placés sur l'échiquier de la partie adverse.

Encore fallait-il que la Russie tienne son rang de grande puissance mondiale. Elle l'était déjà au niveau nucléaire, elle devait l'être aussi pour les guerres conventionnelles. D'où la priorité que La Fontaine accordait à l'Éléphant et à l'Ours, entendons les chars, l'artillerie et les bombes. L'Âne serait mobilisé pour trompéter partout que la Russie dispose d'armements révolutionnaires rendant son armée invincible. Y contribueraient ces grandes parades où des militaires rutilants escortaient un échantillonnage des innovations les plus destructrices. Encore un bon moyen de mobiliser tout son peuple derrière lui, ses Renards se chargeant d'ajuster la morale à ses besoins de puissance, et ses Singes de diffuser sa propagande.

La dinde européenne

Si l'on avait lancé un concours de dindes inductivistes, l'Européenne aurait remporté la palme. Au point de devenir le dindon d'une farce qui n'en était pas une.

Face au Dragon à une seule tête incarné par Poutine, l'Union européenne, un vrai Dragon économique, en comptait vingt-sept, autant d'États égoïstes. Persuadés que la fin de l'URSS signifiait la fin de l'histoire et des idéologies combattantes. Quand il leur arrivait de s'inquiéter, ils ressemblaient à l'alliance formée par les Rats, qui avaient décidé d'attacher un grelot au cou du Chat Rodilard pour être avertis de sa présence. Mais lequel d'entre eux irait lui attacher le grelot ? « La cour en conseillers foisonne ; / Est-il besoin d'exécuter, / L'on ne rencontre plus personne[4]. » D'où l'option en faveur de la doctrine du « doux commerce » inspirée par Montesquieu – le *Wandel durch Handel*, le « changement par le commerce » prôné par les Allemands.

Nous avons donc cru qu'en nous liant à la Russie pour son pétrole et son gaz, son seul moyen de s'offrir les équipements, les parfums et les automobiles de luxe que nous produisons, nous obtiendrions à l'arrivée un Ours transformé en Nounours qui nous mangerait dans la main. Maintenant que la guerre menaçait, ce cordon ombilical énergétique n'allait-il pas se transformer en « cordon étrangleur », comme le disaient les pessimistes ? Pour avoir voulu se rendre la Russie dépendante, l'Europe comprenait un peu tard que cette dépendance était d'abord la sienne. Et qu'elle devait aussi beaucoup à la fourberie d'un Poutine qui avait un temps revêtu la peau du Chat Raminagrobis, doué pour la chattemite.

Nous avons donc agi comme ces deux Compagnons qui avaient voulu vendre la peau d'un Ours à leur voisin fourreur. Or cette peau, nos deux compères ne l'avaient pas en stock. Il était encore bien vivant, ce stock ! Et sitôt qu'il a fait son apparition, avec ses crocs et ses griffes, l'un des commerçants est allé se réfugier dans un arbre tandis que l'autre a fait le mort, en espérant que l'Ours ne toucherait pas à un cadavre. Il avait raison, mais avant de s'éloigner, l'Ours lui avait soufflé à l'oreille « qu'il ne faut jamais / Vendre la peau de l'Ours qu'on ne l'ait mis par terre[5] ».

Qu'avons-nous fait d'autre à chaque fois que Poutine se lançait dans une agression extérieure ? En 2018, la Colombe européenne et l'Aigle américain ont ainsi laissé l'Ours dévorer l'Ossétie du Sud, un morceau de la Géorgie. Puis, en 2014, annexer la Crimée avec l'aide de mystérieux « petits hommes verts » qui ne venaient certainement pas de la planète Mars, et soutenir les séparatistes de Donetsk et de Louhansk dans la foulée. Aucune réaction non plus en 2015, quand la Russie écrasait les populations civiles de Syrie sous les bombes pour sauver le despote Bachar el-Assad. Nous avons regardé le spectacle d'en haut et joué au mort en attendant que l'Ours regagne son antre pour digérer ses proies. Comme cela s'était passé quand nous avions assisté sans broncher aux menées de Hitler dans les Sudètes et l'Autriche en 1938, suivies par l'invasion de la Pologne en 1939.

La Fontaine nous avait pourtant avertis qu'il fallait se méfier des gens dépourvus de moralité : « Laissez-leur prendre un pied chez vous / Ils en auront bientôt pris quatre[6]. » Il aurait donc dû être clair pour tout le monde que dans la tête de Poutine, l'adage *si vis pacem, para bellum* devait se lire *si vis bellum, para bellum*. Ce qui faisait de lui l'un de ces « méchants » auxquels il faut faire « guerre continuelle ». Mais jusqu'où ?

Sachant qu'en cas de conflit, même victorieux, on risque toujours de finir comme ce Coq qui chantait sa victoire, perché sur un toit, sans voir qu'un oiseau de proie fondait sur lui, n'est-ce pas le Dragon chinois qui en tirerait avantage[7] ? Et si l'on se souvient de la parabole des deux Chèvres, maintenant qu'elles disposent de l'arme nucléaire, la menace suprême n'était plus leur chute commune dans un précipice[8]. Plutôt celle que faisait planer le grand Dragon rouge dont la queue balaierait le tiers des étoiles pour les précipiter sur la terre (Apocalypse 12, 4).

La vitrification de la planète au lieu de son réchauffement à petit feu.

La fin du monde.

Épilogue

Le 1er janvier 2022, Emmanuel Macron prenait la présidence tournante de l'Union européenne, la première pour la France depuis 2008. Six mois durant il serait le *capo di tutti capi*. Angela Merkel, surnommée « Mutti », la matrone, avait débarrassé le plancher européen de son encombrante stature. Il avait enfin le champ libre pour nourrir de projets cette Union européenne réduite à une addition de ventres sans tête, qui avait confié sa défense à une Otan diagnostiquée par ses soins « en état de mort cérébrale ». Parce qu'elle était dominée par les Américains ? Le Renard, trop petit pour cueillir les raisins qu'il convoitait, les avait dénigrés de même : « Ils sont trop verts, dit-il, et bons pour des goujats[9]. »

Bien difficile cependant de savoir où Macron avait vraiment la tête. Dans son livre *Affronter*, François Hollande le décrivait « sautant d'une conviction à l'autre comme une grenouille sur des nénuphars ». Les Français persistant à se chamailler à propos des mesures sanitaires, regrettait-il l'humilité dont il avait fait preuve lors de son interview du 15 décembre 2021 ? Son côté Renard avait dû rappeler à l'ordre son côté Lion : Sire, « vos scrupules font voir trop de délicatesse ». Vos sujets ? Des moutons, dont les plus bêlants ont provoqué un sacré merdier, indémerdable en l'état. Mais en leur enfonçant le nez dedans, vous retrouverez votre stature jupitérienne.

Ce même 1er janvier où il étrennait sa présidence, on apprenait qu'Agnès Buzyn, pourtant mise en examen, était décorée de la Légion d'honneur. Une information aussitôt prise pour une provocation. Un bras d'honneur macronien à ceux qui avaient voulu se payer Buzyn.

Trois jours plus tard, le 4 janvier exactement, dans un entretien accordé au *Parisien*, Macron se lâchait complètement : « Les non-vaccinés, j'ai très envie de les emmerder. » Avec promesses à l'appui : « À partir du 15 janvier, vous ne pourrez plus aller au restau, vous ne pourrez plus prendre un canon... »

De la douce méthode du *nudge* il venait de sauter à la *negative incentive* – l'incitation négative, carrément castratrice. À l'entendre, il y avait des Français qui étaient moins français que les autres. De sacrifiés sanitaires ils venaient de passer boucs. Mais le mot « canon » avait fait mouche. Dans la langue des moutons un « canon » se buvait dans les bars, en macronien il crachait de la mitraille. De quoi faire sourire l'Ours russe, qui continuait pendant ce temps à masser troupes et matériels aux frontières de l'Ukraine.

Emmanuel Macron se souvenait-il de son interview télévisée de la mi-décembre 2021 ? Le seul moment où il avait déclaré « nous sommes vulnérables » concernait le virus de la Covid, pas le poutinien. Or il participait le lendemain à la réunion du Conseil de l'Union européenne où ce sujet, noyé parmi d'autres, avait été mis sur la table. Et lors de la conférence de presse qu'il avait donnée avec le nouveau chancelier allemand, ce qu'il pensait de la situation géopolitique se réduisait à : « Dissuasion, reprise du dialogue, soutien à l'Ukraine. »

Le 17, l'Ours russe avait répliqué en présentant deux projets de traités, selon lesquels les États-Unis et l'Otan devaient s'abstenir d'intervenir et de maintenir des armements dans tous les pays bordant ses frontières, Ukraine comprise. En clair : Américains et Otan, dégagez de ma zone d'influence !

Considérées comme un ultimatum, ces propositions avaient été aussitôt rejetées. Tout cela dans l'indifférence générale, car les peuples avaient toujours la tête à la Covid pour ne pas dire à l'Ouest. Fin janvier 2022, sous prétexte de refus du passe vaccinal, un « convoi de la liberté » formé d'une cohorte de routiers armés de camions, des blindés sans canon, avait bloqué la ville d'Ottawa et mis le siège devant le parlement fédéral. Justin Trudeau, Premier ministre du Canada, avait dû être exfiltré vers un refuge discret. Sans le savoir, ces routiers reproduisaient les manifestations violentes qui s'étaient produites au Québec en 1885-1886 lors d'une épidémie de variole, où provax et antivax s'étaient déjà étripés.

À l'imitation de ces Canadiens, un convoi de moutons révoltés devait monter jusqu'à Paris pour bloquer la capitale, puis poursuivre sa route jusqu'à Bruxelles. Pour « emmerder les autorités », en réplique à l'Emmerdeur public. Un groupuscule autoproclamé « Bastille 2.0 » voulait même « prendre le pouvoir ». Contre ces Parisiens qui avaient envahi les provinces pour leur apporter le virus et faire monter les prix de l'immobilier, empêchant les locaux de se loger.

La police ayant barré les routes, l'entreprise avait avorté. Et l'ouverture des Jeux olympiques d'hiver à Pékin, le 4 février, valait décret de démobilisation générale. Le sport, opium du peuple, était fait pour ça. Pour garder une contenance, les États-Unis et quelques autres, dont la France, s'étaient contentés du boycott diplomatique de ces jeux, pour protester contre la persécution dont les Ouigours étaient victimes en Chine.

Ils seraient servis. Profitant de l'occasion, Poutine et Xi Jinping, présents aux Jeux, présentaient un document proclamant la fin de l'ordre mondial dominé par l'Occident et le début d'une ère nouvelle. Ce qui imposait de mener une bataille idéologique contre les conceptions erronées de la démocratie et des droits de l'homme que se font les Occidentaux, afin de les remplacer par d'autres, conformes au nouvel ordre du monde. De quoi se rallier les pays qui voulaient se débarrasser de cet insupportable donneur de leçons qu'était devenu l'Occident libéral.

Jusqu'à mettre le feu à la planète ? Pas celui que redoutaient les écologistes, qui constataient avec horreur que le démon de la Discorde menaçait d'éliminer l'ange de la Concorde, chargé d'assurer la collaboration de tous dans la guerre à mener contre le réchauffement climatique.

Macron avait dû flairer qu'il tenait là l'occasion de jouer enfin dans la cour des vrais Grands. Sa stature internationale, il allait la gagner le 7 février en allant visiter l'Ours Poutine dans son antre du Kremlin, assis en face de lui au bout de sa table de six mètres de long (Staline, lui, exigeait dix mètres). Lors de la conférence de presse qui avait suivi la rencontre, on ne sait pas comment il avait réagi à la saillie lancée par Poutine à l'adresse du président ukrainien Volodymyr Zelensky : « Que ça te plaise ou pas, ma belle, il faudra que tu t'y fasses ! » Nos médias s'étaient perdus en conjectures : simple blague tirée d'une chanson à boire pour soldats, parodiant « La Belle au bois dormant » ? Ou promesse de viol de l'Ukraine, donc de guerre ? Mais comme Poutine avait ensuite déclaré que les discussions avaient été « utiles », Macron pensait avoir été assez Renard pour calmer l'Ours. Seuls les Américains et les Britanniques étaient convaincus du contraire.

Et le principal intéressé, Volodymyr Zelensky ? Les avis divergeaient. De lui, on savait seulement qu'une fois devenu riche et célèbre en tant que Singe, dont les tours amusaient son public, il avait réussi à ceindre la couronne du Lion. Si les choses se gâtaient, qu'en ferait-il ?

Le 24, l'Ours lançait ses armées à l'assaut de l'Ukraine, dans la sidération générale.

Notes et références

Prologue

1. « Discours à M. le duc de La Rochefoucauld », Livre X, 14, in *Fables*, Paris, Gallimard, la Pléiade, 2021, p. 703.

1. Lever de rideau

1. « Les Animaux malades de la peste », Livre VII, 1, in *Fables*, Paris, Gallimard, la Pléiade, 2021.
2. Albert Camus, *La peste* (1947), Paris, Folio, 1976, p. 38.
3. Jean Giono, *Le hussard sur le toit*, Paris, Folio, 1972, p. 214.
4. Sándor Márai, *La conversation de Bolzano*, Paris, le Livre de Poche, 2021, p. 176.
5. Jacques Lacan, *Le Séminaire,* Livre V, *Les Formations de l'inconscient,* Paris, Seuil, 1998, p. 146.
6. Camus, *La peste*, p. 119.
7. Daniel Defoe, *Journal de l'année de la peste*, Paris, Gallimard, 1982, p. 245-246.
8. Jean Giono, *Le hussard sur le toit*, Paris, Folio, 1972, p. 463.
9. *Ibid.*, p. 472.
10. Thucydide, *La guerre du Péloponnèse*, II, trad. J. de Romilly et R. Weil, Paris, Les Belles Lettres, 1962, § 54.
11. *Ibid.*, § 51.
12. Michel Foucault, *Les anormaux*, Paris, Gallimard-Seuil, 1999, p. 44.
13. Albert Camus, *La peste*, p. 228.
14. Ludmila Oulitskaïa, *Ce n'était que la peste*, Paris, Gallimard, 2021, p. 135.
15. Débat télévisé du 9 décembre 2021, qui opposait Bruno Lemaire à Éric Zemmour.

2. À confesse

1. « Les Animaux malades de la peste », Livre VII, 3.
2. « Jupiter et les Tonnerres », Livre VIII, 20.
3. « Le Lion, le Loup et le Renard », Livre VIII, 3.

4. « Le Juge arbitre, l'Hospitalier et le Solitaire », Livre XII, 29.
5. « Les Médecins », Livre V, 12.
6. MOLIÈRE, *L'Amour médecin*, Acte II, scène 4.
7. Ambroise PARÉ, *Traité de la peste, de la petite vérole et rougeole*, 1568, édition de 1580, p. 257-258 (consultable sur : gallica.bnf.fr).
8. TITE-LIVE, *Histoire romaine*, Livre VIII, IX, 9 et suivants.
9. « Le Lion », Livre XI, 1.
10. « Les Obsèques de la Lionne », Livre VIII, 14.
11. « La Génisse, la Chèvre et la Brebis, en société avec le Lion », Livre I, 6.

3. LE PIÈGE

1. « L'Oracle et l'impie », Livre IV, 19.
2. MOLIÈRE, *Dom Juan*, Acte I, scène II.
3. « Le Lion », Livre XI, 1.
4. « Les Oreilles du Lièvre », Livre V, 4.
5. « Le Lion malade et le Renard », Livre VI, 14.
6. « La Cour du Lion », Livre VII, 6.
7. « Le Lion amoureux », Livre IV, 1.
8. « Le Lion devenu vieux », Livre III, 14.
9. « Le Renard et le Buste », Livre IV, 14.
10. « Le Singe et le Léopard », Livre IX, 3.
11. « Les Deux Taureaux et une Grenouille », Livre II, 4.
12. « Les Obsèques de la Lionne », Livre VIII, 14.
13. *Ibid.*
14. « Le Lion, le Loup et le Renard », Livre VIII, 3.
15. *Ibid.*
16. « Un animal dans la lune », Livre VII, 17.
17. « Le Lion, le Singe et les Deux Ânes », Livre XI, 5.
18. « Le Loup et le Renard », Livre XII, 9.
19. « L'Âne vêtu de la peau du Lion », Livre V, 21.

4. CHERCHEZ LE BOUC

1. « Le Renard et le Bouc », Livre III, 5.
2. MOLIÈRE, *Tartuffe*, acte III, scène 6.
3. MACHIAVEL, *Le Prince*, chap. XVIII, Paris, 10/18, p. 56.
4. « Le Cheval et l'Âne », Livre VI, 16.
5. « Le Renard, les Mouches et le Hérisson », XII, 13.

5. Macron en roi Lion ?

1. « Le Loup devenu Berger », Livre III, 3.
2. « Le Grenouille et le Rat », Livre IV, 11.
3. « La Chauve-Souris et les Deux Belettes », Livre II, 5.
4. *Ibid.*
5. « Le Satyre et le Passant », Livre V, 7.
6. « Les Grenouilles qui demandent un Roi », Livre III, 4.
7. « Les Poissons et le Berger qui joue de la flûte », Livre X, 10.
8. *Ibid.*
9. « Le Loup et l'Agneau », Livre I, 10.
10. Gérard Davet et Fabrice Lhomme, *Le traître et le néant*, Paris, Fayard, 2021.

6. D'une France l'autre

1. « La Querelle des Chiens et des Chats, et celle des Rats et des Souris », Livre XII, 8.
2. « L'Horoscope », Livre VIII, 16.
3. « L'Araignée et l'Hirondelle », Livre X, 6.
4. « L'Éléphant et le Singe de Jupiter », Livre XII, 21.
5. « Les Membres et l'Estomac », Livre III, 2.
6. « Le Marchand, le Gentilhomme, le Pâtre et le Fils de Roi », Livre X, 15.
7. « L'Âne et le Chien », Livre VIII, 17.
8. « Le Cheval et l'Âne », Livre VI, 16.
9. « Le Pot de terre et le Pot de fer », Livre V, 2.
10. « Les Deux Chiens et l'Âne mort », Livre VIII, 25.
11. « La Tortue et les Deux Canards », Livre X, 2.
12. « Le Berger et le Roi », Livre X, 9.
13. « La Grenouille qui veut se faire aussi grosse que le Bœuf », Livre I, 3.
14. « Le Renard, le Singe et les Animaux », Livre VI, 6.
15. « Les Grenouilles qui demandent un Roi », Livre III, 4.
16. « La Tête et la Queue du Serpent », Livre VIII, 16.
17. « Le Lièvre et les Grenouilles », Livre II, 14.
18. « Démocrite et les Abdéritains », Livre VIII, 26.
19. « Le Soleil et les Grenouilles », Livre VI, 12.
20. « Le Soleil et les Grenouilles », fable portant le même titre que celle du Livre VI, qui sera finalement publiée en 1693, hors recueil, cette fois sous le nom de Jean de La Fontaine (in *Fables*, La Pléiade, p. 869).

21. PLATON, *La République*, Livre VIII, 562 b-564 b ; 565 c-d.

22. René GIRARD, *Des choses cachées depuis la fondation du monde*, Paris, Grasset, 1978, p. 74.

23. Alexis de TOCQUEVILLE, *De la démocratie en Amérique*, Livre II, Partie IV, Chapitre 3, Paris, Flammarion-GF, 1981, p. 361.

24. *Ibid.*

25. *Ibid.*, Chapitre premier, p. 354.

26. *Ibid.*, Livre II, Partie II, Chapitre premier, p. 123.

27. *Ibid.*, Partie IV, Chapitre 6, p. 385.

7. EN GUERRE

1. « Le Lion s'en allant en guerre », Livre V, 19.
2. « L'Écrevisse et sa Fille », Livre XII, 10.
3. « Le Lion et le Rat », Livre II, 11.
4. « Les Deux Coqs », Livre VII, 12.
5. *Ibid.*

8. RÉGRESSION

1. Jean-Yves FERRI et Didier CONRAD, *Astérix et la Transitalique*, Vanves, Les Éditions Albert René, 2017.
2. CHATEAUBRIAND, *Mémoires d'outre-tombe*, Partie IV, livre 35, chapitre 15, Paris, le Livre de Poche, 1969, p. 250.

9. AU DÉSESPOIR DES CHIFFRES

1. « Le Dépositaire infidèle », Livre IX, 1.
2. « Un Animal dans la Lune », Livre VII, 18.
3. Albert CAMUS, *La peste*, p. 41.
4. « L'Horoscope », VIII, 16.
5. « L'Astrologue qui se laisse tomber dans un puits », Livre II, 13.
6. *Ibid.*
7. *Ibid.*
8. *Ibid.*
9. *Ibid.*
10. « L'Horoscope », Livre VIII, 16.
11. *Ibid.*
12. « La Fortune et le jeune Enfant », Livre V, 11.

13. « L'Homme qui court après la Fortune, et l'Homme qui l'attend dans son lit », Livre VII, 11.
14. « Le Chartier embourbé », Livre VI, 18.

10. Dépression

1. « L'Ours et l'Amateur des jardins », Livre VIII, 10.
2. « Les deux Amis », Livre VIII, 11, fable qui suit immédiatement la précédente pour nous en offrir le contrepoint.
3. « Les Animaux malades de la peste », Livre VII, 1.
4. « Le Charlatan », Livre VI, 19.
5. « Les Deux Pigeons », Livre IX, 2.
6. « Pâté d'anguille », extrait des *Nouveaux contes*, in *Fables*, la Pléiade, Paris, Gallimard, 2021, p. 892.
7. « Les Deux Pigeons ».

11. La « peste » c'est la mort

1. « Le Vieillard et ses Enfants », IV, 18.
2. Philippe Ariès, *Essais sur l'histoire de la mort en Occident*, Paris, Seuil, 1975, p. 18 et p. 24.
3. « La Mort et le Mourant », Livre VIII, 1.
4. Pascal, *Pensées* 215 et 216, édition Brunschvicg, Paris, Hachette, 1976.
5. *Ibid.*
6. « L'Horoscope », Livre VIII, 16.
7. Albert Camus, *La peste*, p. 193 et suivantes.
8. Jean Giono, *Le hussard sur le toit*, p. 121.
9. Pierre Guerci, *Ici-bas*, Paris, Gallimard, 2021, p. 118.
10. *Ibid.*
11. Albert Camus, *La peste*, p. 158 et suivantes.

12. Le réveil des Crapauds

1. « Le Satyre et le Passant », Livre V, 7.

13. Les vieux boucs

1. « La Mort et le Mourant », Livre VIII, 1.
2. *Ibid.*
3. *Ibid.*

4. *Ibid.*
5. « Le Vieux Chat et la Jeune Souris », Livre XII, 5.
6. « Le Vieillard et les Trois Jeunes Hommes », Livre XI, 8.
7. « La Mort et le Mourant », Livre VIII, 1.
8. « Le Lion devenu vieux », Livre III, 14.
9. « La Mort et le Malheureux », Livre I, 15.
10. « La Mort et le Bûcheron », Livre I, 16.
11. « La Mort et le Malheureux », Livre I, 15.
12. « Le Lion, le Loup et le Renard », Livre VIII, 3.
13. Lettre de Descartes *À Chanut*, 15 juin 1646, O.C., la Pléiade, Paris, 1955, p. 1236.
14. *Ibid.*, p. 478.
15. Jean Giono, *Le hussard sur le toit*, p. 463.
16. *Ibid.*, p. 476.
17. *Ibid.*, p. 491.
18. « Le Corbeau et le Renard », Livre I, 2.

14. Tous contre un

1. Au moment des bilans, les estimations démontreront que la vaccination avait été efficace. Pour les États-Unis, la revue *JAMA* du 11 janvier 2022 évaluait à 240 000 le nombre de morts et à un million celui d'hospitalisations évitées grâce au vaccin. Pour l'Italie, qui a compté 160 000 victimes, on estimait en avril 2022 que 150 000 personnes avaient échappé à la mort. Une étude plus générale de l'Imperial College de Londres, publiée le 23 juin 2022 dans le *Lancet*, a conclu que la vaccination avait permis d'éviter entre 19,1 et 20,4 millions de morts dans le monde.
2. « L'Astrologue qui se laisse tomber dans un puits », Livre II, 13.

15. La fronde

1. « Le Loup et le Chien », Livre I, 5.
2. « Le Cheval vengé du Cerf », Livre IV, 13.
3. « Le Chien à qui l'on a coupé les Oreilles », Livre X, 8.
4. « Le Cheval et le Loup », Livre V, 8.
5. « Le Loup et l'Agneau », Livre I, 10.
6. « Les Compagnons d'Ulysse », Livre XII, 1.

16. Le procès du Berger

1. « Rien de trop », Livre IX, 11.
2. « Le Gland et la Citrouille », Livre IX, 4.
3. « Jupiter et le Métayer », Livre VI, 4.
4. « L'Hirondelle et les Petits Oiseaux », Livre I, 8.
5. « Le Philosophe scythe » Livre XII, 20.
6. « La Forêt et le Bûcheron », Livre XII, 16.
7. « L'Homme et la Couleuvre », Livre X, 1.
8. « Le Corbeau, la Gazelle, la Tortue et le Rat », Livre XII, 15.
9. « Le Loup et le Chasseur », Livre VIII, 27.
10. « Rien de trop », Livre IX, 11.
11. « La Querelle des Chiens et des Chats et celle des Rats et des Souris, Livre XII, 8.
12. « Les Poissons et le Cormoran », Livre X, 3.
13. La Fontaine, Préface, in *Fables*, La Pléiade, p. 8.
14. « Les Souris et le Chat-huant », Livre XI, 9.
15. « Le Singe et le Dauphin », Livre IV, 7.
16. « Le Chat et les Deux Moineaux », Livre XII, 2.
17. « Le Loup et les Bergers », Livre X, 5.
18. « Le Loup devenu Berger », Livre III, 3.
19. « Les Loups et les Brebis », Livre III, 13.
20. « La Perdrix et les Coqs », Livre X, 7.
21. « Le Lion abattu par l'Homme », Livre III, 10.
22. « La Souris métamorphosée en Fille », Livre IX, 7.
23. « Le Cierge », Livre IX, 12.
24. « Discours à Mme de la Sablière », in *Fables*, La Pléiade, p. 652-657.
25. « Le Philosophe scythe » Livre XII, 20.
26. « Rien de trop » Livre IX, 11.

17. Sur deux fronts

1. Hans Jonas, *Le Principe responsabilité*, Paris, Cerf, 1990, p. 49.
2. Une COP est une « Conférence des Parties », représentées par les pays signataires de la Convention de l'ONU sur le changement climatique.
3. « Le Coche et la Mouche », Livre VII, 8.

18. Le sacrificiel dans tous ses états

1. « Le Paysan du Danube », Livre XI, 7.
2. « Le Juge arbitre, l'Hospitalier et le Solitaire », Livre XII, 29.
3. Bruno Latour, *Où suis-je ?*, La Découverte/Les Empêcheurs de penser en rond, Paris, 2021.
4. *Ibid.* p. 163.
5. « Le Lièvre et la Tortue », Livre VI, 10.
6. Chateaubriand, *Mémoires d'Outre-Tombe*, tome III, chap. 15, Paris, le Livre de poche, 1969, p. 252.
7. « Le Philosophe scythe » Livre XII, 20.

19. L'homme à abattre

1. « Le Charretier embourbé », Livre VI, 18.
2. Pablo Servigne et Raphaël Stevens, *Comment tout peut s'effondrer*, Paris, Seuil, 2015.
3. Bruno Latour, *Où suis-je ?*, p. 68.
4. Milan Kundera, *L'insoutenable légèreté de l'être*, Paris, Gallimard, 1984, p. 373.
5. *Ibid.* p. 374.
6. « Philémon et Baucis », Livre XII, 25.
7. Hermann Hesse, « La métamorphose de Pictor », *Histoires d'amour*, Paris, le Livre de Poche, 1999, p. 396.

20. La Fontaine au rouet

1. « La Femme noyée », Livre III, 16.
2. « La Matrone d'Éphèse » Livre XII, 26.
3. « Belphégor », Livre XII, 27.
4. « Discours à Mme de la Sablière », *Fables*, La Pléiade, p. 898.

21. D'une guerre l'autre

1. « Le Lion, le Singe et les Deux Ânes », Livre XI, 5.
2. « Le Renard, les Mouches et le Hérisson », Livre XII, 13.
3. « L'Oiseau blessé d'une flèche », Livre II, 6.
4. « Le Dragon à plusieurs têtes et le Dragon à plusieurs queues », Livre I, 12.
5. « Les Voleurs et l'Âne », Livre I, 13.
6. Bossuet, « Panégyrique de saint Pierre Nolasque ».

7. Pascal, Pensée 595, in *Pensées*, édition Brunschvicg, Paris, classique Hachette, 1976.
8. *Ibid.*, Pensée 598.
9. *Ibid.*, Pensée 599.
10. Hegel, *Leçons sur la philosophie de l'histoire*, Paris, Vrin, 1967, p. 276.
11. Chateaubriand, *Itinéraire*, Paris, Gallimard, la Pléiade, 1978, p. 257.
12. La Fontaine, « À Monseigneur le duc de Bourgogne », Livre XII, *Fables*, la Pléiade, p. 752.

22. Les beaux draps

1. René Girard, *Achever Clausewitz*, Paris, Carnets Nord, 2007.
2. Dostoïevski, *Les Frères Karamazov*, Deuxième partie, Livre V, Paris, Garnier, 1969, p. 355.
3. « Le Lion s'en allant en guerre », Livre V, 19.
4. « Le Conseil tenu par les Rats », Livre II, 2.
5. « L'Ours et les Deux compagnons », Livre V, 20.
6. « La Lice et sa Compagne », Livre II, 7.
7. « Les Deux Coqs », Livre VII, 12.
8. « Les deux Chèvres », Livre XII. 4.

Épilogue

1. « Le Renard et les raisins », Livre III, 2.

Table des matières

Prologue 7

1. Lever de rideau 15
De quoi « la Peste » est-elle le nom ? 18
La terreur 22
Une « Peste » politique 26

2. À confesse 33
D'une médecine l'autre 35
Justice ou sacrifice ? 39
Les aveux 42

3. Le piège 47
Une violence mimétique 49
La cour : un haut lieu de rivalité mimétique 53

4. Cherchez le bouc 59
Le retournement 61
L'Âne dans la peau du bouc 63
Une justice sacrificielle 68

5. Macron en roi Lion ? 71
« En même temps » 74
Le choix du choix 76
Le virus jupitérien 79

6. D'une France l'autre 83
Une société d'ordres 84
Les Grenouilles démocrates 87

Que la France n'est pas l'Angleterre 90
Démocrate, la France ? 94

7. En guerre 97
Macron en Lion de guerre 100
Le branle-bas de combat 103

8. Régression 109
« Ce n'était qu'un virus » 110
La défaite 113
« En arrière, toute ! » 117

9. Au désespoir des chiffres 123
« Tous frappés ! » 125
Les chiffres, quelle vérité ? 127
Les impasses de la prédiction 131
L'« effet bikini » 136

10. Dépression 139
Une sinistrose multifactorielle 140
Les confinés 143

11. La « peste » c'est la mort 151
Face à la mort 152
La fin des covidés 156

12. Le réveil des Crapauds 163
Le « chaud-froid » 166

13. Les vieux boucs 173
La lutte des âges 174
La « mâle-mort » 178
Plutôt mourir que souffrir 180
Macron au moulin 185
Le coup de pied de l'Âne législatif 187

14. Tous contre un 189

Le Crapaud antivax 192

Sous la violence, le sacré 194

Le Maître du calendrier 197

15. La fronde 203

L'éruption 205

Le collier de chien 210

Entre Chien et Loup 214

16. Le procès du Berger 219

Dominateur, l'homme ? 220

Mais sauvage, la nature... 222

La peau de l'homme 225

Un empire nécessaire, mais limité 229

17. Sur deux fronts 235

Politique d'abord ! 237

Responsables ou coupables ? 242

18. Le sacrificiel dans tous ses états 247

Haro pour tous ! 249

« Sauver la planète » 253

19. L'homme à abattre 259

L'Apocalypse pour demain 260

L'armée des douze Sphinges 267

20. La Fontaine au rouet 271

Le Lion « déconstruit » 272

La Fontaine épinglé 273

Crime de langue 276

21. D'une guerre l'autre 281
La virologie au pinacle 283
« Opération Z » 284
Radoteuse, l'histoire ? 286
Ânes et Dragons 288
Symbiotique, la guerre 290

22. Les beaux draps 297
Les virus fondamentalistes 297
Le djihad poutinien 302
Des « pestes » à foison 306
Dans la tête de Poutine 308
La dinde européenne 309

Épilogue 313

Notes et références 319